IN DER KRANKHEIT
SPRICHT DIE SEELE

Wolfgang Weikert

IN DER KRANKHEIT SPRICHT DIE SEELE

Die Sprache der Organe verstehen, Krankheiten rechtzeitig erkennen und heilen

INHALT

DIE KRANKE NASE 52

DIE BELASTETE WIRBELSÄULE 64

DER BEENGTE BRUSTRAUM 78

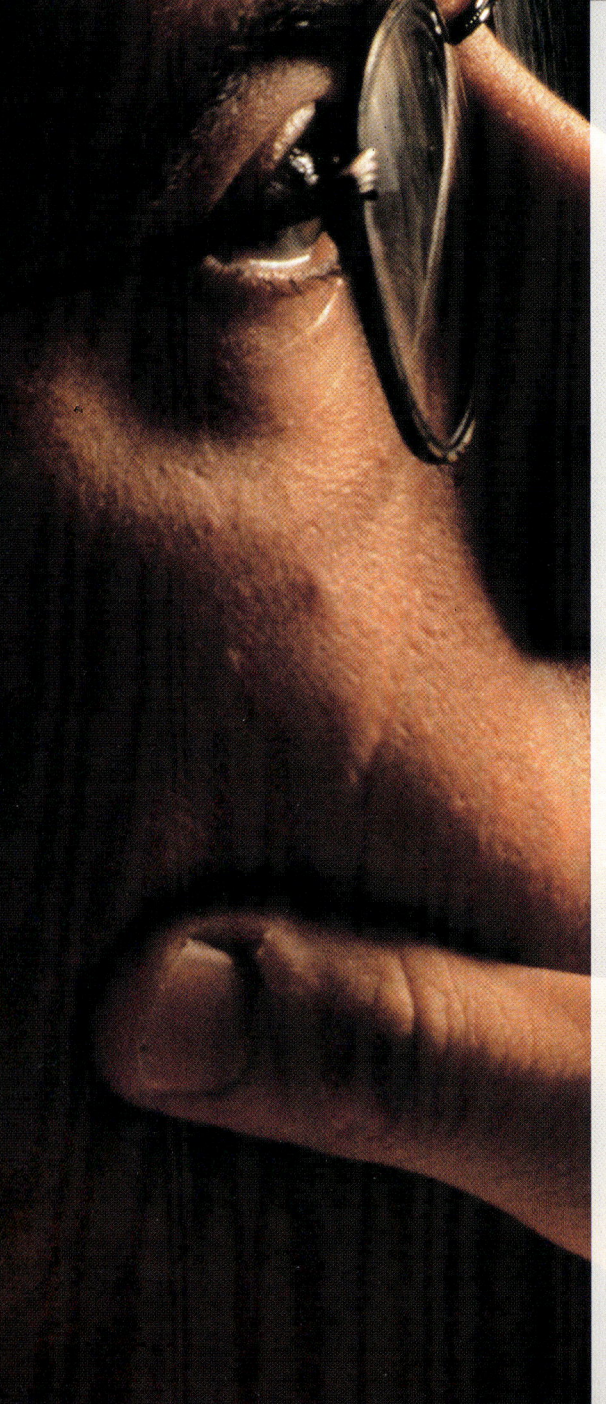

WENN DIE SEELE KRANK MACHT

Die Seele trägt das Leben des Menschen. Zwar ist sie ein körperloses Wesen, braucht aber dennoch Nahrung. Sie nährt sich von unseren Gedanken und trinkt aus den Quellen der Innerlichkeit. Mit diesem Hauch von Materie kommt sie aus. An die Qualität der Gedanken- nahrung stellt die Seele hohe Ansprüche. Schmeckt ihr das Dargebotene nicht, äußerst sie sich. Da sie die Zentrale für das Verhalten darstellt, wird hier so manches zuerst sichtbar. Ein kranker Körper ist das Endstadium einer Psyche, der vom Bewußtsein die geforderten Substanzen vorenthalten wurden.

Jahrelange Behandlungsfehler lassen sich vermeiden

Ob Sie von Kopfschmerzen geplagt werden oder Ihnen der Ärger auf den Magen schlägt, ob Sie eine verschnupfte Nase haben oder die Grippe Sie erwischt hat, ob Sie eher mit dem Kopf, dem Magen, dem Herzen oder mit der Wirbelsäule auf die vielfältigen Belastungen des Alltags reagieren; immer beteiligt sich Ihre Psyche – oder besser Ihr Seelenzustand – am Entstehen dieser Störungen oder Erkrankungen. Nach Aussagen von kompetenten Experten aus Wissenschaft, Medizin und Psychologie spielt unsere Psyche eine wichtige, manchmal sogar eine Hauptrolle bei der Entstehung einer Krankheit.

Tag für Tag entdecken Forscher neue Zusammenhänge zwischen der Krankheit des Körpers und dem Zustand der Seele. Fachleute aus Medizin, Psychologie, Biologie, Soziologie, Chemie und Physik entschlüsseln immer mehr Geheimnisse der Krankheitsentstehung, -vorbeugung, -aufrechterhaltung und vor allem der Krankheitsvermeidung. Dabei sind diese Erkenntnisse nicht neu; schon unsere Vorfahren wußten um diese Zusammenhänge. Die alten Lateiner prägten den Spruch: Mens sana in corpore sano (In einem gesunden Körper sitzt ein gesunder Geist.). Die neue Wissenschaft der Psychoneuroimmunologie, kurz PNI genannt, drehte diesen Spruch um, stellte ihn vom Kopf her wieder auf die Füße: Ein gesunder Geist schafft einen gesunden Körper.

Würden die Menschen die in ihnen wohnenden Selbstheilungskräfte erkennen und konsequent nutzen, bräuchten viele von ihnen gar keinen Arzt!

Volkes Mund tut Wahrheit kund

Aber auch der vielgeschmähte Volksmund verbreitet schon seit langem tiefe Einsichten in die Zusammenhänge zwischen Körper und Geist, zwischen Soma und Psyche. Überlieferte Sprüche – wie »Ärger schlägt auf den Magen« oder »Ich habe die Nase voll« – drücken schon seit Jahrhunderten psychosomatische Erkenntnisse in einfacher Form aus.

In diesem Buch werden die neuesten Erkenntnisse verschiedener Wissenschaften für Laien verständlich dargestellt und zusammen mit den Einsichten des Volksmunds auf den Punkt gebracht. Der Schwerpunkt liegt dabei weniger auf der Betrachtung der Zusammenhänge zwischen Körper und Geist. Entscheidend ist, wie sich diese Erkenntnisse für unsere Gesundheit nutzen lassen. Wissenschaft und praktische Erfahrung werden in diesem Buch so miteinander verknüpft, daß Betroffene und Interessierte einen neuen, anderen Zugang zu psychosomatischen Störungen und Erkrankungen finden können. Dabei kommt es vor allem darauf an zu erkennen, in welcher Form sich der Zustand unseres Seelenlebens auf die Entstehung und Vermeidung von ernsthaften Erkrankungen auswirken kann.

Wenn Sie eine psychosomatische Erkrankung erkennen, heilen oder auch vermeiden wollen, so sollten Sie sich mit den folgenden Fragen auseinandersetzen.

Selbsterkenntnis statt Patientenkarriere

Neuere Untersuchungen haben ergeben, daß gerade Patienten mit psychosomatischen Störungen oft unnötigerweise eine langjährige Patientenkarriere durchmachen, bevor ihnen von psychosomatisch versierten Fachleuten wirksam geholfen werden kann. Die frühzeitige Überweisung vom Hausarzt zum psychosomatisch orientierten Facharzt kann oft einen schnellen Behandlungserfolg sicherstellen! Allerdings nur, wenn der Patient bereit ist, kräftig mitzuhelfen.

Mit diesen Fragen geht es los

- Was ist überhaupt psychosomatisch?
- Wie wirken sich Alltagsbelastungen auf unsere Psyche aus?
- Wie gehen wir mit dem alltäglichen Streß um?
- Wie können wir an unseren körperlichen Reaktionen erkennen, was uns krank macht?
- Wie können wir anhand der körperlichen Symptome zu einer gesünderen Lebensweise finden?
- Welchen Sinn und welche Bedeutung haben die körperlichen Symptome?
- Wie kann man Krankheitssymptome entschlüsseln, um wieder gesund zu werden?
- Wie können Krankheiten durch einen gesunden Umgang mit Belastungen vermieden werden?

Was bedeutet psychosomatisch?

Viele Laien – und mit ihnen so manche selbsternannte Experten – verbinden mit dem Begriff einer psychosomatischen Erkrankung die Vorstellung, jemand sei gar nicht richtig krank, sondern bilde sich seine Krankheit bloß ein. Diese weitverbreitete Ansicht ist nicht nur falsch, sie ist auch gefährlich, denn sie beschert dem »Hypochonder« einen überflüssigen Leidensweg. So muß ein Migränekranker lange Zeit unnötig leiden, wenn er sich aus Unkenntnis und Angst nicht traut, zum Arzt zu gehen – bis er es vor Schmerzen schließlich nicht mehr aushält. Er erfährt am eigenen Leib, daß es sich bei einer psychosomatischen Krankheit um eine handfeste körperliche und oftmals ernste Erkrankung handelt, verursacht von der Seele.

Die kranke Seele macht, wenn sie nicht behandelt wird, den Körper nach und nach ebenfalls krank. Oder anders ausgedrückt: Wer sich seine Konflikte nicht eingesteht, klarmacht und bewußt gegen sie angeht, wer seine Probleme statt dessen ignoriert, der setzt einen folgenschweren Prozeß in Gang: Seelische Konflikte verlassen die psychische Ebene und verschieben sich auf den Körper.

Erkrankungen sind häufig verdrängte Konflikte

Wer sich jahrelang über bestimmte Sachen oder Menschen oder gar über sich selbst und seine vermuteten Unzulänglichkeiten ärgert, darf sich nicht wundern, wenn ihm der Ärger dann auf den Magen schlägt und zunächst zu einer Reihe von – relativ ungefährlichen – Verdauungsstörungen führt. Mit diesen Symptomen, die man nicht mehr auf den ursprünglichen Ärger zurückführt, sucht man einen Arzt auf. Doch in vielen Fällen behandelt er nur augenfällige Beschwerden.

Aus den anfangs ungefährlichen Verdauungsstörungen können sich aber nach und nach ernste Erkrankungen des Körpers entwickeln. So verändern sich im Laufe der Zeit die Magenschleimhäute, bilden sich zurück, und kleine Entzündungen führen zu Geschwüren.

Die weitverbreitete Unkenntnis von Ärzten und Patienten über psychosomatische Zusammenhänge leitet oftmals eine jahrelange Patientenkarriere ein, die im Durchschnitt erst nach etwa sechs bis sieben Jahren in einer psychosomatischen Fachklinik endet. So lange dauert nach neuesten Erkenntnissen der Wissenschaft der Weg, bis der Patient an der für ihn geeigneten Stelle ankommt. Solche Karrieren, die

Mit diesem Buch können Sie lernen, hinter den verborgenen Sinn Ihrer seelischen und körperlichen Symptome zu kommen und diesen Code wirkungsvoll zu entschlüsseln.

11

Die Laufbahn eines Kranken bis zur richtigen Behandlung ist selten ein geradliniger Weg.

man eher als Irrwege bezeichnen sollte, müssen aber nicht sein. Es wäre jedoch zu einfach, hierfür allein den behandelnden Ärzten die Schuld in die Schuhe zu schieben. An einem solchen Prozeß sind viele Faktoren beteiligt. U.a. steuert auch der betroffene Patient seinen Teil bei.

Dieses Buch soll daher dazu beitragen, mehr Wissen über die Zusammenhänge zwischen Körper und Seele, mehr Wissen über seelisch verursachte körperliche Erkrankungen zu vermitteln. Es steht in einer Reihe mit dem Buch »Selbstheilung durch die Kraft der Gefühle« – ebenfalls im Südwest Verlag erschienen –, in dem verschiedene wirksame Techniken der Selbsthilfe bei psychosomatischen Erkrankungen vorgestellt wurden.

Starke seelische Belastungen wie großer beruflicher Streß und Konflikte am Arbeitsplatz oder in der Familie beeinflussen den Organismus – sie machen krank.

Die Sprache der Seele läßt sich entschlüsseln

In jeder Krankheit steckt die Antwort auf viele Fragen, die sich der Betroffene stellen könnte – wenn er oder sie nur wüßte, wie man so etwas macht. Dabei benutzt der Körper eine relativ klare Sprache: Mit Schmerz macht er auf eine Schädigung aufmerksam, weist vielleicht sogar auf das betroffene Organ hin. Die Seele spricht jedoch eine viel indirektere Sprache: Ihre Hilferufe verstecken sich hinter körperlichen Symptomen. Doch diese Sprache läßt sich entschlüsseln. Nur wer sich diese Mühe macht, kann die Notsignale seiner Seele verstehen.

Jede Krankheit hat Signalfunktion, denn durch sie spricht die Seele in verschlüsselten Botschaften von ihren Nöten.

So nutzen Sie dieses Buch für Ihre Heilung

Der Aufbau dieses Buches verbindet die in der Medizin übliche Sichtweise und Einteilung in Symptom, Ursache und Behandlung mit den Erkenntnissen der Psychologie und anderen Wissenschaften sowie der Sprache des Volksmunds. Nur wenn die verschiedenen Zugangsweisen kombiniert und die bislang isoliert arbeitenden Wissenschaften zusammengeführt werden, kann sich eine für den Patienten und den behandelnden Arzt fruchtbare Synthese ergeben, die über die übliche, somatisch orientierte Diagnostik und Behandlung hinausgeht. Nicht mehr die fachorientierte Einzeldiagnose und die aus ihr abgeleitete isolierte Einzelmaßnahme stehen im Vordergrund der Betrachtung, sondern die Zusammenschau aller beteiligten Phänomene. Ein besonderer Schwerpunkt, der sowohl Ärzten und Betroffenen zu einem neuen Krankheitsverständnis und damit zu neuen Behandlungsmöglichkeiten verhelfen kann, ist die psychologische Deutung eines Symptoms. Erst das tiefere Verständnis der Signale, die unser Körper uns sendet, kann uns zu einem anderen Verständnis von Krankheit und damit auch zu einer neuen Sichtweise von Gesundheit verhelfen. Der verborgene Sinn, die tiefere Bedeutung eines Symptoms kann mehr über die Entstehung und Vermeidung von Krankheiten aussagen, als man gemeinhin annimmt. Da die Ursache eines Krankheitszeichens, etwa Kopfschmerzen, vielfältig gedeutet werden kann, kombiniert man oft mehrere Symptome.

Von Kopf bis Fuß auf Gesundheit eingestellt

Dieses Buch ist praxisbezogen gegliedert. Die betreffenden Körperteile und die damit verbundenen häufigsten psychosomatischen Störungen und Erkrankungen werden in Einzelkapiteln dargestellt. Hier brauchen Sie sich nicht durch einen lexikalischen Dschungel mit Fachchinesisch zu kämpfen, sondern können sich schnell und einfach orientieren. Sie brauchen sich nur zu fragen, mit welchem Körperteil Sie häufig Probleme haben und das entsprechende Kapitel aufschlagen.

Kleines Lexikon der wichtigsten Begriffe

Verdrängung

Abwehrmechanismen verdrängen Triebregungen und Wünsche in den nur schwer zugänglichen Bereich jenseits des Bewußtseins.

Mit Verdrängung bezeichnet der Laie inzwischen einen ähnlichen Vorgang wie der medizinische Experte – allerdings auf einem allgemeinen Niveau. Während der Laie mit Verdrängung lediglich meint, jemand würde etwas nicht sehen wollen, geht die wissenschaftliche Definition etwas weiter. Wenn Ärzte oder Psychologen miteinander reden, bedeutet Verdrängung, daß jemand einen bestimmten Sachverhalt gar nicht erst erkennt, sondern ihn gleich unerkannt ins Unbewußte verlagert. Das heißt: Die Erkenntnis, man könne selbst für etwas die Mitverantwortung tragen, wird gar nicht erst ins Bewußtsein gelassen, sondern in tieferen Schichten (im Unbewußten, im Unterbewußtsein) festgehalten.

Der wesentliche Unterschied zwischen beiden Definitionen besteht darin, daß der Laie meint, man verdränge eine bekannte Tatsache aus dem Bewußtsein ins Unterbewußtsein, während der Experte damit ausschließlich unterbewußte Vorgänge meint; also solche, die gar nicht erst ins Bewußtsein gelangen.

Verschiebung

Bei der Verschiebung handelt es sich um einen Vorgang, bei dem unbewußt ein bestimmtes Problem von einer Sache auf eine andere übertragen wird. So können beispielsweise bestimmte Formen von Ängsten von einem Objekt auf ein anderes verschoben werden. Aus einer Furcht um das Herz (Herzphobie), bei der sich jemand übertriebene Sorgen um den Gesundheitszustand seines Herzens macht, kann durch Verschiebung eine andere Furcht, beispielsweise eine um den Magen, werden. Die Sorge um das Herz verschwindet zwar, doch wer das als Heilung mißversteht, liegt falsch. Die Ängste haben sich auf ein anderes Körperteil verschoben, d.h. sie bestehen weiter, nur in einer anderen Form.

Konflikt

Ein Konflikt im psychosomatischen Sinne meint einen Widerspruch zwischen Wollen und Können. Jemand hat z.B. Angst, einen anderen anzusprechen. Er traut sich das nicht zu, unterdrückt aber diese Ängste, weil er meint, sie würden ihn überfordern oder sogar überfluten und zerstören. Er möchte diese Angst zwar gerne bewältigen, doch weil er meint, das nicht zu schaffen, tut er so, als ob er diese Ängste gar nicht hätte. Das führt in der Regel zu einer massiven Verstärkung der Ängste. Der Konflikt besteht in diesem Fall zwischen einem nicht eingestandenen Wunsch nach Nähe und dem Glauben, nicht über die notwendigen Fähigkeiten zur Verwirklichung dieses Wunsches zu verfügen. Kann der Konflikt nicht ausgelebt werden, so verlagert er sich von der psychischen Ebene, auf der er ja nicht ins Bewußtsein gelangen darf, auf eine körperliche Ebene. Hier kann er sich ausdrücken, und zwar mit einer Organstörung.

Wenn zwei gleich starke Vorstellungen aufeinanderprallen, trägt der Körper den Widerstreit aus und interpretiert ihn in Form einer organischen Störung.

Ein klassisches Beispiel für einen solchen (ungelösten) Konflikt ist das Magengeschwür (Ulkus). Ulkuspatienten trauen sich meist nicht, ihren Ärger oder sonstige Gefühle anderen Menschen gegenüber zu äußern. Sie haben Angst, abgelehnt zu werden. Sie unterdrücken also ihre Gefühle. Doch damit sind die noch lange nicht verschwunden. Sie suchen sich nun andere Wege, um sich zu zeigen – und machen prompt dem Körper Probleme: Sie bringen das Gleichgewicht der Magenflüssigkeiten durcheinander, und der Magen übersäuert. Das schädigt die Magenschleimhaut, die nun leicht ein Geschwür entwickelt. Der ursprüngliche, im Bewußtsein nicht zugelassene Konflikt nimmt Gestalt an in Form dieses Geschwürs. Die konventionelle medizinische Lösung besteht darin, das Geschwür mit Medikamenten zu behandeln oder gar herauszuschneiden. Doch wer kümmert sich um die eigentliche Ursache? Auf der psychischen Ebene besteht der Konflikt nämlich weiter. In der Folge wiederholt sich das Ganze, das Geschwür tritt nach einer gewissen Zeit wieder auf. Die Lösung kann hier nur darin bestehen, sich diese Konflikte bewußtzumachen und sie auf der psychischen Ebene auszutragen. Erkannte oder gelöste Probleme haben es nicht nötig, mit körperlichen Schädigungen auf sich aufmerksam zu machen. Wer sich seinen Konflikten stellt, hat gute Chancen, sich seine Gesundheit zu bewahren.

Projektion

Unbequeme Erkenntnisse werden durch eigene seelische Regungen in die Außenwelt getragen, wo sie sich als neurotische Störung offenbaren.

Projektion bezeichnet den Vorgang, den ein Betroffener unbewußt anwendet, um sich bestimmte Erkenntnisse vom Leib zu halten. Experten meinen mit diesem Vorgang das, was der Patient tut, um sich vermeintlich vor der Krankheit zu schützen. Dieser an sich vernünftige Mechanismus verkehrt sich aber sofort ins Gegenteil, sobald man ihn übertreibt.

Wer an sich selbst etwas nicht bemerken will oder kann, sucht sich etwas aus, an dem er den Vorgang abarbeiten kann. Dies ist eine weitverbreitete Art, sich mit belastenden Dingen auseinanderzusetzen, ohne sich selbst mit einzubeziehen! Ein Beispiel mag diesen nur auf den ersten Blick komplizierten Abwehrmechanismus verdeutlichen: Ein Angestellter, der sich über seinen Chef ärgert und sich nicht traut, offen seine Meinung auszusprechen, wird diese nicht wahrgenommene Angst umwandeln. Dann projiziert er die eigenen Ängste in Form von verschobenem Ärger auf einen anderen. Dieser ist nun schuld an allem möglichen. Diese Art von Abwehr hat für den Betroffenen den Vorteil, daß er sich nicht mehr mit den eigenen unterdrückten Ängsten auseinandersetzen muß, sondern sich an dem angeblich unerhörten Verhalten des anderen abreagieren kann.

Die Seele besser verstehen

Selbsthilfe hat den großen Vorteil, daß sie ohne Zeitverlust und kontinuierlich ausgeübt werden kann. Um sich selbst wirkungsvoll helfen zu können, muß man zunächst die Entstehung psychosomatischer Störungen und Krankheiten verstehen. Dabei handelt es sich um eine Reihe von Vorgängen (hier zum besseren Verständnis stark vereinfacht), die über einen längeren Zeitraum bestehen, bevor sie krankhaft werden.

So rächen sich ungelöste Konflikte

Die Grundlage für jede psychosomatische Krankheit bildet der nichteingestandene (psychische) Konflikt zwischen verschiedenen, sich widersprechenden Bestrebungen. Bleibt dieser Zustand längere Zeit erhalten, kann sich daraus auf der Körperebene eine Störung und später sogar eine Krankheit entwickeln. Diese äußert sich als Symptom.

Jemand, der sich bei psychosomatischen Störungen oder Krankheiten selbst helfen will, muß also zunächst einmal begreifen, daß er etwas an den zugrundeliegenden Zuständen ändern kann, indem er die Wirkungsweise des Krankheitsverlaufs versteht. Der psychosomatisch Kranke muß lernen, daß er durch das Nichteingestehen des Konflikts seine eigene Krankheit fördert und unterstützt. Nur wer das begreift, kann auch etwas dagegen unternehmen.

Doppelstrategie gegen psychosomatische Erkrankungen

Da der Krankheitsprozeß in den meisten Fällen ja schon fortgeschritten ist und sich mit Beschwerden zu Wort meldet, müssen wir das Symptom selbst nutzen, um unserem nichteingestandenen Konflikt auf die Spur zu kommen. Wir müssen also erkennen, wofür dieses Symptom eigentlich steht.

Selbsthilfe umfaßt zwei grundsätzliche Strategien, die parallel praktiziert werden können:

- Der Kranke bemüht sich darum, seinen verborgenen Konflikt zu erkennen
- Der Arzt behandelt die Symptome

Zwei konträre Bestrebungen lösen einen Konflikt aus. Wird dieser nicht bewältigt oder gar verdrängt, kann es zu seelischen Kurzschlußhandlungen kommen.

Prägung der Seele

Die Seele wird durch verschiedene Faktoren geprägt:
- Durch Kontakt mit Personen
- Durch Mangelerscheinungen im Organismus
- Durch Lust oder Unlust bei bestimmten Vorgängen
- Durch Erfahrung
- Durch Selbsthilfe

17

SYMPTOM UND ABHILFE

Wenn wir akzeptieren, daß eine Reihe von Fehlleistungen des Körpers und seiner Organe seelisch bedingt sind, dann müssen wir auch annehmen, daß die Psyche deren Funktionen einstellt oder regelt. Geänderte Lebensführung verbessert oft die eingetretenen Störungen. Mit dem immer verfügbaren Mittel der Selbsthilfe betritt man günstigere Wege. Für festgefahrene Probleme bietet sich die psychosomatische Therapie an.

Vom richtigen Umgang mit psychosomatischen Beschwerden

Ein sehr großer Teil der heutigen Krankheiten ist psychosomatisch bedingt. Manche Experten schätzen den Anteil auf mehr als zwei Drittel. Eine der bekanntesten psychosomatischen Krankheiten ist das Magengeschwür, das bei etwa zwei Prozent aller Menschen in den Industrieländern vorkommt. Ebenso dazugerechnet werden arterielle Verschlußkrankheiten, Herzinfarkt, Bluthochdruck, Bronchialasthma, entzündliche und allergische Hauterkrankungen, Eßstörungen und Erkrankungen des Bewegungsapparats. Zwar sollten diese Krankheiten in der Regel von einem Arzt behandelt werden, doch es gibt eine ganze Reihe von Selbsthilfemöglichkeiten, die nur wenig oder gar nicht bekannt sind. Selbsthilfe ist grundsätzlich bei vielen Krankheiten möglich, aber nicht immer und in jeder Phase der Erkrankung sinnvoll.

Gezieltes Vorbeugen von Krankheiten setzt auf der mentalen Ebene an. Damit etwas geändert wird, muß etwas im Kopf stattgefunden haben.

Im Vorfeld der Erkrankung

Lange bevor sich ein Magengeschwür entwickelt, beginnt die Vorbeugung: Richten Sie Ihr Leben so ein, daß Sie Ihr Krankheitsrisiko senken. Eine solch vorbeugende Lebensweise setzt natürlich verschiedene Kenntnisse voraus: Gefährdete Personen müssen zunächst einmal überhaupt wissen, daß sie zur Risikogruppe gehören. Dieses Wissen allein schützt aber noch nicht vor einer möglichen Erkrankung, hinzukommen muß noch das Wissen über Entstehung und Verlauf der Krankheit. Aber selbst das reicht immer noch nicht aus. Entscheidend sind hier die Erkenntnisse über vorbeugende Selbstbehandlung, über die richtig angewandte Selbsthilfe.

Von den Schwierigkeiten der Motivation

Viele Raucher können ein Lied davon singen, wie schwer es fällt, sich von einer zwar schädlichen, aber doch liebgewonnenen Angewohnheit zu trennen. Wissen allein führt meistens nicht unbedingt zum Handeln. Das Zauberwort der Verhaltensänderung heißt Motivation.

Das selbstgesteckte Ziel wird durch inneren Zuspruch bestärkt, um die Wahrscheinlichkeit des Erreichens zu erhöhen.

Nur wer ausreichend motiviert ist, etwas zu verändern, wird die notwendigen Schritte dazu auch tun. Wie wird man motiviert? Wie bringt man sich dazu, etwas zu unternehmen? Nach neuesten Erkenntnissen taugen die alten Methoden der Abschreckung, die jahrelang im Bereich der Gesundheitsprävention gerade beim Rauchen – und auch bei den meisten anderen Suchtkrankheiten – praktiziert wurden, nur wenig. Sie schaffen es nicht, Menschen zur Veränderung ihrer gesundheitsschädlichen Lebensweise zu bewegen. Aus Angst vor Lungenkrebs haben bisher nur wenige mit dem Rauchen aufgehört. Inzwischen weiß man, daß sich Motivation nicht nur mit Angst vor den möglichen Folgen erreichen läßt. Am besten wirkt nämlich ein ganzes Motivationsbündel lohnender, positiver Ziele.

Tips für die eigene Motivation

- Ändern Sie nichts überstürzt. Stärken Sie erst Ihre Motivation, bis Sie merken, daß Sie bereit sind für Veränderungen.
- Suchen Sie nach positiven Zielen für Ihre Verhaltensänderung.
- Stellen Sie sich den erwünschten Endzustand intensiv in Ihrer Phantasie vor.
- Suchen Sie sich farbige Bilder, die diesen Zustand symbolisch ausdrücken können.
- Beschäftigen Sie sich mehrmals täglich mit diesen Bildern, prägen Sie sich diese Bilder tief ins Bewußtsein ein.

Während der Erkrankung

Sobald eine Krankheit aufgetreten ist, glauben viele, Vorbeuge- und Selbsthilfemaßnahmen würden nun nichts mehr nützen. Das ist falsch, denn auch jetzt können sinnvoll angewandte Vorbeugemaßnahmen die weitere Verschlimmerung der Erkrankung stoppen oder zumindest verlangsamen. Der beste Arzt kann Ihnen nicht helfen, wenn Sie sich nicht selbst helfen wollen. Ein Arzt sagte einmal: »Ich kann meinen Patienten im Grunde genommen nur helfen, sich richtig selbst zu helfen. Meine Aufgabe besteht darin, die Selbstheilungskräfte des Patienten zu aktivieren!«

Das gilt ganz besonders für psychosomatische Erkrankungen. Die ärztliche Behandlung zielt darauf ab, eventuelle Blockaden aus dem Weg zu räumen. Nehmen wir als kennzeichnenden Fall die weitverbreitete Migräne (siehe Seite 39f.).

Das Beispiel Migräne

Viele Patienten gehen in der Hoffnung zum Arzt, er würde die Krankheit heilen. Patienten, die ihre Schmerzen schier nicht mehr aushalten, sind allerdings schon zufrieden, wenn der Arzt die Symptome lindert. Verschreibt der Arzt ein Schmerzmittel, so ist damit noch lange keine Heilung erreicht. Indem der Arzt die Schmerzen zeitweilig unterdrückt, versetzt er den Patienten in die Lage, selbst etwas für seine Heilung zu tun. Leider mißverstehen viele Betroffene dies und glauben, mit den Schmerzmitteln sei alles getan. Sie selbst unternehmen nichts. Nach einer gewissen Zeit setzt der Arzt jedoch die Mittel ab, und die Schmerzen tauchen wieder auf. Sinnvollerweise hätte der Patient während der schmerzfreien Zeit etwas gegen seine Migräne tun und die Ursache der Schmerzen beseitigen sollen.

Das Beispiel Krebs

Selbst bei der gefürchteten Krebserkrankung kann der Arzt nicht mehr als Hilfe zur Selbsthilfe leisten. Auch wenn es auf den ersten Blick so aussieht, als würde er mit einer operativen Entfernung der Krebsgeschwulst mehr tun. Doch der Arzt beseitigt nicht die Krankheit, sondern er hilft dem Immunsystem, sich vom Krebs zu erholen. Der Patient darf nicht glauben, mit der Operation sei auch die Krankheit entfernt. Im Gegenteil: Die Krankheit wurde u. a. ja auch durch eine bestimmte Lebensführung ausgelöst – und diese wird mit der Entfernung der Geschwulst nicht geändert. Beim Lungenkrebs durch Rauchen ist dieser Zusammenhang sehr deutlich. Wird die Krebsgeschwulst entfernt, aber der Patient raucht weiter, besteht nach wie vor die Gefahr, daß die Gifte im Tabak die Krankheit erneut ausbrechen lassen. Bei anderen Krebserkrankungen sind die Zusammenhänge nicht immer so deutlich, aber dennoch vorhanden. Alle Krebserkrankungen haben eines gemeinsam: Es lohnt sich, die Ursachen, die in der eigenen Lebensführung liegen, durch Selbsthilfemaßnahmen auszuschalten oder wenigstens zu vermindern.

Der Kranke, der seine psychosomatische Mitteilung verstanden hat, beginnt, sein Leben im Hinblick auf auslösende Ursachen zu ändern. Eine wirkliche Genesung beruht auf Selbsthilfe in der Lebensführung.

21

Das Beispiel Arteriosklerose

In automatisiertes Verhalten zurückzufallen, macht den erwünschten Effekt zunichte. Alte schlechte Gewohnheiten kurbeln das Krankheitsrad erneut an.

Wie kaum eine andere Krankheit machen Arteriosklerose (siehe Seite 85f.) und Herzinfarkt diese Zusammenhänge deutlich: Die Hauptrisikofaktoren für diese Erkrankungen sind Rauchen, ein zu hoher Cholesterinspiegel und mangelnde Bewegung. Der behandelnde Arzt kann darauf hinweisen, aber er kann nicht für den Patienten mit dem Rauchen aufhören, weniger Fett essen oder sich mehr bewegen. Das müssen die Patienten schon selbst tun. Selbst bei schwersten Erkrankungen haben einfache Selbsthilfemaßnahmen gute Chancen. So fanden Wissenschaftler in amerikanischen und deutschen Kliniken heraus, daß sich bei einer Reduzierung dieser Risikofaktoren selbst hartnäckige Gefäßverschlüsse zurückbilden. Auch die Anzahl der Infarkte geht zurück! Der Schlüssel zu diesen Erfolgen liegt in drei einfachen Selbsthilfemaßnahmen: Einstellen des Rauchens, fettarme Ernährung und gesunde Bewegung.

Nach der Erkrankung

Es liegt auf der Hand, daß auch nach Abschluß der ärztlichen Behandlung die Umstellung der Lebensgewohnheiten beibehalten werden sollte. Wer in seine alten Verhaltensweisen zurückfällt, setzt seine einmal erreichten Erfolge aufs Spiel. Wer wieder anfängt zu rauchen, fett zu essen und sich wenig bewegt, darf sich nicht wundern, wenn sich die Gefäße wieder verschließen. Der Patient muß also bereit sein, die erlernten Selbsthilfemaßnahmen selbständig weiterzuführen! Information und fachlich kompetente Beratung unterstützen dabei. Aber nicht jede Information ist auch zu gebrauchen. Achten Sie also auf die richtige Auswahl.

Informationen sammeln und sich beraten lassen

Täglich informieren wir uns über alles mögliche, indem wir Gespräche in der Familie, in der Nachbarschaft oder im Freundeskreis führen. Wir lesen Zeitung, sehen fern oder gehen ins Kino, auf Veranstaltungen oder ähnliches. Auf diese Weise sammeln wir eine Vielzahl von Informationen, die wir aber meistens nicht gezielt verarbeiten. Außerdem vergessen wir dabei leider, daß viele Menschen, mit denen wir uns unterhalten, auch ein Eigeninteresse verfolgen. So kann der mitbetroffene Ehe- oder Lebenspartner bei einem Gespräch über Migräne z. B. ganz massive Eigeninteressen haben, die einer wirklichen Hilfe entgegenstehen. Außerdem sind seine Kenntnisse über die Erkrankung vielleicht nicht richtig oder vollständig. Hinzu kommt noch eine weitere Schwierigkeit: falsche Scham, ein offenes Gespräch über bestimmte Erkrankungen zu führen.

Um diese Alltagsfehler zu vermeiden, bieten sich andere Informationswege an, etwa Bücher. Glücklicherweise hat sich der Buchmarkt fachspezifisch entwickelt, so daß Ratsuchende heute für das eigene, spezielle Problem auch die entsprechende Fachliteratur finden.

In guten Buchhandlungen gibt es immer noch eine fachliche Beratung. Sprechen Sie mit Ihrer Buchhändlerin, Ihrem Buchhändler über Ihr Problem, und nennen Sie Ihre Wünsche. Sie werden Ihnen weiterhelfen. Wenn Sie sich nicht trauen, weil es sich um ein Problem handelt, über das Sie nicht sprechen möchten, fragen Sie einfach nach der entsprechenden Abteilung im Laden. Sehen Sie selbst nach, was dort unter dem Fachbegriff »Psychosomatik« angeboten wird. Dieser findet sich meistens in der Abteilung Medizin. In guten Buchhandlungen gibt es inzwischen aber auch eine Abteilung Selbsthilfe.

Einige Verlage haben sich inzwischen auf Selbsthilfeliteratur spezialisiert. Fragen Sie Ihren Buchhändler danach, und lassen Sie sich einen Verlagsprospekt aushändigen.

Ein wichtiger Aspekt der Medizin besteht darin, daß eine große Zahl von funktionellen oder organischen Störungen durch eine Fehleinstellung der betroffenen Person mitbedingt wird.

Fachliche Beratung und Psychotherapie

Scheuen Sie sich nicht vor dem Gang in eine Beratungsstelle: Deutschland verfügt über eines der am besten ausgebauten Beratungsnetze der Welt. Kaum ein anderes Land hat so viele spezialisierte Beratungsstellen. Und nicht nur das, in den meisten Fällen ist diese Beratung auch noch kostenlos!

So finden Sie die richtige Beratungsstelle

Heutzutage gibt es für die meisten Probleme auch eine entsprechende Beratungsstelle. Ob Alkohol- oder Drogenberatung, ob Ehe- oder Partnerschaftsberatung, ob Erziehungs- oder Lebenshilfeberatung – für jedes Problem ist etwas dabei. Die Anschriften der örtlichen Beratungsstellen in Ihrer Nähe finden Sie in der Tageszeitung unter der

Rubrik »Beratungsdienste« oder »Notdienste« oder unter ähnlichen Stichwörtern. Aber Sie können es auch wie die Profis machen und – gegen eine kleine Unkostengebühr und Rückporto – bei der DAJEB (Deutsche Arbeitsgemeinschaft für Jugend- und Eheberatung e.V.) einen Beratungsführer bestellen. Er enthält alle Anschriften von Beratungsstellen in Deutschland.

Machen Sie sich keine Sorgen darüber, daß ein Besuch Sie gleich zu einer Behandlung verpflichten könnte. Ein informatives Treffen verpflichtet Sie zu nichts!

> ## Planen Sie Ihren Besuch
>
> Gehen Sie nicht ohne Voranmeldung in eine Beratungsstelle! In den meisten Fällen schickt man Sie dann wieder nach Hause. Lassen Sie sich rechtzeitig einen Termin geben, denn die Beratungsstellen sind stark besucht.

Was passiert in einer Beratungsstelle?

Hier können Sie einen Beratungsführer mit allen wichtigen Adressen bestellen: DAJEB-Bundesgeschäftsstelle, Neumarkterstraße 84c, 81673 München.

Das helfende Gespräch: Beim ersten Besuch in einer Beratungsstelle haben viele noch Ängste. Ihre Bedenken werden sich in dem Maße zerstreuen, wie Sie mehr über die Arbeit einer Beratungsstelle erfahren. Zu Beginn des ersten Gesprächs lernen Sie Ihren Berater kennen, er oder sie stellt Ihnen die Arbeit der Beratungsstelle vor und bespricht mit Ihnen Ihr Problem. Scheuen Sie sich nicht, nach der Ausbildung des Beraters zu fragen. Ein pädagogisches oder anderes Studium allein reicht nicht aus, um eine Therapie durchzuführen. Berater/innen sollten über ihre Grundqualifikation hinaus eine entsprechende Zusatzausbildung absolviert haben, die psychologische und medizinische Bereiche verbindet.

Der erste Gesprächstermin dient dem gegenseitigen Kennenlernen und dem Ausloten der Möglichkeiten. Die Beraterin oder der Berater wird versuchen, Ihre Schwierigkeiten, Ihr Problem zu erfassen. Man wird also versuchen, so viel wie möglich über Sie in Erfahrung zu bringen, wird Sie zu Ihren Lebensverhältnissen ebenso befragen wie zu Ihrer Biographie.

Das Ziel der ersten Gespräche besteht darin, einen Überblick zu bekommen und sich über mögliche Hilfen Gedanken zu machen. Sie werden Informationen über die Behandlungsmöglichkeiten, die Behandlungsdauer und die Vorgehensweisen erhalten.

Meistens kommt es zwischen der Beratungsstelle und Ihnen zu einer Vereinbarung, in der die Vorgehensweisen festgelegt werden. Erkundigen Sie sich nach den Gesprächsterminen, ihrer Dauer und dem zeitlichen Abstand zwischen den Gesprächen. Wie häufig werden Sie sich treffen, wie lange werden die Gespräche und vor allem die gesamte Behandlung dauern?

Nur wer sich sympathisch ist und sich versteht, kann zusammenarbeiten. Wenn Sie mit dem Berater nicht klarkommen, sollten Sie nach anderen Möglichkeiten suchen. Verschiedene Untersuchungen über die Wirkungsweisen von Psychotherapien haben ergeben, daß die Beziehung zwischen Therapeuten und Patienten das wichtigste und wirksamste Mittel in einer Behandlung ist.

Zur ersten Auskunft und späteren Therapie stehen Ihnen Berater zur Seite, die Sie begleiten, falls der Weg zu schwierig erscheint.

Offen und ehrlich über seine Gefühle und Probleme zu reden – besonders mit fremden Personen –, erfordert oft großen Mut. In einer Beratungsstelle finden Sie Menschen, für die ein solches Gespräch etwas ganz Alltägliches ist. Haben Sie daher Vertrauen – und trauen Sie sich.

25

Einzel- und Gruppentherapie

Die Beratungs-
stellen arbeiten
mit Hilfe von
Einzel- oder
Gruppen-
therapien, führen
aber keine Psycho-
therapie durch.
Bei psycho-
somatischen
Erkrankungen im
fortgeschrittenen
Stadium leiten
Ärzte und/oder
Psychologen die
Behandlung.

In den meisten Fällen wird zunächst eine Reihe von Einzelge-sprächen geführt. Darin bauen Berater und Patient eine therapeu-tische Beziehung auf und versuchen, den Problemen gemeinsam auf die Spur zu kommen. Diese Form der Therapie nennt man Einzeltherapie.

Bei einer Gruppentherapie trifft man mit anderen Menschen zusam-men, die in der Regel die gleichen oder ähnliche Schwierigkeiten haben. Diese Probleme werden in der Gruppe unter Anleitung eines Therapeuten besprochen. Nach wissenschaftlichen Untersuchungen ist bei verschiedenen Formen von Störungen die Gruppentherapie wirksamer als die Einzelbehandlung. Die Entscheidung zwischen Einzel- oder Gruppentherapie treffen Berater und Patient gemein-sam. Eine Familientherapie bezieht die ganze Familie oder zumin-dest einige Mitglieder mit ein. Diese Form wird besonders dann an-gewandt, wenn andere Personen mitbetroffen oder in das Problem verwickelt sind. An erster Stelle stehen hier Partnerschafts- und/oder Erziehungsprobleme. Aber auch bei vielen psychosomatischen Störungen – etwa bei Migräne – kann es sich als sinnvoll erweisen, andere Familienmitglieder hinzuzuziehen.

Beratungsstellen für Frauen

In den letzten Jahren haben sich viele Beratungsstellen auf frau-enspezifische Probleme spezialisiert. Hierzu zählen Mißhandlungen ebenso wie Vergewaltigungen. In den meisten Beratungsstellen ach-tet man bei diesen Problembereichen darauf, daß die Behandlung von einer Therapeutin durchgeführt wird.

Unterschiede zwischen Beratung und Psychotherapie

Beratungsstellen führen Beratungen durch, die einer Psychotherapie durchaus ähneln können. Im allgemeinen Sprachgebrauch werden diese Beratungen auch als Therapie bezeichnet. Aber eine Psycho-therapie im engeren Sinne darf nur von einem Arzt oder einer vom Arzt bevollmächtigten Person durchgeführt werden. Beratungen werden vom Träger der Beratungsstelle und vom Kostenträger be-zahlt, während Psychotherapien von den Krankenkassen getragen werden.

Vorsicht vor Scharlatanen

Auf dem Beratungs- und Psychotherapiemarkt tummeln sich viele Anbieter, die nicht immer das halten, was sie versprechen. Erkundigen Sie sich deshalb auch nach der Qualifikation und der entsprechenden Erlaubnis zur Behandlung. Das beste Unterscheidungskennzeichen besteht in der Bezahlung: Beratungsstellen sind kostenlos, Psychotherapien, die von anerkannten Psychotherapeuten durchgeführt werden, bezahlen die Krankenkassen. Alles andere wird privat abgerechnet. Hier sollten Sie genauer hinschauen!

Nur auf den ersten Blick unterscheidet sich eine psychotherapeutische Behandlung kaum von einer Beratung in einer Beratungsstelle. In Wirklichkeit sind die Einsatzbereiche verschieden: Der Besuch einer Beratungsstelle ist dann sinnvoll, wenn Sie unter einem oder verschiedenen Lebensproblemen leiden.

Behandlung durch seelisches Einwirken

Während sich bei Lebensproblemen jeder selbst eine Beratungsstelle aussuchen kann, ist die Suche nach einem geeigneten Psychotherapeuten etwas komplizierter. Krankheiten dürfen bei uns nämlich nur von Ärzten und Heilpraktikern behandelt werden. Die Verantwortung für die Durchführung einer Psychotherapie liegt in unserem Behandlungssystem beim Arzt. Nur er darf eine Psychotherapie durchführen bzw. einen Patienten an einen niedergelassenen Psychotherapeuten (Arzt oder Psychologen) überweisen.

Der Therapeut muß nicht nur von den Krankenkassen zugelassen sein, sondern die Kassen müssen auch die Therapie genehmigen. Patienten müssen also zunächst einen Antrag bei ihrer Krankenkasse stellen. Das Antragsverfahren ist manchmal schwierig und langwierig. Erst wenn diese formalen Voraussetzungen erfüllt sind, kann sich der Patient um einen Termin bei einem Psychotherapeuten bemühen. In der Regel sind diese aber so stark überlaufen, daß man manchmal zwischen vier und acht Monate auf die erste Behandlung warten muß.

Eine Psychotherapie bietet sich dann an, wenn Ihre Probleme Sie behandlungsbedürftig gemacht haben. Eine Beratung allein kann dann nicht mehr helfen.

Was passiert in einer Psychotherapie?

Die äußeren Rahmenbedingungen ähneln denen in einer Beratungsstelle. Auch niedergelassene Psychotherapeuten arbeiten mit einzel- und gruppentherapeutischen Verfahren. Darüber hinaus verfügen sie über eine Zusatzausbildung in einem anerkannten Therapieverfahren. Da Psychotherapeuten an den Ursachen einer Krankheit oder einer seelischen Störung arbeiten, brauchen sie in der Regel auch medizinische Kenntnisse. Das unterscheidet sie ganz wesentlich von den Beratern in den Beratungsstellen.

Auch in einer Psychotherapie sollten sich Patient und Therapeut gut verstehen. Die therapeutische Beziehung ist die Grundlage für eine erfolgreiche Zusammenarbeit. Eine zu persönliche Beziehung wird die Behandlung allerdings eher behindern. Patienten sollten also nicht zu einem Psychotherapeuten gehen, mit dem sie befreundet oder verwandt sind. Eine dermaßen enge Beziehung verhindert die neutrale Stellung des Therapeuten und unterläuft damit eine wesentliche Voraussetzung für eine gute Behandlung. Nur eine neutrale Person kann genügend Abstand wahren und dem Patienten helfen.

Nur jemand, der nicht in den persönlichen Konflikt verwickelt ist, eignet sich dazu, dem Patienten zu helfen.

Freund oder Psychotherapeut?

- Natürlich können Sie auch mit Freunden über Ihre Probleme reden, aber nach einigen Malen hören sie meist nicht mehr richtig zu. Anders der Psychotherapeut, ein geschulter Zuhörer.
- Bei Freunden oder Verwandten müssen Sie ständig abwägen, was Sie wie sagen. Mit Ihrem Therapeuten können Sie über alles sprechen, ohne sich Beschränkungen aufzuerlegen.
- Das Gespräch über belastende Situationen und die entsprechenden Gefühle fällt Ihnen wahrscheinlich leichter, wenn Sie sich sicher fühlen und sich nicht vor den Reaktionen Ihrer Mitmenschen fürchten müssen.
- Eine freundschaftliche Beziehung beruht auf Gegenseitigkeit. Wenn Sie Hilfe erhalten, müssen Sie irgendwann etwas zurückgeben. Diese Gewißheit kann belasten. Psychotherapeuten erwarten jedoch keine Gegenleistungen, außer natürlich die Bezahlung und Ihre Mitarbeit.

Ob eine Psychotherapie sinnvoll ist oder nicht, hängt zwar auch von den Rahmenbedingungen – etwa den Finanzierungsmöglichkeiten – ab; der wichtigste Grund besteht jedoch in der Ausgangssituation des Patienten. Er muß überzeugt sein, daß er fachliche Hilfe braucht, die über die Möglichkeiten einer Beratungsstelle hinausgehen. Für solche Fälle sind Psychotherapeuten besonders ausgebildet. Die häufigsten Verfahren, die von Psychotherapeuten angewandt werden, sind die Psychoanalyse, die Gesprächs- und die Verhaltenstherapie. In einzelnen Fällen sind Psychotherapeuten auch in speziellen Methoden wie körperzentrierten Verfahren oder in Hypnose ausgebildet.

Psychoanalyse

Die Psychoanalyse geht auf den Wiener Arzt Sigmund Freud (1856 bis 1939) zurück, der sich nach seinem Medizinstudium hauptsächlich mit der Erforschung und Behandlung seelischer Erkrankungen beschäftigte. Er gilt heute als Vater der Psychoanalyse. Die von ihm entwickelten Verfahren basieren darauf, daß jeder Mensch im Laufe seiner Entwicklung – vor allem in Kindheit und Jugend – bestimmte Erfahrungen macht, die er in den Beziehungen zu seinen Mitmenschen wiederholt. Diese Beziehungsmuster enthalten oft Konflikte, die die Betroffenen nicht bemerken, die sie unbewußt immer wieder anwenden, obwohl sie ihnen schaden. Aufgabe des Psychoanalytikers ist es daher, die schädlichen Beziehungsmuster aufzudecken und dem Patienten Möglichkeiten anzubieten, sie zu korrigieren.

Das von Freud entwickelte psychoanalytische Verfahren will den Patienten durch Wiedererinnern an Erlebnisse von Verdrängungen befreien. Die Abreaktion in der Gegenwart soll die Störungen beheben.

Moderne Analysemethoden

Zwar gibt es immer noch Psychoanalytiker, die wie schon Sigmund Freud ihre Patienten auf die berühmte Couch legen, aber inzwischen sitzen die meisten modernen Analytiker ihren Patienten wie bei einem normalen Gespräch gegenüber. Auch die Anforderung Freuds, den Fluß der freien Assoziation – der Patient spricht das aus, was ihm gerade in den Sinn kommt, ohne daß der Analytiker etwas dazu sagt – nicht durch eigene Beiträge zu stören, wird nicht mehr in diesem Ausmaß praktiziert. Moderne Analytiker begeben sich in ein Gespräch mit dem Patienten, bei dem sie allerdings darauf achten, die Äußerungen des Patienten nicht zu bewerten oder zu kommentieren, sondern sie wertfrei zu deuten. Diese Deutung soll dem Patienten zu einer Einsicht in die Zusammenhänge seiner Störung verhelfen, die wiederum Grundlage für spätere Veränderungen sein kann.

Die Sitzungen dauern etwa eine Stunde und finden ein- bis dreimal wöchentlich statt. Die gesamte Therapie kann 30 Sitzungen und mehr betragen. Es gibt auch Kurzzeitbehandlungen mit jeweils zwölf Sitzungen.

Durch absolute Zuwendung und echtes Einfühlen ermöglicht der Therapeut dem Patienten, sich mit der eigenen Persönlichkeit auch in negativen Dingen auseinanderzusetzen.

Ein Fallbeispiel

Jemand hat in seiner Kindheit die Erfahrung gemacht, ohne die Hilfe seiner Mutter nicht auskommen zu können. Nun versucht er (unbewußt) auch als Erwachsener immer wieder, seine Partnerin dazu zu bewegen, ihm zu helfen, z. B. Aufgaben für ihn zu erledigen. Er selbst erlebt sich dabei als hilflos und fühlt sich unwohl. Wie aus einem inneren Zwang heraus hält er jedoch an diesem Verhältnis fest.

In einer psychoanalytischen Behandlung sorgt nun der Therapeut durch die Behandlungsform dafür, daß dieser Konflikt auch zwischen dem Analytiker und dem Patienten auftritt. Der Patient versucht in der Wiederholung des alten Konflikts den Analytiker dazu zu bewegen, etwas für ihn zu tun. Der Analytiker lehnt die ihm angebotene Rolle (der Mutter) ab und versucht nun seinerseits, dem Patienten diese Vorgänge bewußtzumachen. In der gemeinsamen Aufarbeitung dieser Vorgänge kann der Patient nicht nur den unbewußten Konflikt erkennen und ihn in sein Bewußsein vordringen lassen, sondern auch lernen, wie er in Zukunft anders mit solchen inneren Bestrebungen umgehen kann.

Gesprächspsychotherapie

Die Gesprächspsychotherapie geht auf Carl R. Rogers zurück. Er entwickelte seine Therapieform auf der Grundlage der Psychoanalyse; sie unterscheidet sich jedoch sowohl in einigen Grundannahmen als auch in der Behandlungsform. In der Gesprächstherapie stehen die bewußten Schwierigkeiten des Patienten im Mittelpunkt der Behandlung. Dabei geht es weniger um frühere, weit zurückliegende Erfahrungen, sondern um das Hier und Jetzt. Der Therapeut nimmt dabei eine emotional teilnehmende Haltung ein. Er versucht das Weltbild, die Erlebnisse und die gesamte Realität des Patienten kennenzulernen. Seine Wahrnehmungen benutzt er, um dem Patienten das Wahrgenommene vor Augen zu halten. Damit verhilft er dem Patienten zu neuen Einsichten über sich selbst und seine Probleme oder Erkrankungen.

Das wichtigste Therapieziel der Gesprächspsychotherapie liegt in der größeren Selbstachtung des Patienten und im Akzeptieren der eigenen Person.

Die Sitzungen dauern etwa eine Stunde und finden einmal pro Woche statt. Die gesamte Therapie nimmt etwa 20 Sitzungen in Anspruch.

Verhaltenstherapie

Die Verhaltenstherapie geht zurück auf Burrhus Frederic Skinner (1904 bis 1990), den viele für den einflußreichsten Psychologen halten. Der Amerikaner widmete sein ganzes Leben der Erforschung und Behandlung von Verhaltensstörungen. Er arbeitete vor allem mit der »programmierten Unterweisung«, bei der der Lernstoff in kleine Abschnitte zerlegt wird. Verhaltenstherapeuten versuchen, das gestörte Verhalten (die Störung oder die Krankheit) so genau wie möglich zu analysieren und beziehen in ihre Analyse auch die gesamten Lebensumstände des Patienten mit ein. Dabei wird die Störung nicht isoliert betrachtet, sondern Wahrnehmungen, Gefühle und Gedanken werden ebenfalls beachtet und in die Überlegungen zur Behandlung miteinbezogen. Im Gegensatz zur Psychoanalyse stehen dabei aber weniger frühkindliches Verhalten und die entsprechenden frühkindlichen Erfahrungen im Mittelpunkt, sondern das Erlernen oder Verlernen eines bestimmten Verhaltens.

Seelische Störungen können als unangemessenes Verhalten aufgefaßt werden. Der Psychotherapeut versucht, diese Verhaltenszwänge direkt zu ändern.

Die Verhaltenstherapie verfügt inzwischen über ein großes Methodenspektrum und eignet sich auch gut zur Kombination mit anderen Therapietechniken.

Die Sitzungen dauern ebenfalls etwa eine Stunde und finden einmal pro Woche statt. Dazu kommen in der Regel auch Übungen, die die Patienten allein zu Hause durchführen können. Die gesamte Therapiedauer richtet sich nach dem notwendigen Arbeitsaufwand, übersteigt aber selten 30 Stunden.

SCHMERZEN IM KOPF

Vieles bereitet uns Kopfschmerzen, läßt uns vor Unverständnis an den Kopf greifen. Der Sitz des Gehirns und unserer beiden wichtigsten Sinnesorgane reagiert empfindlich auf die immerzu anrückenden Widrigkeiten im täglichen Leben. Das Hirn selbst ist nicht schmerzempfindlich. Blutgefäße und Teile des Nervensystems dagegen plagen manchen fast sein Leben lang im Schädelbereich, am schlimmsten bei Migräne. Seelische Therapien bieten bei einigen Formen des Kopfschmerzes die besten Heilungschancen.

Wer grübelt, braucht Ausgleich

Der Kopf gilt als Sitz wichtiger Sinne, als der übergeordnete Körperteil eines Lebewesens. Viele Menschen werden als kopflastig beschrieben. Das bedeutet, daß sie mehr nachdenken als fühlen. Wie sich der Schädel dagegen wehrt, kennt jeder, der einen harten Arbeitstag mit den Worten »Mir brummt der Schädel!« beendet. Kopfschmerzen kann man daher auch als Aufforderung verstehen, weniger mit dem Intellekt und mehr aus dem Gefühl heraus zu leben.

Einfache Kopfschmerzen, die nach Belastung auftreten und im Ruhezustand wieder verschwinden, müssen nicht behandelt werden. Sie sollten jedoch nach den Auslösern fahnden und sie möglichst ausschalten.

Die Suche nach dem Mittelweg

Natürlich kann es in unserer hochentwickelten Gesellschaft nicht darum gehen, mit einem Male das Denken abzuschaffen und einer ausschließlich gefühlsorientierten Lebensweise das Wort zu reden. Gerade Kopfschmerzen zeigen, wie wichtig Ausgewogenheit und Balance zwischen den Extremen sind. Diesen Mittelweg muß jeder für sich selbst finden. Gefragt ist kein Entweder-Oder, sondern eine neue und angemessene Art und Weise, mit Lebensproblemen umzugehen. Kopfschmerzen gehören zu den Beschwerden, die jeden treffen können. Aber Kopfschmerzen sind nicht gleich Kopfschmerzen. Die Bandbreite reicht vom einfachen Streßkopfschmerz bis zum schweren Migräneanfall. Einfache Schmerzen, die nur ab und zu bei besonderen Belastungen auftreten, sind keine Krankheit, sondern ein Warnsignal des Körpers. Erst wenn diese Warnsignale beharrlich ignoriert werden, können sich daraus behandlungsbedürftige Erkrankungen entwickeln. Etwa ein Drittel der Bevölkerung leidet unter Kopfschmerzen. Für 14 Prozent stellen Kopfschmerzen ein erhebliches Problem dar; besonders Frauen sind davon betroffen.

Fünf Hauptgruppen von Kopfschmerzen
- Nervenschmerzen im Kopf (Neuralgien)
- Spannungskopfschmerzen
- Verletzungskopfschmerzen
- Verschiedene Migräneformen
- Kopfschmerzen psychologischen Ursprungs

Gesichtsschmerzen (Trigeminusneuralgie)

Typische Beschwerden und Komplikationen

Der Trigeminus oder Drillingsnerv übermittelt in drei Ästen Reize vom Gehirn zum Gesicht. Nicht selten führen Beeinträchtigungen dieser Reizleitung zu heftigen Schmerzanfällen.

Die Schmerzen setzen plötzlich und stechend ein. Sie können bis zu hundertmal am Tag auftreten. Sie konzentrieren sich auf bestimmte Stellen im Gesicht und lassen sich auch durch Berührung auslösen. Die bekannteste Form stellt die Trigeminusneuralgie dar, deren Schmerzen hauptsächlich im Bereich des Ober- und Unterkiefers auftreten.

Viele Trigeminuspatienten erleben schreckliche Schmerzen, die so stechen und brennen können, daß sie sich kaum aushalten lassen. Das macht es für Arzt und Patienten sehr schwer, die notwendige Psychotherapie durchzuführen. Der Patient braucht nämlich zusätzlich eine medikamentöse Soforthilfe, die den Schmerz abstellt. Operative Eingriffe, in denen etwa ein Chirurg die Schmerzleitung unterbricht, sind zwar wirkungsvoll, aber zwiespältig: Sie lassen sich nicht rückgängig machen, und nach einer kurzen Zeit ohne Schmerzen tritt das Problem an einer anderen Stelle wieder auf. Die Schmerzen haben sich verschoben (Symptomverschiebung)!

Mögliche Ursachen

Bei Neuralgien werden Reizungen (Irritationen) der Nerven durch Entzündungen, Gewebewucherungen und Narben als Ursache angenommen. Lassen sich nach genauer ärztlicher Untersuchung keine organischen Schäden finden, kommen auch psychologische Ursachen in Betracht. Deshalb gehören Trigeminusneuralgien auch zu den psychosomatischen Krankheiten.

Seelische Hintergründe

Psychosomatisch orientierte Ärzte und Psychologen gehen davon aus, daß hinter den sogenannten atypischen Gesichtsschmerzen wie Trigeminusneuralgien seelische Kränkungen oder physische Schläge ins Gesicht stecken. Diese Auslöser sind durchaus auch symbolisch gemeint. Und in der Tat lassen sich in der Leidensgeschichte des Patienten (Anamnese) meistens persönliche Niederlagen, die als Kränkung empfunden wurden und die man als Schläge ins Gesicht im übertragenen Sinne deuten kann, dingfest machen.

Selbsthilfe und alternative Behandlungsmethoden

Selbsthilfe im Sinne einer Vorbeugung ist nicht möglich. Denkbar ist lediglich eine Lebensführung, die die seelische Verarbeitung von Kränkungen und Niederlagen mit einschließt und damit das Risiko senkt, an psychosomatischen Störungen zu erkranken.

Akupunktur hat schon vielen Trigeminuspatienten geholfen. Wirksam ist auch die Neuraltherapie. Dabei spritzt der Arzt ein Schmerzmittel an die Nerven und führt gleichzeitig eine sogenannte Störfeldtherapie durch.

Dauerhaft sind die Erfolge jedoch nur, wenn sowohl Akupunktur als auch Neuraltherapie mit psychotherapeutischen Behandlungen kombiniert werden.

Trigeminusschmerzen, die sich als unverarbeitete Schläge ins Gesicht interpretieren lassen, verlangen nach einer psychosomatischen Behandlung.

Wann zum Arzt?

Sofort nach dem ersten Auftreten von ungewöhnlichen stechenden Gesichtsschmerzen sollten Sie Ihren Arzt aufsuchen. Vielleicht handelt es sich ja »nur« um einen Stirn- oder Kieferhöhleninfekt. Er sollte Sie andernfalls allerdings möglichst schnell zu einem Facharzt überweisen, der auch psychotherapeutisch arbeitet.

Welche Psychotherapie eignet sich?

Eine moderne Form der Psychoanalyse, die sowohl aufdeckend als auch handlungsorientiert arbeitet, oder eine Kombination aus medikamentöser und psychologischer Behandlung bietet die größten Erfolgschancen.

Hilfe durch die Schulmedizin

Einfache Schmerzmittel wie Parazetamol bringen meistens keine Linderung der Schmerzen. Bewährt hat sich dagegen der Wirkstoff Carbamazepin. Zu Beginn der Behandlung kurzfristig eingenommen, kann er die Schmerzen verschwinden lassen.

Aus Verzweiflung wünschen sich viele Patienten, daß ein Chirurg ihnen den betroffenen Nerv durchtrennt und damit die Schmerzleitung stoppt. Doch nach einer solchen Operation besteht die Gefahr der Symptomverschiebung. Denn die tieferen Ursachen der Beschwerden – die erwähnten »seelischen Ohrfeigen« in der Vergangenheit – bleiben ja bestehen.

Spannungskopfschmerzen

Typische Beschwerden und Komplikationen

Wer den Alltag als ein kaum zu ertragendes Joch empfindet, reagiert in seiner Angespanntheit manchmal mit Kopfschmerzen. Das vegetative Nervensysten ist nicht in der Lage, die psychischen Spannungen zu regeln.

Spannungskopfschmerzen äußern sich in Muskelverspannungen im Gesicht und Nacken. Sie nehmen einen dumpfen Charakter an und strahlen diffus aus. Dabei unterscheidet man zwischen chronischen und akuten Spannungskopfschmerzen.

Bei chronischen Spannungskopfschmerzen ist ein ständiger dumpfer Schmerz vorhanden, der oft mit Muskelverkrampfung, Angst und Depressionen einhergeht. Der Schmerz tritt entweder nur in einer Gesichtshälfte, an bestimmten Teilen des Kopfes oder im gesamten Kopfbereich auf. Die Stärke der Schmerzen schwankt. Manchmal leidet der Patient unter so starken hämmernden Schmerzen, daß ihm übel wird und er sich erbricht. So weit kommt es vor allem, wenn sich die Schmerzen auf eine Gesichtshälfte beschränken.

Viele Betroffene reagieren ängstlich auf akustische und optische Reize. Sie befürchten, daß diese den Schmerz verstärken könnten. Andere Patienten klagen über das Gefühl, ein Stahlband um den Kopf zu haben, das ihren Schädel zusammenzieht.

Bei akuten Spannungskopfschmerzen treten die Schmerzen allmählich auf und steigern sich dann. Sie bleiben eine Zeitlang auf einem hohen Schmerzniveau bestehen, dann nehmen sie langsam wieder ab. Die Schmerzphase dauert in der Regel mehrere Stunden. Patienten, die jahrelang chronische Schmerzen ertragen und zusätzlich regelmäßig Schmerzmittel einnehmen, werden oft teilnahmslos (apathisch) und passiv. Gefährlich wird diese Erkrankung durch eine Reihe von schweren Nebenwirkungen durch die Medikamente wie Magenblutungen, Stoffwechselveränderungen usw.

Mögliche Ursachen

Anfällig für Spannungskopfschmerzen sind Menschen, denen es schwerfällt, besondere Belastungen des Alltags zu bewältigen. Der Begriff »Spannung« bezieht sich hier aber auf die Anspannung der Muskulatur im Gesicht, nicht auf die vermuteten sozialen Spannungen im täglichen Leben. Die Anspannung der Muskulatur behindert die Durchblutung und führt zur Blutleere (Ischämie) der betroffenen Bereiche. Diese Ischämie setzt eine Reihe von biochemischen Prozessen in Gang: Z. B. wird der pH-Wert gesenkt. Als Folge schüttet der Körper vermehrt Schmerzstoffe (etwa Serotonin, Prostaglandine) aus. Deshalb verursachen schon geringe Muskelkontraktionen erhebliche Schmerzen. Zu allem Überfluß verstärken die Schmerzen selbst die Muskelkontraktion, was die Qualen wiederum erhöht. Ein Teufelskreis, der den Patienten leicht zur Verzweiflung treibt.

Wichtig ist hierbei: Der Ort der größten Muskelanspannung ist nicht immer identisch mit dem erlebten Schmerzort! Neuere Forschungen zeigen, daß durch die ständigen Anspannungen Muskelgewebe degenerieren kann und dadurch sogenannte Triggerpunkte entstehen. Bei mechanischer Belastung schicken sie den Schmerz in andere Referenzzonen. Im Klartext heißt das: Im Laufe der Zeit tauchen die Schmerzen weit entfernt von den verspannten Muskeln auf.

Seelische Hintergründe

Personen, die in ihrem Leben oft Druck, Spannung und Enge fühlen und diese Situationen nicht bewältigen, können schon auf geringe Belastung mit Spannungskopfschmerzen reagieren. Das Symptom weist auf mangelnde soziale und persönliche Kompetenzen hin. Die Schmerzen erzwingen einen Rückzug und verschaffen so Freiräume, die sich der Betroffene ohne Schmerzen nie genommen hätte. Das Schmerzsymptom ist ein Warnsignal, das auf drastische Weise auf bestimmte Defizite aufmerksam macht. Es bedeutet: »Es gibt etwas zu tun. Packe es an, sonst mußt du leiden!«

Das Leben eines übersensiblen Menschen kann durch Kopfweh verleidet sein. Der extrem Zartfühlende muß sein Nervenkostüm gegen die Unpäßlichkeiten des normalen Daseins wappnen.

Selbsthilfe und alternative Behandlungsmethoden

Die Schmerzsymptome selbst deuten die Richtung an, in die sich Betroffene orientieren sollten. Druck, Spannung und Enge sind die Themen, um die es bei einer aufdeckenden Bearbeitung gehen kann. Was löst im Alltag Druck aus? Wo und in welchen Situationen wird Spannung empfunden? Wann wird es eng? Die Beantwortung dieser Fragen kann Aufschlüsse über eine falsche Lebensführung geben. Gleichzeitig liefert sie Hinweise auf neue Lebensperspektiven.

Wann zum Arzt?

Bei erstmalig auftretenden Spannungskopfschmerzen ist es nicht nötig, sofort einen Arzt aufzusuchen. Zunächst können Sie versuchen, sich selbst mit den angegebenen Methoden Erleichterung zu verschaffen. Sind die akuten Schmerzen jedoch schon chronisch geworden, brauchen Sie dringend die Hilfe eines Arztes. Am besten beraten sind Sie mit einem psychotherapeutisch orientierten Arzt. Vorsicht vor Schmerzmitteln und ihren Nebenwirkungen; sie können sogar abhängig machen!

Präparate, die Schmerzen lindern, haben zum Teil lebensbedrohliche Nebenwirkungen, weshalb sie nur unter medizinischer Aufsicht und niemals regelmäßig eingenommen werden sollten.

Es geht auch ohne Chemie

Vorübergehend lassen sich die Qualen oft mit japanischem Heilpflanzenöl lindern. Sie können sich damit einreiben, Sie können es aber auch einnehmen. Neue Studien haben ergeben, daß reines Pfefferminzöl, auf die Schläfen aufgetragen, Linderung bringt. Achtung: Verschiedene Präparate enthalten Alkohol als Konservierungsmittel. Sie eignen sich nicht für Suchtkranke! Sanfte Massagen, Akupunktur und Reflexzonenmassagen können ebenfalls helfen.

Welche Psychotherapie eignet sich?

Wenn die Schmerzen schon chronisch sind, sollten Sie sich mit Ihrem Arzt beraten. Vielleicht paßt zu Ihnen eher ein aufdeckendes Verfahren, wie z.B. die moderne Form der Psychoanalyse. Vielleicht verspricht auch ein bewältigungsorientiertes Verfahren, wie beispielsweise die Verhaltenstherapie, mehr Erfolg. Die Kosten für beide Verfahren übernimmt die Krankenkasse.

Hilfe durch die Schulmedizin

Wenn Arzt und Patient im Gespräch in der Lage sind, die Zusammenhänge zwischen Lebensführung und Schmerzen aufzuzeigen, wird schon das erheblich weiterhelfen. Um Ärzte, die sich nicht für Sie und Ihre Krankengeschichte interessieren und lieber gleich den Rezeptblock zücken, sollten Sie einen Bogen machen.

Bei starken Spannungskopfschmerzen können kurzzeitig einfache Schmerzmittel wie Parazetamol helfen. Sie lindern vorübergehend die Schmerzen und erleichtern so die psychotherapeutische Behandlung. Auf Beruhigungsmittel sollten Sie ganz verzichten!

Migräne

Typische Beschwerden und Komplikationen

Unter Migräne versteht man anfallsartig wiederkehrende starke Kopfschmerzen. Ärzte unterscheiden zwischen klassischer, einfacher oder hemiplegischer Migräne und sogenannten Cluster-Kopfschmerzen. Auf die Behandlung hat das allerdings wenig Einfluß.

Charakteristisch für die klassische Migräne ist eine sogenannte Aura. Als Aura bezeichnet man die Anfangssymptome, die selbst noch relativ diffus sind, aber den eigentlichen Anfall ankündigen. Für die klassische Migräne sind Sehstörungen die typischen Vorboten. Erst nachdem sie abgeklungen sind, treten die Kopfschmerzen auf. Betroffene beschreiben diese als hämmernd, und zwar meist im Rhythmus des eigenen Pulsschlags. Oft konzentrieren sich die Schmerzen auf die Schläfenregion einer Schädelseite oder auf den Bereich über einem Auge. Das gab der klassischen Migräne auch den Namen »Augenmigräne«. Das Wort selbst leitet sich vom griechischen hemi und kranion = »Halbschädel« ab.

Klassische Migräne auf einen Blick

Auffällig während einer Migräneattacke ist die blasse Hautfarbe; gleichzeitig füllen sich die oberflächlichen Gefäße stark mit Blut. Der typische Anfall einer klassischen Migräne dauert in der Regel etwa sechs bis acht Stunden. In Ausnahmefällen kann er jedoch auch Tage anhalten. Nach ganz schweren Migräneattacken können leichtere Schmerzen noch lange nachhallen.

Da die Durchblutung der äußeren Gefäße gestört wird, klagen vielen Migränepatienten über kalte Hände und Füße.

Bei der einfachen Migräne fehlen meist jegliche Vorboten, und Anfallsbeginn und -ende lassen sich nicht scharf trennen. Dafür ist der Schmerz meistens intensiver und hält länger an. Außerdem tritt er in beiden Kopfhälften auf.

Die komplizierte Migräne (hemiplegische Migräne) wird heute vor allem als Folge eines gestörten physiologischen Vorgangs angesehen. Mediziner gehen davon aus, daß eine vorübergehende Blutarmut in einem lokalisierbaren Gehirn- oder Augenbereich diese Mi-

Die halbseitigen Kopfschmerzen, die bei einem Migräneanfall auftreten, dauern einige Stunden, im äußersten Fall aber bis zu zwei Tagen. Frauen leiden häufiger darunter als Männer.

gräneform auslöst. Dabei können Störungen der Empfindungen und der Sprache, aber auch motorische Ausfälle die Attacke begleiten. In seltenen Fällen kommt es auch zu bestimmten Formen einer Augenmigräne, bei der der Augenmuskel vorübergehend gelähmt wird.

Rückzug verstärkt die Beschwerden

Die kaum auszuhaltenden hämmernden Schmerzen der klassischen Migräne können den Betroffenen während und auch nach einem Anfall in die Passivität treiben. Doch gerade das erweist sich oft genug als falsch. Passivität kann nämlich das Migränemuster aufrechterhalten. Auch Schmerzmittel bieten nicht die Lösung: Denn wer sie auf Dauer einnimmt, riskiert eine Medikamentenabhängigkeit.

Eine weitere Migräneart sind die sogenannten Cluster-Kopfschmerzen, die meistens halbseitig, oft stets zur gleichen Tageszeit, auftreten. Nicht selten quälen sie ihre meist männlichen Opfer mehrmals am Tag. Die Schmerzen ziehen sich oft über mehr als zwei Stunden hin. Manchmal haben die Betroffenen nach einem Anfall jedoch mehrere Monate Ruhe. Fachleute erkennen diese Migräneform anhand des sogenannten Horner-Syndroms. D. h., sie beobachten während des Anfalls ein Zurücksinken des Augapfels, eine schmale Lidspalte und eine Verkleinerung der Pupille.

Mögliche Ursachen

Für Migräneanfälle kommen verschiedene Ursachen in Betracht: Allerdings reagiert nicht jeder gleich. Was letztlich die Attacke auslöst, darin unterscheiden sich die Patienten. Einige Auslöser kristallisieren sich jedoch als weitverbreitet heraus: So gibt es z. B. typische, hormonell ausgelöste Migränen bei Frauen kurz vor dem Eintritt der Menstruation. Ebenso können hormonelle Verhütungsmittel wie die Antibabypille bei empfindlichen Frauen zu Migräneanfällen führen. Viele Migränepatienten leiden unter einer Empfindlichkeit gegen sogenannte alimentäre Substanzen, hier vor allem Tyramin (enthalten in Schokolade, Rotwein und bestimmten Käsesorten), Phenyläthylamin, Alkohol und Histamin. Das haben verschiedene Forscher zumindest lange angenommen. Neuere, differenzierte empirische Untersuchungen bestätigten diese Befunde jedoch nicht ganz. Ähnliches gilt für physikalische Auslöser wie körperliche Belastungen, optische Reize wie Lichtblitze usw. Ein großer Teil der Betroffenen reagiert außerdem auf klimatische Veränderungen (Temperatur und Luftdruck), etwa bei Föhn.

Bei den meisten Migränepatienten läßt sich eine Reihe von physiologisch-biochemischen Besonderheiten nachweisen. Ihr Körper unterscheidet sich also tatsächlich von dem gesunder Mitmenschen. Das betrifft sowohl Stoffwechselprozesse als auch die Tatsache, daß sich die Blutgefäße dieser Patienten leichter verengen. Außerdem ist der erregende Teil ihres vegetativen, also unbewußten, Nervensystems, der sogenannte Sympathikus, aktiver, leichter erregbar.

Die Psyche spielt die Hauptrolle

Während viele Patienten scheinbar äußere und scheinbar leicht identifizierbare Auslöser verantwortlich machen, sind sich die meisten Wissenschaftler darin einig, daß psychische Faktoren eine wesentlich größere Rolle spielen als alle physikalischen und hormonellen Auslöser zusammen. Neueste Studien belegen, daß psychische Faktoren etwa 60 Prozent aller Migräneattacken auslösen.

Als Ursache der Migräne werden erbliche Faktoren angenommen, aber auch verminderte Gefäßspannung im Hirn und krampfartige Zustände in den Adern.

Bei den psychologischen Ursachen stehen bestimmte Eigenschaften der Persönlichkeit im Vordergrund. Psychosomatiker beschreiben den typischen Migränepatienten als einen Menschen, der schlechter als andere Belastungssituationen bewältigen kann. Er lebt in einer Welt des Dauerstresses.

Verschiedentlich werden auch genetische Faktoren als Auslöser von Migräneattacken diskutiert. Man sollte jedoch bei der Diskussion über die möglichen Ursachen beachten, daß es hier wie bei vielen anderen psychosomatischen Erkrankungen wahrscheinlich ein ganzes Bündel von sich gegenseitig beeinflussenden Auslösern gibt.

Seelische Hintergründe

In der psycho-somatischen Migränetherapie wird Wert darauf gelegt, daß die Betroffenen Ruhe in ihr Leben bringen. Die Erkrankung bedarf einer psychothera-peutischen Behandlung.

Migränepatienten sind oftmals sehr leistungsbewußt und ehrgeizig und gönnen sich kaum eine Pause. Der Migräneanfall aber stoppt jede Aktivität. Mit einem Mal wird die arbeitsame Hausfrau, der pflichtbewußte Mechaniker, die aktive Lehrerin oder der fleißige Imbißbudenbesitzer durch den Migräneanfall in seiner Aktivität gestoppt und zum bemitleidenswerten Kranken, der weder Lärm noch Helligkeit verträgt und völlig außer Gefecht gesetzt ist.

Wenn wir uns das Verhalten eines Migränepatienten während oder kurz nach dem Anfall ansehen, wird schnell deutlich, welchen tieferen psychologischen Sinn eine Migräne haben kann. Ihre Botschaft lautet: »Stop! Ausruhen! Nichts mehr hören, nichts sehen!« Die meisten Migränepatienten weichen konflikthaften Auseinandersetzungen lange aus und sind kaum zur Psychotherapie bereit.

Selbsthilfe und alternative Behandlungsmethoden

Viele Menschen glauben, daß Ruhe und Liegen in einem abgedunkelten Raum ihnen helfen. Dabei übersehen sie allerdings, daß ausgerechnet dieses Verhalten ihre Migräne verstärken und aufrechterhalten kann. Wenn ein Migränepatient nur dann zur Ruhe kommt, wenn er einen Anfall hat, wird er natürlich weiterhin Anfälle brauchen, um sich mal zurückzuziehen. Verhaltensmedizinische Studien zur Migräne zeigen dagegen, daß aktive Auseinandersetzung mit dem Migräneanfall ohne passiven Rückzug in die Horizontale die Neigung zu weiteren Anfällen deutlich senkt. Ruhe und Entspannung sollten Migränepatienten nicht nur durch einen Anfall erzwingen müssen, sondern unabhängig von Attacken in ihren Alltag einbauen.

Dem Auslöser auf der Spur

Hilfreich für den Migränepatienten ist ein Schmerztagebuch. Wenn Sie dieses Tagebuch regelmäßig führen, erhalten Sie zusätzliche Informationen über die Entstehung und den Verlauf der Migräne in Ihrem Alltag. Meist treten bestimmte Symptome in bestimmten Situationen auf; erkennen Sie diese Zusammenhänge, so sind Sie der Lösung schon einen Schritt näher.

Bei den außerhalb der Schulmedizin stehenden Behandlungsmethoden bewähren sich vor allem die Akupunktur, die Neuraltherapie (Injektion eines Mittels in die Nervenbahnen) und die sogenannte transkutane Nervenstimulation (Reizstrombehandlung).

Wann zum Arzt?

Zögern Sie nicht. Schon nach dem ersten Anfall sollten Sie unbedingt Ihren Arzt aufsuchen und mit ihm verschiedene Behandlungsmöglichkeiten besprechen. Dabei sollte zwar die Schmerzvermeidung eine Rolle spielen, aber berücksichtigt werden muß auch, daß die klassische Migräne eine psychosomatische Erkrankung ist.

Welche Psychotherapie eignet sich?

Verhaltensmedizinisch orientierte Psychotherapien helfen vor allem, einen anderen Umgang mit den Anfällen zu erlernen. Auf diese Weise reduzieren sie die Anzahl der Attacken. Aufdeckende Psychotherapien arbeiten eher ursachenorientiert. Welche Form gewählt wird, hängt von der Einstellung des Patienten ebenso ab wie von der Einstellung des Arztes. Bei der Verhaltenstherapie lassen sich die Erfolge empirisch nachweisen (Ausnahme: Cluster-Kopfschmerzen).

Hilfe durch die Schulmedizin

Leider halten viele Mediziner die Migräne immer noch für harmlos. Aus medizinischer Sicht gilt sie als ungefährlich. Für die Patienten stellt sie allerdings ein nur schwer auszuhaltendes Martyrium dar.
So wichtig eine medikamentöse Behandlung für den Patienten auch ist, sie verspricht nur dann dauerhaften Erfolg, wenn sie mit einer Psychotherapie kombiniert wird. Eine rein medikamentös orientierte Behandlung unterdrückt zwar die Schmerzen, hält den Patienten aber vom Nachsinnen über seine Lebensführung ab!

● Übelkeit und Erbrechen werden in der Regel mit Metoclopramid (z.B. Paspertin) behandelt. Das Mittel wird etwa zehn Minuten vor dem Schmerzmittel eingenommen.

● Schmerzen lassen sich mit Schmerzmitteln mit nur einem einzigen Wirkstoff behandeln, etwa mit Azetylsalizylsäure (z.B. in Aspirin) oder mit Parazetamol.

● Ergotamin (z.B. als Spray) kann einen Anfall abkürzen.

Neue Methoden zur Behandlung der Migräne werden inzwischen von entsprechend ausgebildeten Ärzten praktiziert. Sprechen Sie mit Ihrem Arzt darüber und lassen Sie sich solche Spezialisten nennen.

Hypochondrische Kopfschmerzen (Konversionskopfschmerzen)

Typische Beschwerden und Komplikationen

Die seelische Konfliktverlagerung auf die Körperebene bereitet zum Teil große Schmerzen. Eine gestörte, von Ängsten besetzte Haltung stört den Gesundheitszustand und drückt im Kopf.

Eine besondere Gruppe von Kopfschmerzen bilden die hypochondrischen Kopfschmerzen, zu denen auch die sogenannten Konversionskopfschmerzen zählen. Der Patient empfindet die Beschwerden nicht direkt als Schmerz, sondern mehr als Druck im Kopf. Dieser Druck erschwert das Denken und lähmt die Entschlußkraft. Solche Dauerkopfschmerzen treten meistens tagsüber auf und variieren beträchtlich in ihrer Stärke.

Bei hypochondrischen Kopfschmerzen und auch bei Konversionskopfschmerzen (Folge einer Konfliktverlagerung auf ein Organ) besteht die Gefahr, daß sowohl Arzt als auch Patient die Symptome nicht ernst nehmen, weil keinerlei organische Befunde nachweisbar sind. Die Konsequenzen sind absolut unnötig und vermeidbar: eine lange Überweisungs- und Patientenkarriere.

Mögliche Ursachen

Bei den hypochondrischen Kopfschmerzen handelt es sich um Schmerzen, für die der Arzt keine organischen Ursachen findet. Sie sind im klassischen Sinne psychosomatisch.

Alles andere als Einbildung

Wenn der Arzt nichts findet, halten viele Laien die Kopfschmerzen für eingebildet. Auch Menschen mit hypochondrischen Kopfschmerzen bekommen solche Äußerungen zu hören. Doch dieses Vorurteil ist vollkommen falsch! Die betroffenen Patienten empfinden tatsächlich Schmerzen.

Die Ursachen können vielfältig sein und von einer gewissen Veranlagung (Disposition) bis zu Persönlichkeitszügen, die die Entstehung einer solchen psychosomatischen Erkrankung begünstigen, reichen. Gemeinsam ist den verschiedenen Formen von hypochondrischen

Schmerzen, daß Experten in ihnen die Verlagerung eines psychischen Konflikts auf die Körperebene sehen.

Der physiologische Vorgang liegt weitestgehend im Dunkeln. Psychologisch handelt es sich jedoch immer um einen Patienten, der einen nichteingestandenen Konflikt mit sich herumschleppt und nicht in der Lage ist, diesen aus eigenen Kräften zu lösen. Da der Mensch versucht, Störungen auszuschalten, verschiebt sich der Konflikt nun auf eine körperliche Ebene, um sich dort zu entfalten. In den meisten Fällen schlägt sich ein solcher Konflikt auf der Organebene nieder, die den schwächsten, also angreifbarsten Punkt innerhalb des Gesamtsystems darstellt.

Das erklärt auch, warum der eine Patient mit dem Magen, der nächste mit dem Herzen und ein anderer mit dem Kopf reagiert. Hypochondrische Kopfschmerzen plagen also vor allem Personen, die kopflastig sind und ihren Kopf ständig überfordern.

Seelische Hintergründe

Der Sinn einer solchen Störung liegt geradezu auf der Hand: Menschen, die sich Konflikte nicht eingestehen können, weil ihnen zur Zeit die Möglichkeiten zur Bewältigung fehlen, neigen dazu, im Kopfbereich zu erkranken. Schließlich hält der Kopf die Mittel zur Lösung bereit. Mit seinen Schmerzen signalisiert der Kopf also: »Kümmere dich um mich! Ich bin überfordert mit der Lösung deiner Probleme!« Sobald sich der Patient nun seines Kopfes annimmt, verschwinden die hypochondrischen Symptome.

Das Symptom spricht immer eine deutliche Sprache: Der Kopf steht symbolisch für das Denken, das Herz für das Fühlen usw.

Überforderung innerhalb eines Symptombereichs verrät auch schon einiges über die Möglichkeiten der Veränderung. Wer zu viel denkt, sollte nach Wegen suchen, seinen Kopf zu entlasten. Bei dem verdrängten Konflikt kann es z.B. darum gehen, weniger darüber nachzudenken als vielmehr andere Bereiche und Fähigkeiten miteinzubeziehen. Da der Kopf dem Körper vorsteht, kann es also sinnvoll sein, Probleme hier nicht festzuhalten, sondern sie hineinzulassen und sie mit anderen Methoden zu lösen. Kopflastig sein kann daher auch heißen, zu wenig zu fühlen, die emotionale Seite eines Problems zu vernachlässigen.

Der kopflastige Mensch erinnert an ein Schiff, das vorn mehr belastet wurde als hinten und das deshalb nur schwer zu steuern ist. Fehllastigkeit bedeutet, eine Körperregion zu überfrachten. So kann man kopf- oder bauchlastig sein usw.

Selbsthilfe und alternative Behandlungsmethoden

Das Sprichwort »Wer sich nicht selbst befiehlt, bleibt immer Knecht« gilt auch als Seelenappell an den Körper. In der Eigenerziehung zur Freiheit liegt die große persönliche Chance.

Der Patient muß lernen, daß sein Körper ihm mit den Schmerzen ein deutliches Signal gibt, daß der Körper den Anstoß geben will, sich endlich um die Lösung der Probleme zu kümmern. In den meisten Fällen betrifft es Menschen, denen schon in früher Kindheit vielerlei Unrecht geschehen ist. Oft wurden sie sehr vernachlässigt oder auffallend stark verwöhnt. Dies wird auch auf der Symbolebene deutlich. Vernachlässigung im Gefühlsbereich führt später zur Aufforderung an andere: Kümmere dich um mich!

Helfen kann eine Umkehrung der Ansprüche: Ich kümmere mich selbst um meine Bedürfnisse.

Im Bereich der Verwöhnung gilt das gleiche: Wer als Kind nicht lernen konnte, sich selbst zu helfen, wird später ständig Ansprüche an seine Umwelt stellen. Hier lautet die Botschaft des Körpers: Lerne, deine Probleme selbst zu lösen.

Sowohl Akupunktur als auch eine Therapie mit Bach-Blütenessenzen (diese Therapie mit Auszügen von 38 verschiedenen Blüten wurde von dem englischen Arzt Dr. Edward Bach entwickelt) konnten schon vielen Patienten helfen.

Hilfreiche Fragen zur Selbsterkenntnis

- Welches Problem will ich nicht sehen?
- Wo verdränge ich etwas?
- Welche Erlebnisse in der Kindheit haben mich zu dem gemacht, was ich heute bin?
- Wie kann ich heute anders mit mir umgehen, um eine Verschiebung von Problemen auf die körperliche Ebene zu vermeiden?

Wann zum Arzt?

Wenn Sie mit Ihren Selbsthilfebemühungen nicht weiterkommen und die Schmerzen unerträglich scheinen, müssen Sie einen Arzt aufsuchen. Achten Sie darauf, daß dieser über eine Ausbildung zum Psychotherapeuten verfügt. Kopfschmerzmittel sollte er nur in Ausnahmefällen und nur über einen kurzen Zeitraum verordnen.

Welche Psychotherapie eignet sich?

Bei hypochondrischen und Konversionskopfschmerzen haben sich aufdeckende Verfahren wie die Psychoanalyse bewährt.

Um eine psychotherapeutische Behandlung überhaupt erst möglich zu machen, können einfache Schmerzmittel nötig werden. Aber nur über einen sehr kurzen Zeitraum, denn die Gefahr eines Mißbrauchs ist bei Schmerzmitteln sehr groß.

Hilfe durch die Schulmedizin

Die üblichen konventionellen medizinischen Methoden beschränken sich bei hypochondrischen und Konversionskopfschmerzen auf die Diagnostik (die in der Regel aber keinen Befund zutage fördern wird!). Das Ergebnis, das keinen Organschaden dingfest machen kann, verdeutlicht noch einmal, daß es sich um eine psychische Erkrankung bzw. Störung handelt.

Angstprobleme

Typische Beschwerden und Komplikationen

In belastenden Situationen treten akute Angstgefühle auf, die sich als diffuse Gefühle bemerkbar machen. Der Körper antwortet auf solche Situationen mit erhöhtem Herzschlag, leicht ansteigendem Blutdruck, Schweißentwicklung an Händen und/oder Gesicht und allgemeiner Nervosität in Form von Zittern (Tremor) der Hände.

Leider wird diese alte, biologisch sinnvolle Reaktion heute auch durch normale Umweltreize ausgelöst, z.B. im Straßenverkehr. Das kann einen Menschen leicht überfordern. Wenn schon eine harmlose Geste eine erhöhte Flucht-Kampf-Reaktion in Gang setzt, so mag diese Reaktionsweise in der Steinzeit ja ihre Berechtigung gehabt haben; heutzutage erweist sie sich jedoch als hinderlich. Nicht abgebaute Streß- oder Angsthormone können den Organismus sogar schädigen, wenn sie nicht in Bewegung umgesetzt werden.

Wenn Angstreaktionen allzu häufig auftreten, kann sich die Angst von bestimmten Situationen loslösen und verallgemeinern. So kann aus einer normalen Furcht vor Dunkelheit z.B. später eine diffuse Angst vor allem möglichen werden.

Im Amerikanischen gibt es das deutsche Fremdwort »angst«. Es wurde von den ausgewanderten Psychologen der Wiener Schule übernommen und bezeichnet einen Zustand seelischer Bedrückung.

47

Angstprobleme können entstehen, wenn die psychische Verarbeitung des Angstproblems die Angst nicht verringert, sondern zunehmen läßt. Sie kann so übermächtig werden, daß die Betroffenen in Panik geraten.

Aus normalen Angstreaktionen können sich Angstneurosen (in der Vergangenheit erworbene, ungeeignete Bewältigungsmuster) entwickeln. Der Betroffene versucht mit untauglichen Mitteln, seine Ängste unter Kontrolle zu bekommen. Diese neurotischen Ängste können sich auf den eigenen Körper richten (auf einzelne Organe) oder auf bestimmte Objekte (Phobien). Angstneurosen lassen sich meistens nicht in Selbsthilfe bewältigen. Sie müssen unbedingt von einem Psychotherapeuten fachmännisch behandelt werden.

Mögliche Ursachen

Angstgefühle sind normal. Sie haben die Funktion, uns vor bestimmten Situationen zu warnen und zu schützen. Als solche sind sie ein fester Bestandteil unseres biologischen Programms und werden über die Wahrnehmung und Verarbeitung von Sinneswahrnehmungen im Gehirn ausgelöst.

Ängste sind so alt wie die Menschheit. Die entsprechenden Mechanismen sind genetisch verankert und stellen sicher, daß der Mensch schnell und instinktiv in Gefahrensituationen reagieren kann. Die entsprechende Reaktion nennt man Flucht-Kampf-Reaktion und meint damit alles, wodurch der Organismus Angst beantwortet.

Eine große Anzahl berühmter Künstler hat sich mit dem Thema »Angst« intensiv beschäftigt. Für viele von ihnen war es eine Möglichkeit, sich mit ihren eigenen Ängsten erfolgreich auseinanderzusetzen. (Edvard Munch, »Der Schrei«, Ausschnitt, 1893.)

Seelische Hintergründe

Die Angstreaktion hat einen uralten Sinn: Der Körper wird dazu gebracht, in Sekundenbruchteilen genügend Energie zur Flucht oder zum Kampf zur Verfügung zu stellen. Dazu werden kurze Informationswege im Gehirn verwendet und über die Hormonausschüttung (Adrenalin und Noradrenalin) andere, energieverbrauchende Körpervorgänge wie z. B. die Verdauung abgeschaltet. Denken wäre für diese Vorgänge viel zu langsam, daher wird auch das Denken abgeschaltet bzw. durch instinktive Vorgänge teilweise ersetzt. Angst ist eine Schutzfunktion, die zum Überleben einer Art beiträgt.

Das Signal der Angst könnte heißen: Nimm' mich ernst und erweitere deine Kompetenzen, um mit den belastenden Situationen fertigzuwerden!

Die Hormone Adrenalin und Noradrenalin werden bei Angst direkt ins Blut abgegeben und erhöhen dessen Druck, den Blutzuckergehalt und den Grundumsatz. Mancher empfindet dies als stimmungshebend.

Selbsthilfe und alternative Behandlungsmethoden

Nicht die Angst an sich ist schädlich, sondern nur das Ausmaß der Ängste. Ein wenig Angst vor einer Prüfungssituation kann munter machen, um eine gute Leistung zu erbringen. Zu viel Angst in der gleichen Situation kann dagegen lähmen und die Leistung schlecht werden lassen.

Hilfreiche Fragen zur Selbsterkenntnis

- Wie stehe ich Ängsten generell gegenüber?
- Liegen meine Ängste noch im normalen Bereich oder behindern sie mich stark?
- In welchen Situationen entwickle ich besonders starke Ängste?
- Wodurch werden diese Ängste ausgelöst?
- Wie reagiere ich auf starke Ängste?
- Mit welchen Methoden versuche ich, meine Ängste zu bewältigen?
- Reichen meine Fähigkeiten aus, um mit den Ängsten fertigzuwerden?
- Welche Kompetenzen fehlen mir noch, wie kann ich diese erwerben?

Um mehr über die eigenen Ängste herauszubekommen, sollten Sie ein Symptomtagebuch führen. Dort können Sie Ihre Ängste eintragen und die Bedingungen, unter denen sie auftreten, notieren. Auf diese Weise erhalten Sie zusätzliche Informationen zur Selbstbehandlung. Näheres zu einem solchen Beschwerdentagebuch auf Seite 169 ff.

Machen Sie regelmäßig Entspannungsübungen (siehe auch Seite 174 ff.). Beim nächsten Angstanfall können Sie sich viel besser kontrollieren. Beruhigungstees aus Fenchel, Melisse, Johaniskraut oder -öl unterstützen diese Bemühungen. Erlernen Sie eventuell eine Kampfsportart. Das verringert Ihre Ängste vor anderen Menschen. Soforthilfe bringen Ihnen auch verschiedene Atemtechniken.

Wann zum Arzt?

Wenn Sie Ihre Ängste nicht allein unter Kontrolle bekommen oder sie so massiv sind, daß Sie darunter leiden und sich in Ihrer Lebensweise beeinträchtigt fühlen, sollten Sie einen Arzt aufsuchen.

Welche Psychotherapie eignet sich?

Ängste lassen sich auf zwei Arten behandeln. Auf der einen Seite kann man sich mit den Ursachen der Ängste auseinandersetzen. Dabei wird eine tiefenpsychologische Behandlung helfen. Man kann aber auch mehr Wert auf die Bewältigung der Ängste im Alltag legen. In diesem Fall verspricht eine verhaltenstherapeutische Angstbehandlung mehr Erfolg. Beide Formen psychologischer Behandlung werden von den Krankenkassen anerkannt und bezahlt.

Hilfe durch die Schulmedizin

Vorsicht vor Psychopharmaka! Bei den meisten Mitteln besteht die Gefahr, daß der Patient abhängig von ihnen wird.

Aus Zeitmangel verschreiben heute viele Ärzte ihren Angstpatienten Medikamente wie Beruhigungsmittel oder Tranquilizer. Diese mildern die Angstsymptome ab oder unterdrücken sie sogar ganz. Daraufhin glauben viele Patienten, das Problem sei nun gelöst, und sie bräuchten nichts mehr selbst zu unternehmen.

Ein seriöser Arzt wird hingegen versuchen, in einem Gespräch die Ursachen der Ängste zu ergründen und gegebenenfalls eine Psychotherapie vorschlagen. In Kombination mit einer Psychotherapie können bei sehr starken Ängsten jedoch zeitweilig Psychopharmaka sehr sinnvoll eingesetzt werden.

Tips für richtiges Atmen bei Angstzuständen

Entspannungsatmen

- Setzen Sie sich aufrecht und möglichst bequem auf einen Stuhl.
- Legen Sie die Hände auf die Oberschenkel.
- Stellen Sie Ihre Füße fest auf den Boden.
- Schließen Sie die Augen.
- Atmen Sie tief durch die Nase ein, zuerst in den Bauch, dann in die Brust. Zählen Sie dabei langsam bis vier.
- Halten Sie die Luft an, zählen Sie dabei bis sechs.
- Atmen Sie langsam durch den Mund wieder aus, und zählen Sie dabei bis acht (lassen Sie zuerst die Luft aus dem Bauch und dann aus der Brust).

Lippenbremse

- Atmen Sie tief durch die Nase ein.
- Halten Sie für einen kurzen Moment die Luft an.
- Lassen Sie die Luft durch die leicht zusammengepreßten und gespitzten Lippen so hinaus, daß es ein zischendes Geräusch ergibt.

Der Angst begegnen

Am wirkungsvollsten ist es, wenn Sie Ihre Angstzustände gleich von zwei Seiten angehen: Auf der psychologischen Ebene verbessern Sie Ihre persönlichen Kompetenzen; damit bekämpfen Sie die Ursachen der Angst. Auf der körperlichen Ebene mildern Sie Ihre Angstzustände ab durch Entspannungsübungen und Sport. Wenn Sie beide Maßnahmen regelmäßig praktizieren, werden übermäßige Ängste in relativ kurzer Zeit auf ein erträgliches (und damit normales) Maß zurückgehen!

Angst ist eine Emotion, die überaus stark von fehlender Lust gefärbt wird. Damit aus diesem Zustand der »Seelenenge« kein Dauerbefinden entsteht, sollten Sie problemlösendes Denken üben, und zwar, bevor die Angst eintritt, denn sie lähmt die geistige Leistung. Angst nährt sich also selbst und ißt dabei (wie in dem bekannten Filmtitel) die Seele auf.

Vorbeugung und Sofortprogramm für den Notfall: Bauen Sie in Ihren Alltag Gymnastik, Entspannungs- und Atemübungen ein. Absolvieren Sie dieses Programm, auch wenn es Ihnen gutgeht. Im Ernstfall helfen Ihnen diese Übungen, die Situation in den Griff zu bekommen.

DIE KRANKE NASE

Bei einer »kranken Nase« denkt jeder zuerst an die verstopften Atemwege, den Schnupfen. Auch in der psychosomatischen Behandlung steht das Beseitigen des Nasenkatarrhs im Vordergrund. Manche behaupten sogar: Schnupfen ist Schlappheit der Seele. Das Organ über der Mundhöhle soll aber vor allem dem Sinn des Riechens dienen, der u. a. zum Frühwarnsystem gehört. Menschen, die nicht riechen können, leiden an einer verschwiegenen Behinderung.

Wenn die Schutzmechanismen versagen

Die Nase verbindet das Körperinnere mit der Außenwelt. Sie filtert die Atemluft und wärmt sie vor. Gleichzeitig ist sie aber auch psychologisch tätig: Wenn wir jemanden »nicht riechen können« oder von etwas »die Nase voll haben«, ist eine der ältesten Gehirnregionen aktiv. Erkrankungen der Nase und der dahinter liegenden Höhlen können daher symbolisch auch als Schutzmechanismus verstanden werden. Zähflüssiges Sekret bei Erkältungskrankheiten zwingt uns zum Rückzug, zum Ausruhen und fordert uns auf, unsere Lebensbedingungen unter die Lupe zu nehmen. Glücklicherweise läßt sich solchen Störungen und Erkrankungen leicht vorbeugen.

Schnupfenmittel haben Nebenwirkungen. Die Schleimhäute trocknen aus und können sogar schrumpfen. Danach kann ein sogenannter Medikamentenschnupfen entstehen. Zusatzstoffe (Ephedrine) wirken aufputschend.

Nasenerkrankungen mit psychologischem Hintergrund

- Schnupfen
- Allergischer Schnupfen, etwa Heuschnupfen
- Grippe (Virusinfektion)
- Entzündung der Nasennebenhöhlen (Sinusitis)
- Nasenpolypen

Schnupfen (Erkältung)

Typische Beschwerden und Komplikationen

Die Nasenschleimhaut schwillt an, die Atmung fällt schwer; später scheiden die Schleimhäute ein Sekret aus, das zunächst wäßrig, dann gelb-grünlich und beim Abschwellen wieder wäßrig aussieht. Die verstopfte Nase führt zu eine dunkleren Stimme. Kommen weitere Symptome hinzu – Kopf- und Gliederschmerzen, Fieber –, dann geht der einfache Schnupfen in einen grippalen Infekt über.

Dauernde Abwehrkämpfe des Immunsystems können unsere Abwehrkraft schwächen (das gilt nicht für Kinder) und uns für andere Infektionskrankheiten anfällig machen.

Mögliche Ursachen

Bei Kindern sind häufige Erkältungskrankheiten normal. Sie bauen damit ihr Immunsystem, ihre Immunpolizei, für den Schutz vor Krankheiten auf. Durch die Erkrankung lernt das Abwehrsystem, die Erreger zu bekämpfen.

Die meisten Erkältungskrankheiten werden sowohl bei Kindern wie bei Erwachsenen durch Viren ausgelöst, die durch Tröpfcheninfektionen weitergegeben werden. Eine Ausnahme stellt der allergische Schnupfen dar (siehe auch »Heuschnupfen« auf Seite 56 f.). Bei ihm sind keine Viren im Spiel.

Bei Menschen, die überhaupt nicht mehr riechen können, sogenannten Anosmatikern, ist der Riechnerv blockiert. Dies behindert in vielen Lebensbereichen und beeinträchtigt auch sehr das Geschmacksempfinden.

So entstehen Erkältungskrankheiten

- Bevor beim Erwachsenen eine Infektion durch Viren ausbrechen kann, muß das Immunsystem geschwächt sein.
- Meistens wird diese vorübergehende und harmlose Schwächung durch belastende Ereignisse ausgelöst.
- Auf diese belastenden Situationen reagiert der Körper: Er schüttet vermehrt Streßhormone aus, die das Immunsystem schwächen.
- Häufige Erkältungskrankheiten können also auch als Signal für zu viele Belastungen im Alltag verstanden werden.

Seelische Hintergründe

Wie bei anderen psychosomatischen Erkrankungen spielt auch beim Schnupfen die seelische Verfassung vor dem Eintritt der Erkrankung eine große Rolle. Die geschwollenen Nasenschleimhäute in Verbindung mit einer starken Sekretausscheidung behindern die Wahrnehmung. Schnupfenkranke sind nicht mehr in der Lage zu riechen, zu schmecken oder sich auf ihre Nase zu verlassen. Sie können Situationen und Personen nicht mehr riechen. Damit ist ihnen ein wichtiges Sinnesorgan für die Umwelt genommen. Die kranke Nase signalisiert den Wunsch nach Rückzug und Pflege. Häufige Infektionen können einen Hinweis auf ständige Überforderung des Immunsystems und auf eine Überschätzung der eigenen Kräfte geben. Da sich an diesen Prozessen eines der wichtigsten und evolutionsgeschichtlich ältesten

Sinnesorgane beteiligt, können wir davon ausgehen, daß der Schnupfen eine der ältesten psychosomatischen Krankheiten überhaupt ist. Wegen der kurzen Übertragungswege zu anderen Gehirnregionen kommt es sofort zu komplexen Wirkungen im Organismus. Die dennoch auftretende lange Vorlaufzeit (Inkubationszeit) von etwa 7 bis 14 Tagen hängt mit dem ausdauernden Kampf des Immunsystems gegen die Erreger (Schnupfenviren) zusammen. Lange bevor wir den Schnupfen bemerken, tobt der Abwehrkampf schon in unserem Organismus.

Selbsthilfe und alternative Behandlungmethoden

Achten Sie darauf, daß Sie sich im Alltag nicht ständig überfordern. Beugen Sie der häufigen Ausschüttung von Streßhormonen durch körperliche Aktivitäten nach Streßereignissen vor. Achten Sie auf kurze Ruhepausen in Belastungssituationen. Da heutzutage niemand mehr dem Streß entkommt, kann ein Entspannungstraining wenigstens helfen, Belastungssituationen besser wegzustecken.

Ein gutes Hausmittel bei Schnupfen ist das Zwiebeldampfbad, bei dem die Dämpfe einer kleingeschnittenen rohen Zwiebel in heißem Wasser eingeatmet werden.

Zusätzliche Selbsthilfemöglichkeiten

- Inhalationen mit (frischem) Kamillenaufguß
- Kochsalzspülung (ein Gramm Salz auf einen Deziliter Wasser)
- Viel Mineralwasser und Säfte trinken
- Raumluft anfeuchten (nasses Handtuch auf die Heizung)
- Häufig die Nase putzen. Und so schneuzen Sie sich richtig: Halten Sie ein Nasenloch zu. Beim Putzen durch beide Nasenlöcher kann das Sekret in die Nebenhöhlen gelangen und diese entzünden.

Wann zum Arzt?

Bei einem einfachen Schnupfen brauchen Sie keinen Arzt. Auch mit sogenannten Schnupfenmitteln kann er Ihnen nicht helfen. Lediglich schleimlösende Medikamente können die Beschwerden lindern. Sie sollten einen Arzt aufsuchen, wenn zusätzliche Symptome auf eine Grippe hindeuten (Fieber, Kopf- und Gliederschmerzen) oder die Nasennebenhöhlen sich entzünden (starker Druck auf den Oberkiefer und im Stirnbereich, Schmerzen und Klopfempfindlichkeit von Wangen und/oder Stirn). Eine Erkältung dauert eine bis zwei Wochen. Der Arzt kann lediglich schleimlösende Präparate verordnen.

Heuschnupfen (allergischer Schnupfen)

Typische Beschwerden und Komplikationen

Sogar der Speichel, mit dem sich eine Hauskatze bei der Fellpflege beleckt, kann ein starker Allergieauslöser sein.

Beim Heuschnupfen treten ähnliche Symptome auf wie beim normalen Schnupfen eine laufende Nase mit einem wäßrigen, allerdings immer klaren Sekret. Betroffene müssen häufig niesen. Meistens tränen und jucken die Augen. Der typische Heuschnupfen gilt als Krankheitszeichen einer Allergie.

Jede Allergie kann sich verlagern, d.h., daß man auf einmal auf einen anderen Auslöser allergisch reagieren kann. Aus einem Heuschnupfen entwickelt sich z.B. oft ein allergisches Asthma.

Mögliche Ursachen

Die meisten Wissenschaftler gehen davon aus, daß die Bereitschaft, eine Allergie zu entwickeln, angeboren ist. Damit aus dieser Veranlagung allerdings eine Allergie werden kann, müssen verschiedene Bedingungen zusammenkommen. Der rasante Anstieg der Allergien in Industriegesellschaften wird auf den großen Anteil an Schadstoffen in der Luft zurückgeführt. Bei vielen entsprechend veranlagten Menschen ist das Immunsystem damit überfordert, sich gegen all diese Stoffe zur Wehr zu setzen. Entgegen der allgemeinen Meinung handelt es sich bei einer Allergie nicht um eine Schwäche des Immunsystems, sondern um eine Überreaktion.

Da das Immunsystem maßgeblich von unserem Wohlbefinden beeinflußt wird, kann die seelische Verfassung eine Allergie fördern.

Einige Allergieauslöser

- Pollen (Blütenstaub)
- Staubförmige Stoffe, Tierhaare oder Hautschuppen
- Hausstaubmilben (eigentlich deren Kot)
- Schimmelpilze
- Nahrungsmittel (hauptsächlich tierisches Eiweiß)
- Luftschadstoffe
- Medikamente (hauptsächlich Penizillin)
- Unedle Metalle wie Nickel

Beim Heuschnupfen reagiert die Nasenschleimhaut allergisch auf Pollen bestimmter Blüten. Die Schleimhaut schwillt an und bildet als Schutz gegen die Invasion der Pollen ein Sekret. Dabei werden vermehrt Substanzen (Histamine) ausgeschüttet, die der Körper nicht mehr kontrollieren kann und deren Schutzwirkung sich dann umkehrt. Die Histamine sind die Stoffe, die die allergischen Beschwerden auslösen. Kommt es auch zu anderen Jahreszeiten zu einer heuschnupfenähnlichen Erkrankung, so müssen andere Auslöser im Spiel sein. Oft entpuppen sich Hausstaubmilben – von denen es auch im saubersten Heim mehr als genug gibt – als die Übeltäter.

Es kommt vor, daß eine Person im Allergietest heftigste Reaktionen auf Stoffe zeigt, deren Wirkung sie in der freien Natur niemals verspüren mußte.

Seelische Hintergründe

Bevor die Atemluft tief ins Körperinnere eindringen kann, muß sie die Nase passieren. Dabei führen die feinen Flimmerhärchen auf der Schleimhaut eine Grobreinigung durch: Sie filtern Fremdkörper heraus. Trotzdem gelangen immer wieder Fremdkörper durch diese erste Abwehrkette. Dann ergreifen die Schleimhäute weitere Maßnahmen: Sie sondern vermehrt Schleim ab. Überreaktionen der Schleimhäute in der Nase zeigen, daß jemand so viele Schutzwälle um sich herum (hier allerdings im Körper) aufbaut, daß er sich damit selbst schädigt. Das, was ursprünglich einmal als Schutz des Körpers gedacht war, wird nun zu einer Bedrohung.

Allergiker sind im wahrsten Sinne des Wortes überempfindliche Personen, die auch psychisch meistens leicht erregbar sind. Die Symbolik der übermäßigen Schleimproduktion kann, ebenso wie beim normalen Schnupfen, bedeuten: »Stelle dich der Belastung, suche nach Wegen, sie auszuhalten, ohne überzureagieren.« Allergiker sind oft Menschen, die vieles in sich hineinfressen und darunter leiden, anstatt es wieder herauszulassen. Sie unterdrücken oftmals Aggressionen gegen andere und wenden diese gegen sich selbst. Der Kampf gegen die Belastungen wird nicht außerhalb des Organismus gegen mögliche Angreifer geführt, sondern im Körperinneren.

Selbsthilfe und alternative Behandlungsmethoden

Die einfachste und zugleich schwierigste Hilfe für einen Allergiker besteht darin, den allergieauslösenden Stoff zu meiden. Heuschnupfenallergiker können sich über Pollenflugkalender informieren und sollten sich während ihrer kritischen Zeiten möglichst in geschlossenen Räumen, im Hochgebirge oder an der See aufhalten.

In der Apotheke gibt es rezeptfreie Mittel, die die Nasenschleimhaut abschwellen lassen (Liste der Nebenwirkungen und Dosierungshinweise auf der Packungsbeilage beachten!).

Der telefonische Pollenwarndienst ist bundesweit einheitlich unter der Nummer 1 16 01 zu erreichen.

Auch Akupunktur und Eigenbluttherapie sowie die sogenannte Hyposensibilisierung haben schon so manchem Heuschnupfler geholfen.

Wer sich ursächlich mit den psychischen Auslösern einer Allergie befassen will, sollte seine Vergangenheit unter die Lupe nehmen. Dieses sollte jedoch nicht nur in Selbsthilfe, sondern in Zusammenarbeit mit einem psychotherapeutisch orientierten Arzt geschehen.

Wann zum Arzt?

Beim ersten Verdacht auf einen allergischen Schnupfen sollten Sie Ihren Arzt aufsuchen. Bestätigt sich Ihre Vermutung, sollten Sie sich zum Facharzt, zum Allergologen, überweisen lassen, der die allergieauslösenden Stoffe austesten wird. Da bei allen allergischen Erkrankungen ein großer Einfluß des Seelenlebens, der Psyche, angenommen wird, kann es sinnvoll sein, sich um psychotherapeutische Behandlungsmöglichkeiten zu kümmern.

Pollenallergiker, die schon länger unter dieser Erkrankung leiden, reagieren oft bereits auf den bloßen Anblick einer blühenden Wiese mit heftigen Symptomen. Eine psychologische Behandlung kann helfen, dieses »erlernte« Verhalten abzustellen.

Welche Psychotherapie eignet sich?

Bei Allergikern scheint Gesprächspsychotherapie (nach Rogers) am erfolgreichsten zu sein. Geeignete Therapeuten erfahren Sie von Ihrem Arzt oder Ihrer Krankenkasse oder von den Berufsvereinigungen der Diplompsychologen.

Hilfe durch die Schulmedizin

Bei Heuschnupfen können cromoglizinsäurehaltige Medikamente die Symptome mildern (z. B. Vividrin). Diese Mittel verhindern die Ausschüttung der Histamine – also der Stoffe, die die Beschwerden auslösen. Sogenannte Antihistaminika hindern die Histamine daran, ihre krankmachende Wirkung zu entfalten. Eine Hyposensibilisierung ist eine längerfristige Behandlung. Außerhalb der Pollensaison spritzt der Arzt dem Patienten regelmäßig seine allergieauslösenden Substanzen in geringer Konzentration unter die Haut – mit dem Ziel, daß sich das Immunsystem langsam an den Auslöser gewöhnt. Im Ernstfall, wenn die Pollen fliegen, wird dann das Immunsystem nicht mehr durchdrehen. Kortison – ein chemischer Wirkstoff, der dem natürlichen Hormon der Nebenniere ähnelt – wirkt sehr stark antiallergisch und entzündungshemmend.

Wegen seiner enormen Nebenwirkungen wird Kortison nur bei sehr schwer verlaufenden Allergien und beim allergischen Schock eingesetzt.

Grippe (Influenza)

Typische Beschwerden und Komplikationen

Bei der echten Grippe (Influenza) treten ähnliche Symptome (allerdings schlagartig) auf wie beim Schnupfen, als Begleiterscheinungen kommen Kopf- und Gliederschmerzen, Husten und Fieber dazu. Bei einer geschwächten Gesamtkonstitution können sich gefährliche Erreger ausbreiten.

Mögliche Ursachen

Die Krankheit wird durch eine Tröpfcheninfektion mit Grippeviren ausgelöst. Meistens treten solche Infektionen gehäuft im Winter auf, weil sich in dieser Zeit oft viele Menschen gemeinsam in geheizten Räumen aufhalten. Außerdem sind im Winter die Abwehrkräfte durch die mangelnde Zufuhr von Vitaminen zusätzlich geschwächt.

Seelische Hintergründe

Bei einer Virusinfektion der oberen und unteren Atemwege tobt auf der Körperebene ein Abwehrkampf. Unser Immunsystem setzt sich mit den Eindringlingen auseinander.

Auf der psychischen Ebene gilt: Fühlen wir uns schlecht und schlapp, schläft nicht nur unsere körperliche Abwehrpolizei, sondern oft auch unsere psychische Abwehr.

Selbsthilfe und alternative Behandlungsmöglichkeiten

Selbsthilfe ist nur begrenzt möglich. Suchen Sie zunächst einen Arzt auf, um eine genaue Diagnose zu erhalten. Ziehen Sie sich in ein warmes Zimmer zurück, und verschaffen Sie Ihrem Körper die notwendige Ruhe, um den Abwehrkampf zu bestehen. Sie können ihn mit einfachen Vorstellungsübungen dabei unterstützen: Stellen Sie sich am Ort der Infektion Abwehrpolizisten oder Tiere vor, die die Eindringlinge zurückschlagen. Machen Sie diese Übungen mehrmals am Tag, achten Sie darauf, in der Phantasie immer siegreich zu sein. Damit können Sie körpereigene Prozesse unterstützen. Nehmen Sie außerdem viel Flüssigkeit zu sich.

Trainieren Sie Ihre Abwehrkräfte

Vorbeugung ist möglich. Bereiten Sie sich rechtzeitig auf den Kampf gegen die Viren vor, die die nächste Grippewelle Ihnen garantiert beschert.

- Bewegen Sie sich täglich an der frischen Luft. Auch bei schlechtem Wetter!
- Treiben Sie regelmäßig etwas Ausdauersport.
- Sauna wirkt wie Gymnastik für Ihre Blutgefäße. Sie werden darauf trainiert, sich bei plötzlichem Temperaturabfall schneller zusammenzuziehen. Im Ernstfall schützt das Ihren Körper vor Auskühlung.
- Heiße und kalte Wechselduschen wirken ähnlich. Mit warmem Wasser beginnen, mit kaltem aufhören.
- Auch eine ausgewogene, vitaminreiche Ernährung verbessert Ihre Chancen im Kampf gegen Infektionen.

Auf der psychischen Ebene sollten Sie sich nicht so leicht mit Problemen überschwemmen lassen. Überforderungen vermeiden heißt Erkrankungen vorbeugen. Achten Sie darauf, daß Sie rechtzeitig Grenzen setzen, wenn jemand zuviel von Ihnen will! Abschottung vor Problemen kann dann gesund sein, wenn man sich vor einer Problemflut schützen muß, die Konflikte aber nicht verdrängt, sondern in Ruhe, einen nach dem anderen, löst. Sagen Sie nicht gleich ja, wenn jemand etwas von Ihnen will, sondern bitten Sie sich erst Bedenkzeit aus. Nutzen Sie diese, um genau zu überlegen, ob Sie diese Aufgabe wirklich jetzt lösen wollen und können.

Einfache, schnell erlernbare Entspannungsverfahren wie z.B. progressive Muskelrelaxation nach Jacobson oder autogenes Training (siehe auch Seite 174ff.) helfen, besser mit Belastungen fertigzuwerden und Ihre Psyche widerstandsfähiger zu machen. So wappnen Sie sich gegen häufige Erkältungserkrankungen und Infektionen.

Grippewellen mit neu angepaßten Erregern überrollen uns jedes Jahr. Sie treten besonders gern im Januar auf.

Wann zum Arzt?

Mit einer echten Grippe (Influenza) sollten Sie möglichst schnell zum Arzt. Aber seien Sie vorsichtig, wenn er Ihnen Grippemittel verschreibt. Sie sind meistens nicht geeignet, eine Grippe wirksam zu bekämpfen. Viele Präparate enthalten eine Reihe von Substanzen, die aufputschend wirken und die natürlichen Impulse des Rückzugs, der bei einer solchen Infektion nötig ist, unterdrücken! Mit einer Grippe gehören Sie ins Bett! Eine Grippeimpfung hilft nur im Vorfeld. Sie wirkt auch nur gegen bestimmte Erreger. Bei einem neuen Erreger ist sie wirkungslos. Da sich die Viren ständig ändern, muß eine solche Impfung jedes Jahr neu durchgeführt werden. Geimpft werden im allgemeinen aber nur stark gefährdete Menschen, z.B. ältere Personen.

Schockgefahr!

Bei Nahrungsmittelallergikern ist Vorsicht geboten. Grippeimpfstoffe werden nämlich auf der Basis von tierischen Eiweißen hergestellt. Es besteht die Gefahr eines allergischen Schocks! Allergiker sollten also vor einer Impfung auf jeden Fall mit ihrem Arzt über ihre Überempfindlichkeit sprechen!

Nasennebenhöhlenentzündung (Sinusitis)

Typische Beschwerden und Komplikationen

Vielfach kündigt sich eine Nebenhöhlenentzündung nach einem Schnupfen mit einer einseitig verstopften Nase an. Durch diesen Nasenkanal bekommen Sie wenig oder gar keine Luft. Die Nase läuft meistens nicht mehr. Oft treten Druck und Schmerzen über und neben der Nase auf. Beim Bücken spüren Sie einen dumpfen Druck im Kopfbereich.

Werden bakteriell bedingte Nebenhöhlenentzündungen rechtzeitig erkannt, sind schwerwiegende Folgen selten. Wird die Entzündung allerdings nicht richtig auskuriert, kann sie chronisch werden.

Mögliche Ursachen

Manche Ärzte empfehlen den täglichen Kopfstand zur Abwehr von Nebenhöhlenentzündungen. Auch soll es helfen, mit der Zunge gegen das Gaumendach zu drücken.

Bakterien oder Viren sind nach einem Schnupfen in die Nebenhöhlen gelangt, haben die Schleimhäute der Atemgänge anschwellen lassen und verstopft. Die Nasengänge werden nicht mehr richtig belüftet, und das Sekret fließt nicht mehr ab. Nicht selten ist die Nasenscheidewand S-förmig verbogen und behindert die freie Atmung durch eines oder beide Nasenlöcher. Solche Behinderungen treten oft nach Aufprallunfällen mit Schlagwirkung im Gesicht ein.

Auch bei einem allergischen Schnupfen können die Nasennebenhöhlen betroffen sein. Eventuell handelt es sich auch um Nasenpolypen oder um eine angeborene Verengung der Nebenhöhlen oder Nasengänge.

Seelische Hintergründe

Da die Nasennebenhöhlen sozusagen Außenposten des Körpers sind, kann man symbolisch davon ausgehen, daß der Betroffene bei dieser Erkrankung versucht, sich Probleme schon im Vorfeld vom Leib zu halten – allerdings erfolglos. Den Eindringlingen ist es jedoch nicht gelungen, in die Tiefen des Körpers – z. B. in die Lunge – vorzudringen.

Was auf körperlicher Ebene die Verstopfung der Nebenhöhlen durch einen Sekretpfropf ist, ist auf psychischer Ebene eine Abschottung. Unser Körper versucht uns hier zu signalisieren: »Setze dich ab!« oder »Lasse nicht zuviel in dich hinein!«

Selbsthilfe und alternative Behandlungsmöglichkeiten

Die Selbsthilfemaßnahmen sind die gleichen wie beim Schnupfen. Empfehlenswert sind Inhalationen und Spülungen der Nase. Außerdem sollten Sie viel Flüssigkeit zu sich nehmen. Zusätzlich können Sie ätherische Öle (Kamillenauszug) inhalieren.

Auf der psychischen Ebene sollte man darauf achten, Eindringlinge schon im Vorfeld abzuwehren und sich nicht immer so viel aufladen zu lassen.

Wann zum Arzt?

● Wenn sich Nasennebenhöhlenentzündungen oft wiederholen, sollten Sie einen Hals-Nasen-Ohren-Arzt aufsuchen, um alle Ursachen abklären zu lassen.

● Wenn die Beschwerden länger als ein paar Tage andauern und von Fieber begleitet sind, ist ein Arztbesuch ratsam.

Manchmal strahlt ein vereiterter Zahn auf die Nasennebenhöhlen aus. Wenn er dann gezogen wurde, löst sich die Infektion wieder auf.

Entzündete und vereiterte Nasennebenhöhlen sollten Sie mit täglichen Inhalationen mit Kräuterzusätzen wie z. B. Thymian- oder Kamillenextrakten behandeln. Außerdem sollten Sie so viel Flüssigkeit wie möglich zu sich nehmen.

DIE BELASTETE WIRBELSÄULE

Der Stab, der den Menschen zum Menschen macht, scheint noch in der Entwicklungsphase zu sein. Der aufrechte Gang bekommt der Wirbelsäule schlecht, denn sie muß zuviel tragen. Allein der Kopf wird schon mancher Wirbelsäule zu schwer, so daß dem Betroffenen »das Rückgrat fehlt«.

Es ist nicht erstaunlich, daß für das anfällige Gebilde aus Wirbeln und Bandscheiben auch psychosomatische Behandlungsmethoden existieren.

Extrem stabil und doch verletzlich

Die Wirbelsäule trägt zusammen mit den Muskeln unseren Körper und ermöglicht uns den aufrechten Gang. Sie besteht aus 24 knöchernen, gegeneinander beweglichen Hals-, Brust- und Lendenwirbeln und zehn oder elf unbeweglichen Kreuzbein- und Steißbeinwirbeln. Jeder Wirbel hat in der Mitte ein Loch. Diese Löcher liegen übereinander und bilden den Wirbelkanal, der das Rückenmark und die Nerven, die vom Gehirn wegführen, umschließt und schützt. Die Wirbelsäule vollbringt ein bautechnisches Wunder: Sie ist stabil und beweglich zugleich! Ihre Aufgaben kann sie allerdings nur erfüllen, weil sie mit etwa 550 Muskeln, 400 Sehnen und Bändern sowie 144 kleinen Gelenken eine Funktionseinheit bildet. Alle Wirbel ähneln sich in ihrer Grundform. Nur die beiden oberen Halswirbel (Atlas und Axis) weichen davon ab. Kleine Zwischenwirbelscheiben – auch als Bandscheiben bekannt – halten die einzelnen Wirbel auf Abstand und gewährleisten die Beweglichkeit der gesamten Wirbelsäule.

Auf der symbolischen Ebene spielt das Rückgrat eine wichtige Rolle: »Kein Rückgrat haben« soll ausdrücken, daß jemand Schwierigkeiten hat, sich selbst durchzusetzen. »Rückgrat zeigen« bedeutet dagegen, sich zu etwas bekennen zu können, Stärke und Durchsetzungsvermögen zu zeigen.

In der Bildersprache bedeutet »jemandem das Rückgrat brechen« ihn seines eigenen Willens zu berauben und damit zugrundezurichten.

Drei große Abschnitte

Die gesamte Wirbelsäule gliedert sich in drei große Abschnitte: den Halswirbelbereich, zu dem sieben Wirbel gehören, den Brustwirbelbereich mit zwölf und den Lendenwirbelbereich mit fünf Wirbeln. Wenn wir von Hals- oder Nackenschmerzen sprechen, meinen wir meistens die Halswirbelsäule (HWS-Syndrom); wenn wir von Rückenschmerzen sprechen, gehen die Beschwerden von der Brustwirbelsäule aus (BWS-Syndrom), und wenn wir über Kreuzschmerzen klagen, beziehen wir uns auf die Lendenwirbelsäule (LWS-Syndrom).

Haltung zeigen!

Hinter Schmerzen im Bereich der Wirbelsäule stecken meistens Haltungsfehler. Deswegen hat es jeder in der Hand, solche Beschwerden zu vermeiden oder erst gar nicht auftreten zu lassen. Nur relativ selten spielen krankhafte Veränderungen am Bewegungsapparat im Zusammenspiel mit den Muskeln eine Rolle.

Die Bezeichnung »HWS-Syndrom« bedeutet nicht, daß die Halswirbel erkrankt sind. Mediziner bezeichnen mit diesem Begriff lediglich den Bereich, in dem die Schmerzen auftreten. Das gleiche gilt für BWS-Syndrom und LWS-Syndrom.

Schmerzen oder Schwierigkeiten in den verschiedenen Bereichen der Wirbelsäule lassen sich auch psychologisch deuten und mit bestimmten Problembereichen in Zusammenhang bringen.

Hals- und Nackenschmerzen (HWS-Syndrom)

Typische Beschwerden und Komplikationen

Seelischer Streß und körperliche Dauerbelastungen durch einseitige Haltungen können Prozesse in Gang setzen, die die Wirbelkörper zerstören. Solche Degenerationen lassen sich nicht mehr rückgängig machen.

Als typisch für ein HWS-Syndrom gilt ein steifer Hals, der sich nur unter Schwierigkeiten und vor allem unter Schmerzen zur Seite drehen läßt. Ziehende, stechende Schmerzen treten nur bei Bewegung auf. Ganz automatisch schützt der Betroffene seinen Hals, indem er stocksteif durch die Gegend geht, den Kopf nicht mehr dreht und jede ruckartige Bewegung vermeidet.

Viele berufliche Tätigkeiten zwingen den Menschen Dauer- und Fehlhaltungen auf. So übt z. B. sitzende Bürotätigkeit eine enorme Belastung auf Bandscheiben und Halswirbelsäule aus! Dauerhafte Fehlhaltungen verhärten die Muskulatur, führen zu ihrer Rückbildung und schwächen die Knochen.

Mit der entsprechenden Gymnastik können Sie Verspannungen entgegenwirken und schwache Muskulatur trainieren. So fällt es Ihnen leichter, eine gute Körperhaltung den ganzen Tag einzunehmen.

Alle Berufstätigen, die viel stehen und/oder einseitige Bewegungen ausführen, sind HWS-gefährdet: Akkordarbeiter, Kfz-Mechaniker, Bauarbeiter und Zahnärzte. Aber auch die kauernd-geduckte Haltung – etwa einer Sekretärin oder eines Redakteurs – vor dem Computer schädigt die Wirbelsäule.

Mögliche Ursachen

Schmerzen in der Halswirbelsäule (und in anderen Abschnitten der Wirbelsäule) sind meist die Folge jahrelanger Fehlhaltung. Die Muskeln reagieren mit Verspannung, die die Durchblutung behindert. Diese Mangeldurchblutung fördert die Verhärtung des Muskelgewebes. Die Bandscheiben können sich nicht mehr entspannen und werden übermäßig zusammengepreßt. Andere Muskeln versuchen das auszugleichen und verspannen sich noch mehr. Das Zusammenspiel zwischen Muskeln und Knochen ist gestört. Es entsteht ein Teufelskreis, in dem sich die Beschwerden hochschaukeln.

In der Regel verschwinden Nackenschmerzen, die durch Zugluft entstanden sind, nach ein paar Stunden oder Tagen von selbst.

Ein derart geplagter Mensch kann sich nicht mehr richtig aufrichten und geht gebeugt durchs Leben. Nicht umsonst sind Aufrichtigkeit und Ehrlichkeit gegen sich selbst das große Thema bei Wirbelsäulenerkrankungen aller Art.

Viele Hals- und Nackenschmerzen gehen auf das Konto von Zugluft. Wer nach dem Sport mit einem heißen Kopf ins Freie geht, riskiert kurzfristige Verspannungen in der Muskulatur des Halses. So reagieren die an der Körperoberfläche liegenden Muskeln dann auf abrupte Temperaturwechsel mit Schmerzen.

Warum die Schmerzen ausstrahlen

Von Wirbeln eingeklemmte oder gereizte Nerven verursachen Schmerzen auch an weit entfernten Stellen. Die Nerven verlassen nämlich das Rückenmark, treten aus dem knöchernen Wirbelkanal aus und durchziehen den Körper. Bis in die entferntesten Regionen versorgen sie den Körper mit Informationen aus dem Gehirn. Dabei transportieren sie auch das Schmerzsignal weiter. In welchem Bereich die Schmerzen letztlich auftreten, hängt ab vom Zielorgan oder Zielbereich des Nervs.

Seelische Hintergründe

Bei schmerzenden Halswirbeln kann man sich auch an einen versierten Chiropraktiker wenden.

Wenn jemand Angst hat, sich unbewußt klein macht und seinen Hals einzieht, preßt er Teile seiner Muskulatur zusammen. Mit seiner Haltung behindert er die Durchblutung der betreffenden Muskelpartien und der Bandscheiben zwischen den Wirbeln. Seelische Störungen können so zu körperlichen Fehlhaltungen führen und die aufrechte Haltung beeinflussen.

Schmerzen an der Wirbelsäule deuten meistens auf eine Überbelastung im psychischen Bereich hin. Physikalisch ist die Wirbelsäule ja für den aufrechten Gang zuständig. Bei seelischen Überbelastungen – etwa bei Angst vor Versagen am Arbeitsplatz – wirken viele Menschen im wahrsten Sinn des Wortes niedergeschlagen. Sie gehen niedergedrückt mit gesenktem Kopf. Der äußere Druck auf die Psyche wirkt sich innerlich durch einen zusammengesunkenen Körper aus. Der ganze Körper – und mit ihm die Wirbelsäule – spannt sich wie ein Bogen, um diesem Druck standhalten oder ihm ausweichen zu können.

Was bedeuten Schmerzen der Halswirbelsäule?

Bei Schmerzen im Halswirbelbereich liegen meist Angst- oder Unsicherheitsprobleme vor. Ängstliche und unsichere Menschen leiden verstärkt an einem Halswirbelsyndrom (HWS-Syndrom), das durch den eingezogenen (und so vermeintlich geschützten) Kopf verursacht werden kann. Das Signal der Schmerzen bedeutet häufig: Stelle dich aufrecht deinen Schwierigkeiten! Wer das nicht fertigbringt, muß an sich arbeiten und sich die fehlenden sozialen Fähigkeiten, z.B. Konfliktaustragung mit Kollegen oder Vorgesetzten, erwerben.

Was die Wirbelsäule wegsteckt

Bei vorübergehenden Belastungen sind Schmerzen im Halswirbelbereich eigentlich ganz normal. Gesundheitliche Folgen sind nicht zu befürchten. Denn kurze Fehlbelastungen kann die Wirbelsäule recht gut wegstecken. Probleme bekommt sie allerdings, wenn die falsche Belastung immer wiederkehrt, lange anhält oder gar zum Dauerzustand wird.

Selbsthilfe und alternative Behandlungsmethoden

Wer häufig unter Schmerzen der Halswirbelsäule leidet, sollte zunächst klären, wovor er Angst hat, was ihm Schwierigkeiten bereitet. Eine ehrliche Selbstanalyse kann diese Probleme an den Tag bringen und damit eine ursächliche Lösung ermöglichen. Wird das zugrunde liegende psychische Problem gelöst, verschwinden die Schmerzen oft wie von Zauberhand. Wer sich seinen Ängsten stellt und diese aufrecht bewältigt, entspannt eine bislang angespannte Situation und damit auch seine Muskulatur und seine zusammengepreßten Bandscheiben. Dieses einfache Verfahren funktioniert allerdings nur in einem frühen Stadium. Sind die Schmerzen bereits chronisch, nützt nur noch eine Doppelstrategie. Sie kann allerdings auch schwerste Schmerzen zum Verschwinden bringen!

Verschobene Wirbel können vom Spezialisten mit den Händen eingerenkt werden. Die Chiropraktik führt viele Krankheiten auf gequetschte Nervenwurzeln an den Wirbeln zurück.

Wirksame Doppelstrategie gegen Halswirbelschmerzen

- Entspannen Sie sich mit einem Muskelentspannungsprogramm (siehe auch Seite 174ff.), gehen Sie danach Ihre Angstprobleme an.
- Lockern Sie Ihre Wirbelsäule mit einfacher Wirbelsäulengymnastik.

So lockern Sie Ihre Wirbelsäule:

Drehen Sie vorsichtig den Kopf nach links und nach rechts. Nicken Sie langsam nach vorne und nach hinten, indem Sie das Kinn auf die Brust drücken bzw. die Nase in die Luft recken. Pressen Sie Ihre Hand leicht auf Ihren Hinterkopf, und drücken Sie den Kopf gegen diesen Widerstand langsam nach hinten. Legen Sie danach Ihre Hand auf die Stirn, und drücken Sie Ihren Kopf langsam nach vorne. Achtung: Bei beiden Übungen sollte sich Ihr Kopf nicht bewegen! Er drückt nur gegen die fein dosierte Kraft Ihrer Hand an.

Diese Übung läßt sich auch zur Seite ausführen: Eine Hand erzeugt auf der Seite des Kopfs einen Gegendruck, gegen den Sie langsam mit dem Kopf andrücken.

Führen Sie die Übungen langsam und vorsichtig durch. Am Anfang sind Sie vielleicht noch nicht so geschmeidig.

Schwimmen ist bei Halswirbelproblemen eher ungünstig. Besonders die Brustschwimmtechnik belastet; allenfalls kann man auf das Rückenschwimmen ausweichen.

Durch regelmäßiges Üben werden Sie immer beweglicher. Auf keinen Fall sollten Sie übertreiben! Lassen Sie sich im Zweifelsfall von einem Krankengymnasten helfen.

Versuchen Sie es auch mal mit einer Entspannungstechnik! Am besten wirkt das Jacobson-Muskelentspannungsverfahren (siehe auch Seite 181 ff.).

Menschen, die von Ängsten geplagt werden, erleichtern sich das Leben, wenn sie einen Kampfsport erlernen:

- Kampfsport reduziert die Angst
- Kampfsport macht körperlich stärker und widerstandsfähiger
- Kampfsport trainiert Muskeln und Haltungsapparat

Wann zum Arzt?

Wenn Sie dauerhaft unter starken Schmerzen im Bereich der Halswirbelsäule leiden, sollten Sie einen Arzt aufsuchen Lassen Sie sich aber Schmerzmittel nur im Ausnahmefall verschreiben. Sie stoppen zwar die Schmerzen, doch sie befreien Sie auch von dem unmittelbaren Druck, sich aktiv um die Änderung Ihrer Gewohnheiten und damit um Ihre Heilung zu kümmern.

Einige Rheumamittel enthalten sogenannte Benzodiazepine (z.B. Musaril). Diese Wirkstoffe sind starke Beruhigungsmittel und entspannen die Muskulatur, aber sie wirken auch psychisch. Die Gefahr, von diesen Mitteln abhängig zu werden, ist hoch!

Welche Psychotherapie eignet sich?

Wenn chronische Haltungsstörungen starke Schmerzen verursachen, verspricht eine Kombination aus Psychotherapie (mit aufhellendem Charakter) und krankengymnastischer Behandlung die größten Erfolge.

Hilfe durch die Schulmedizin

Massage, Gymnastik und Wärme- oder Kältepackungen können in Verbindung mit einer ursächlichen Psychotherapie auch die schwersten Symptome bekämpfen. Entscheidend dabei ist jedoch die Bereitschaft des Patienten, sich auch grundsätzlich mit den psychischen Bedingungen der Erkrankung auseinanderzusetzen. Schmerzmittel und Muskelentspannungsmittel eignen sich nur als Übergangshilfe.

Brustwirbelschmerzen (BWS-Syndrom)

Typische Beschwerden und Komplikationen

Wenn es jemand im Kreuz hat, leidet er meist unter Beschwerden, die die Brustwirbel auslösen. Meist treten die Schmerzen in bestimmten Regionen auf und beschränken sich auf eine Körperseite. Manchmal sind sie dumpf und dauerhaft, bei Belastung der entsprechenden Muskeln oder der betreffenden Körperhälfte flammen sie auch kurzzeitig auf.

Häufig strahlen die Schmerzen auf Bereiche aus, die weit entfernt sind von den Brustwirbeln. Schuld daran tragen die teilweise recht langen Nerven. So laufen beispielsweise Nervenpaare im Bereich der Brustwirbelsäule von hinten nach vorn zum Brustbein. Wird einer dieser Nerven eingeklemmt oder gereizt, leitet er den Schmerz aus dem Bereich der hinteren Brustwirbelsäule in den vorderen Teil des Körpers, in die Brust.

Wirbelsäule und Muskelapparat sind so gebaut, daß sie kurzzeitige Überlastung sogar wegstecken können. Momentaner Streß stellt nicht das Problem dar. Gefährlich werden anhaltende Überlastungen.

Längere Zeit anhaltende Rückenschmerzen können Vorboten von degenerativen Knochen- und Gelenkprozessen oder eines Bandscheibenvorfalls sein.

Eine Schonhaltung schont nicht

Um schmerzende Körperteile zu schonen, nehmen viele Menschen eine Körperhaltung ein, die die betroffenen Regionen weniger belastet. Doch das ist falsch, selbst wenn die Beschwerden kurzfristig abnehmen! Eine solche Schonhaltung verstärkt nämlich noch die Fehlhaltungen! Prüfen Sie sich selbst! Denn eine Schonhaltung wird sehr oft automatisch eingenommen, ohne daß Sie sich ihrer bewußt sind.

Mögliche Ursachen

Auch Rückenschmerzen sind, wie die meisten Wirbelsäulenschmerzen, oftmals Folgen einer Fehlhaltung. Die Muskulatur verspannt und verhärtet sich und wird schlechter durchblutet. Der ganze Muskelapparat verliert sein Gleichgewicht. Die Bandscheiben werden regelrecht zusammengequetscht.

Einige Wirbelsäulenerkrankungen können vererbt werden. Eine andere häufige Krankheit ist eine Verdrehung des Verlaufs der Wirbelsäule (Skoliose). In dem betroffenen Bereich führt sie zu Beschwerden, die allerdings auch auf angrenzende Bereiche ausstrahlen können. Heilung ist hier selten möglich. Haltungsübungen können aber ein Fortschreiten der Skoliose und die Beeinträchtigungen mindern oder im günstigsten Fall sogar ganz verschwinden lassen.

Schmerzen in der Wirbelsäule können psychische Gründe haben

Unter einem Brustwirbelsyndrom (BWS-Syndrom) leiden vor allem besonders hilfsbereite Menschen, die nie nein sagen können oder sich für alles verantwortlich fühlen.

Besonders Menschen mit einem Büroberuf sind gefährdet. Selbst wenn sie eine schulbuchmäßige Sitzhaltung einnehmen, belasten sie ihre Wirbelsäule stark, denn schließlich sitzen sie den ganzen Tag. Fatal wirkt sich natürlich erst recht eine schlechte Sitzhaltung aus! Vor allem, wenn sie stundenlang eingenommen wird. Die Sitzhaltung kann durch ungelöste psychische Probleme verursacht werden. Sie schlagen sich in einer verdrehten oder gebeugten Körperhaltung nieder.

Seelische Hintergründe

Schmerzen an der Wirbelsäule deuten meistens auf eine Überbelastung im psychischen Bereich hin. Die Wirbelsäule, die eigentlich den Körper aufrichtet, reagiert physikalisch auf den seelischen Druck: Sie krümmt sich unter den Lasten, die man sich hat aufbürden lassen. Jemand, der es im Kreuz hat, muß anscheinend zuviel tragen. Je mehr sich jemand aufgeladen hat – auch auf der psychischen Ebene –, desto gebeugter wird er seinen Rücken halten. Das Signal lautet daher auch hier, ähnlich wie bei anderen Wirbelsäulenproblemen: Richte dich auf, halte dich gerade, und schaffe dir deine Belastungen vom Hals! Halte dir den Rücken frei!

Ehrgeiz macht anfällig

Besonders riskant leben ehrgeizige und leistungsbewußte Menschen. Ihre hochgesteckten Ziele belasten sie psychisch. Sie stehen ständig unter Spannung, ihr Körper ist angespannt, als ob er jederzeit einen Angriff abwehren müßte. Diese dauernde Muskelanspannung führt zu einer ganzen Reihe von körperlichen Fehlhaltungen. Rückenschmerzen sind nicht selten der Preis für den eigenen Ehrgeiz.

Auch Menschen, die nur schlecht abschalten können und sich im Laufe eines Tages keinerlei Entspannung gönnen, leiden häufig unter Rückenschmerzen. Allerdings können sich diese Menschen leicht helfen: Gymnastische Übungen, die einen Wechsel zwischen Anspannung und Entspannung bewirken, erleichtern das Abschalten auch im Alltag.

Selbsthilfe und alternative Behandlungsmethoden

Das A und O ist das richtige Sitzen! Achten Sie darauf, daß Sie Ihr Becken aufrichten und Ihr Rückgrat gerade halten. Nicht nach hinten in den Stuhl reinlegen! Am besten geht das auf einem anatomischen, körpergerecht geformten (modernen) Bürostuhl. Oder auf einem großen Gymnastikball (Pezziball). Unterbrechen Sie lange Sitzungen möglichst oft, z.B. können Sie während des Telefonierens aufstehen. Zumindest sollten Sie Ihre Körperhaltung ab und zu verändern. Das Stichwort heißt »dynamisches Sitzen«. Daneben gibt es eine ganze Reihe von einfachen gymnastischen Übungen, die Sie jederzeit im Büro oder zu Hause durchführen können. Sie helfen, Haltungsschäden vorzubeugen oder lindern bei bereits bestehenden Haltungsschäden die akuten Schmerzen.

Wochenendprogramm gegen leichte Rückenschmerzen

1. Tag
- Entspannungsbad mit Melissenzusatz (aus der Apotheke)
- Einige Stunden Bettruhe mit Schwitzen
- Eine halbe Stunde über mögliche Auslöser von Belastungen nachdenken

2. Tag
- Wärmepackungen aus der Apotheke auflegen
- Leichte Partnermassage der betroffenen Partien
- Eine halbe Stunde über Lösungen der Belastungen nachdenken

3. Tag
- Leichte Gymnastik nach Musik
- Kurzentspannungsübungen (siehe Seite 177ff.)

Zu Beginn der Erkrankung, wenn die Störung durch die Brustwirbelsäule noch nicht chronisch ist, können Sie für sich selbst ein kleines Rückenprogramm zusammenstellen.

Wann zum Arzt?

Wenn Sie Taubheits- oder Lähmungs-erscheinungen verspüren, dürfen Sie keine Zeit mehr verlieren. Jetzt müssen Sie sofort zum Arzt!

Bei starken Schmerzen, die auch durch Gymnastik und richtiges Sitzen nicht weggehen, sollten Sie zum Arzt. Er muß die Ursachen Ihrer Schmerzen abklären. Möglicherweise wird er eine Röntgenaufnahme machen, die Aufschluß über eine Verdrehung der Wirbelsäule (Skoliose) oder einen Bandscheibenvorfall geben kann.

Hilfe durch die Schulmedizin

Die konventionelle Behandlung von Rückenschmerzen geschieht in drei Phasen:

- Allgemeine Entspannung durch Bettruhe, Schwitzen, eventuell Medikamente zur Entspannung
- Lokale Entspannung durch Fangopackungen, Massage und Lichtbogentherapie, lokale Physiotherapie
- Entspannte Aktivität, Selbstwahrnehmung, rhythmische Übungen, Entspannungsübungen

Lendenwirbelschmerzen – Hexenschuß und Ischias (LWS-Syndrom)

Typische Beschwerden und Komplikationen

Bei Bewegungen treten anfallsartige, stechende Schmerzen im Bereich der Hüfte auf. Manchmal strahlen sie bis in die Beine aus. Betroffene haben oft das Gefühl, sich gar nicht mehr bewegen zu dürfen. Auch Bandscheibenvorfall und eingeklemmte Nerven verursachen Schmerzen in anderen Körperbereichen. Wenn die Bandscheibe das Wirbelloch blockiert, kann der Nerv unheilbar geschädigt werden.

Mögliche Ursachen

Wie bei allen Wirbelsäulenschmerzen spielen auch hier Fehlhaltungen sowohl des Körpers als auch der Psyche eine große Rolle. Wer sich berufsbedingt oft bücken muß, um schwere Lasten hochzuheben, wird über kurz oder lang Lendenwirbelprobleme bekommen. Vor allem, wenn er sich falsch bückt und die Lasten aus dem gebeugten Rücken heraus stemmt.

Abnutzungen im Bereich der Lendenwirbelsäule sind vor allem bei Handwerkern verbreitet. Durch jahrelange körperliche Überbelastung der Wirbelsäule kann es zu degenerativen Abnutzungsprozessen kommen.

Fehlhaltungen können zum Bandscheibenvorfall führen

Die im Lendenwirbelbereich ständig überlastete Wirbelsäule verschiebt auch die Bandscheiben nach vorne oder hinten. Wenn dabei der gallertartige Kern der Bandscheibe auf den Nervenkanal im Wirbel drückt, treten starke Schmerzen auf.

Seelische Hintergründe

Sich ständig krummachen zu müssen und sich für andere kaputtzuschuften, das ist das typische Gefühl vieler LWS-Geschädigter. Das Signal oder die Botschaft, die diese Störung aussendet, lautet: Lerne dich wieder zu entspannen, lade dir nicht zuviel auf!

Die Lendenwirbelsäule besteht aus den fünf Lendenwirbeln unterhalb der Brustwirbel und oberhalb des Kreuzbeins.

Stundenlanges Arbeiten in gebückter Haltung war vor allem früher bei den Bauern an der Tagesordnung. Sie litten daher auch oft bereits in recht jungen Jahren unter erheblichen Rückenbeschwerden.

75

LWS-Schmerzen verraten oft noch etwas anderes: Der Betroffene ist unentschlossen. Er kann sich nicht entscheiden zwischen zwei verschiedenen Möglichkeiten – etwa Rückzug oder Vorwärtsstreben. Gerade ältere Menschen, die etwas Verrücktes, etwas ganz Neues tun wollen, leiden oft unter einem LWS-Syndrom. Ein klassisches Beispiel ist der Rentner, der nach Mallorca abwandert und den es trotzdem immer wieder nach Hause zieht. Bleibt diese Unentschiedenheit (Ambivalenz) bestehen, kann es zu einer Verdrehung der Wirbel kommen: Die Bandscheibe wird herausgepreßt und drückt auf den Nervenstrang. Manche Menschen wagen sich auch zu weit vor und bewegen sich zu ruckartig von einer in die andere Richtung. Das kann zu Verdrehungen führen. Wer nicht weiß, was er eigentlich will, kann das nur schwer wieder korrigieren. Unbewußt strebt man vielleicht nach mehr Freiheit, das Bewußtsein drängt jedoch dazu, auf dem Boden der Realität zu bleiben.

Selbsthilfe und alternative Behandlungsmethoden

Die vielgenannten Kreuzschmerzen sind ein Symptom zahlreicher Erkrankungen, etwa eines Hexenschusses, oder Überlastungsfolgen z. B. aufgrund von Plattfüßen.

Wer häufig unter Lendenwirbelschmerzen leidet, sollte sich fragen, ob und warum er sich so abrackert. Ihren Mitmenschen erscheinen Lendenwirbelschmerzgeplagte stets gehetzt und übertrieben pflichtbewußt. Wer Abhilfe schaffen will, kommt an Ursachenklärung nicht vorbei. Am besten geht dies natürlich in jungen Jahren, wenn die Schmerzen noch nicht chronisch sind. Ab 25 ist Vorbeugung angesagt, wenn man nicht frühzeitig in Rente gehen will!
Unentschlossene können gegen ihre Lendenwirbelschmerzen angehen, indem sie sich endlich zu einer Entscheidung durchringen.

So entlasten Sie schnell Ihre Wirbelsäule

- Legen Sie sich der Länge nach auf den Fußboden oder auf ein Bett.
- Legen Sie die Unterschenkel auf einen hohen Kasten oder einen Stuhl, so daß sie einen rechten Winkel mit den Oberschenkeln bilden.
- Nun heben Sie das Becken etwas vom Boden ab, so daß ein Teil des Körpergewichts an den Beinen hängt.

Trainieren Sie Ihren Rücken

Wenn Sie langfristig etwas für Ihre Wirbelsäule tun wollen, suchen Sie sich ein Studio, das Jazzdance und Aerobic anbietet. Besuchen Sie eine Rückenschule, in der Sie lernen, wie Sie sich im Alltag rückenschonend bewegen können. Die AOK oder andere Krankenkassen bieten Rückenschulen in Abendkursen an.

Wer einmal in ein Fitneßstudio geht, wird meist Frauen in den Aerobic- oder Tanzkursen antreffen. Die meisten Männer denken anscheinend, das wäre nichts für sie. Dabei könnten auch Männer auf diese Weise vorbeugend etwas für ihre Gesundheit tun. Vor allem bei den ersten Signalen, die auf Beschwerden mit der Wirbelsäule hinweisen, kann Gymnastik helfen.

Allerdings: Selbst die beste Gymnastik kann nur eine Seite der Medaille sein, die psychischen Grundauslöser der Störung dürfen auf keinen Fall vernachlässigt werden. Überlegen Sie daher genau, wo und in welchen Situationen Sie sich zuviel aufladen.

Ihre Krankenkasse nennt Ihnen auf Anfrage Adressen, wo Sie zusammen mit anderen Patienten die Rückenschule besuchen können.

Hilfreiche Fragen zur Selbsterkenntnis

- Gehöre ich zu den Menschen, die sich ständig viel zuviel aufladen?
- Habe ich mir darüber schon einmal Gedanken gemacht?
- Bin ich mir dieser Problematik überhaupt bewußt?
- Will ich daran etwas ändern?
- Was hinderte mich bisher daran?

Wann zum Arzt?

Bei häufig wiederkehrenden Schmerzattacken, die trotz Selbsthilfebemühungen nicht besser werden, sollten Sie sich mit Ihrem Hausarzt oder einem Orthopäden beraten.

Hilfe durch die Schulmedizin

Die konventionelle Behandlung von Lendenwirbelsäulenbeschwerden beruht auf Wärme, Muskellockerung, Selbstwahrnehmung und Entspannung. Liegt ein eingeklemmter Nerv vor, wird mit antientzündlichen Medikamenten behandelt.

DER BEENGTE BRUSTRAUM

Die Brust im hier besprochenen Sinne ist der vordere, obere Teil des Rumpfs, also der Brustkorb. Begrenzt von den Rippen und vom Zwerchfell, liegen darin so wichtige Organe wie das Herz, die Lunge, die Speiseröhre, die Thymusdrüse, die Hauptschlagader (Aorta) u.a. Gerade Herz-Kreislauf-Erkrankungen und Lungenkrankheiten wie das Asthma werden negativ durch eine nervliche Überregbarkeit beeinflußt. Daher bieten sich seelische Behandlungsansätze an.

Lebenswichtige Organe sind betroffen

Der Brustraum ist der Sitz einiger wichtiger Organe, beispielsweise des Herzens und der Lunge. Gerade das Herz als zentraler Motor unseres Lebens kann durch eine ganze Reihe psychosomatischer Erkrankungen in Mitleidenschaft gezogen, aber auch mit einfachen Änderungen der Lebensweise unterstützt werden. Nicht umsonst nimmt das Herz als eigentlicher Lebensmittelpunkt auch innerhalb der Literatur einen zentralen Platz ein. Lange Zeit glaubte man sogar, daß es der Sitz der Seele sei.

Auch der Volksmund nennt die zentrale (psychische) Bedeutung des Herzens in vielen Aussagen: sich etwas zu Herzen nehmen, schwer ums Herz werden, etwas als herzzerreißend empfinden usw. Positive und negative Empfindungen im Leben schlagen sich in der Herztätigkeit nieder. Aufregung, Angst oder Freude beeinflussen maßgeblich die Funktion dieses lebenswichtigen Organs. Daher sollten Sie sich alle Signale, die dieses Organ aussendet, zu Herzen nehmen!

Von ähnlicher Bedeutung ist die Lunge. Auch sie sendet schon frühzeitig Signale aus, wenn etwas in unserem Leben nicht (mehr) stimmt. »Das nimmt mir die Luft zum Leben« bedeutet, daß einem etwas die Luft abpreßt. »Mir bleibt die Luft weg« kann bedeuten, daß mich etwas, das ich erlebt habe, sehr bedrückt. Die Belastung ist so stark, daß das Atmen schwerfällt.

Neben den anderen, bekannteren Organen finden sich im Brustraum auch Lymphknoten, die der Abwehr von Infektionen dienen.

Hier spielt die Seele eine Rolle

Herz-Kreislauf-Erkrankungen
- Arteriosklerose (Arterienverkalkung)
- Hoher Blutdruck
- Niedriger Blutdruck

Atemwegserkrankungen
- Atemnot
- Bronchitis
- Asthma bronchiale

Atemprobleme

Typische Beschwerden und Komplikationen

Übungen zur Behebung erschwerten Atmens setzen vor allem auf die Zwerchfellatmung, bei der sich das Zwerchfell zusammenzieht. Sie wird auch in der Psychotherapie zur Entspannung eingesetzt.

In bestimmten Situationen tauchen Atembeschwerden auf, die durch Beklemmungen verursacht werden. Sie äußern sich durch eine unbestimmtes Druckgefühl auf der Brust. Man hat das Gefühl, keine Luft zu bekommen und nicht richtig tief durchatmen zu können.

Wird nichts unternommen, können sich die Symptome verstärken. Vielleicht treten sie auch immer häufiger in immer mehr Situationen auf.

Mögliche Ursachen

Hinter Atembeschwerden, die durch psychische Beeinträchtigungen ausgelöst werden, stecken meist verschiedene Ursachen. In der Regel handelt es sich dabei um Umwelt-, Personen- und Verhaltensfaktoren, die sich gegenseitig verstärken.

In einem Tiefdruckgebiet z.B. herrscht niedriger Luftdruck. Wer schon unter normalen Bedingungen unter niedrigem Blutdruck leidet, bekommt jetzt möglicherweise Probleme. Diese Gefahr verstärkt sich noch, wenn seelische Belastungen hinzukommen. Dabei können Vererbung und Erziehung eine große Rolle spielen. Kommt zu der Neigung, mit einem niedrigen Blutdruck zu reagieren, eine Erziehung hinzu, die dem Kind früher vermittelte: »Das kannst du nicht!«, führt das zu einem weiteren Blutdruckabfall, der die Beschwerden verstärkt; es kann dann zu Atembeklemmungen kommen.

Seelische Hintergründe

Das Signal des Symptoms, nicht richtig durchatmen zu können, nicht genügend Luft zu bekommen, liegt klar auf der Hand. Es lautet: »Werde aktiv, wehre dich und nimm dir, was du brauchst!« Passive Persönlichkeiten werden hier vom Körper aufgefordert, durch eigene Maßnahmen dem Absacken des Blutdrucks entgegenzuwirken.

Selbsthilfe und alternative Behandlungsmethoden

Gegen solche Atembeschwerden helfen bereits einfache Maßnahmen. Vorausgesetzt, der Betroffene versteht die Reaktionen seines Körpers und die Zusammenhänge mit seinem Seelenleben.

Hilfreiche Fragen zur Selbsterkenntnis

- Habe ich einen niedrigen Blutdruck? (Blutdruckschwankungen im Tagesablauf überprüfen)
- Neige ich an bestimmten Tagen (Luftdruck mit Barometer überprüfen) zu Atemnot?
- Vor welchen Situationen habe ich Angst?
- Reagiere ich dann oft passiv und fühle mich wie gelähmt?

Bücher mit positiven, aufhellenden Inhalten zu lesen, gehört ebenfalls zur aktiven Selbsthilfe bei Atembeschwerden.

Wenn Sie genaue Zusammenhänge zwischen Umwelt- und Personenfaktoren aufschlüsseln wollen, sollten Sie ein Beschwerdentagebuch führen. Neben Spalten für Tageszeit und Atemnotsymptom sollte es noch weitere Spalten enthalten, die diese Zusammenhänge aufklären können. Mehr dazu lesen Sie im entsprechenden Kapitel über das Beschwerdentagebuch auf Seite 169 ff.

Atembeschwerden lassen sich am besten mit aktiven Methoden selbst behandeln:

- Sorgen Sie für ausreichend Bewegung an der frischen Luft.
- Treiben Sie in vernünftigem Umfang Sport.
- Ergänzen Sie Ihre Maßnahmen mit Bach-Blütenessenzen (je nach Symptomen z.B. mit Mimulus) oder mit einer Aromatherapie (beispielsweise mit Rosmarinöl).
- Suchen Sie nach seelischen Auslösern.
- Nehmen Sie Angebote der Volkshochschulen (Selbstsicherheitstraining etc.) wahr.
- Trainieren Sie Ihr Durchsetzungsvermögen in kleinen Schritten.

Wann zum Arzt?

Wenn Sie unter Atembeschwerden leiden und nicht genau wissen, ob diese psychisch bedingt sind, sollten Sie sich zunächst von einem Arzt untersuchen lassen. Er kann feststellen, ob hinter Ihren Beschwerden nicht doch eine körperliche Erkrankung steckt. Findet der Arzt jedoch keine organische Ursache, können Sie ziemlich sicher davon ausgehen, daß es sich um psychische Atembeschwerden handelt. Dann sollten Sie mit Ihrem Arzt über verschiedene Selbsthilfeübungen sprechen.

Welche Psychotherapie eignet sich?

Bei psychogenen Atembeschwerden müssen Sie sich nicht sofort einer Psychotherapie unterziehen. Sie können zunächst versuchen, diese Symptome mit Selbsthilfemaßnahmen in den Griff zu bekommen. Wenn Ihre Beschwerden allerdings bleiben und sich durch Ihre Bemühungen nicht beeinflussen lassen, sollten Sie mit Ihrem Arzt über andere Maßnahmen sprechen. Aber geben Sie nicht zu schnell auf! Bleiben Sie sich einige Zeit bei Ihren Bemühungen.

Hilfe durch die Schulmedizin

Wenn die Atembeschwerden psychogen sind und nicht lebensbedrohlich, wird Ihnen Ihr Arzt auch keine Medikamente verschreiben, sondern Sie bei Ihren Selbsthilfemaßnahmen unterstützen.

Atemnot (psychisch bedingt)

Typische Beschwerden und Komplikationen

Sensiblen Menschen schnürt sich bei seelischen Problemem regelrecht die Kehle zu, sie spüren die Enge in der Brust und glauben, daß ihnen sogar die Luft zum Atmen entzogen wird.

Das Gefühl, keine Luft zu bekommen und nicht richtig durchatmen zu können, tritt vor allem vor, während und nach psychischen Belastungssituationen auf. Die Betroffenen spüren, wie sich ihnen die Brust verengt, und kurz darauf leiden sie unter Ängsten verschiedenster Art und zum Teil unter massiver Atemnot.

Wenn diese Situationen sich ständig oder zumindest sehr oft wiederholen, koppeln sich im Laufe der Zeit die Körperreaktion an die Ängste, und der Vorgang läuft wie ein Automatismus ab. Die Betroffenen erleben sich immer stärker als hilflos ausgeliefertes Objekt. Ein überflüssiges und sogar schädliches Gefühl!

Mögliche Ursachen

Psychisch bedingte Atemnot wird durch ein Zusammenwirken des sogenannten vegetativen Nervensystems mit der Muskulatur verursacht. (Das vegetative Nervensystem untersteht in der Regel nicht dem Bewußtsein.) Wer vor einer schwierigen Situation steht, spürt nur allzu oft, wie sich seine Muskeln verkrampfen. Wenn sich diese Reaktion bis zur Atemnot auswächst, nehmen die Ängste natürlich deutlich zu.

In den meisten Fällen stecken hinter einer Atemnot unangenehme, ältere Erinnerungen aus der Kindheit und Jugend. Alte Gefühle der Bedrohung und Angst kommen immer wieder hoch. Wenn das Gedächtnis diese angstbesetzten Erinnerungen mit den entsprechenden Körperreaktionen abgespeichert hat, ruft es sie in ähnlichen Situationen wieder ab: Der Betroffene reagiert mit Atemnot, obwohl solche Kindheits- oder Jugenderlebnisse ihn in den meisten Fällen nicht mehr bedrohen. Schließlich hat er sich inzwischen die Fähigkeiten erworben, mit denen er die Situation bewältigen könnte.

Wenn einem beim Wetterwechsel die Luft wegbleibt

Oftmals tauchen diese Beschwerden bei einem Wetterumschwung auf. Genauer: Atemnot kann mit einem Anstieg oder Abfall des Luftdrucks zusammenhängen. Um solch wetterabhängige Beschwerden von einer psychisch bedingten Atemnot zu unterscheiden, sollten Sie in einem Beschwerdentagebuch (Seite 169ff.) jeweils auch den Luftdruck (in Hektopascal oder Millibar) notieren. Stellen Sie mittels Ihrer Aufzeichnungen einen Zusammenhang zwischen Luftdruck und auftretenden Beschwerden fest, können Sie psychische Ursachen für Ihre Atemnot (fast) ausschließen.

Bei problematischen Situationen, in denen eine Seelenbotschaft erfolgt, handelt es sich um eine Aufforderung zum Handeln – und nicht um eine zum Rückzug.

Seelische Hintergründe

»Die Brust wird eng«, »Die Luft zum Atmen wird genommen«. So charakterisieren Betroffene ihre Atemnot. Schon die Formulierungen deuten an, daß etwas in der Umgebung – eine Person oder eine Situation – bedrohlich werden kann. Das Signal der Seele kann bedeuten: Überprüfe zunächst, ob diese Situation heute immer noch bedrohlich ist; überlege, ob und wie sich die Probleme inzwischen lösen lassen.

Selbsthilfe und alternative Behandlungsmethoden

Am Anfang steht die genaue Überprüfung der Situation. Dazu ist es nötig, den Ablauf der Angstreaktion zu stoppen. Das geht so: »Ich beruhige mich erst einmal und prüfe, was hier überhaupt los ist. Dazu brauche ich Luft. Also atme ich tief ein und aus, etwa fünfmal!«

Danach geht es den meisten Betroffenen schon etwas besser. Die gesteigerte Sauerstoffversorgung erleichtert es dem Gehirn, in Ruhe nachzudenken und nach einer Lösung zu suchen. Wichtig dabei ist: Beruhigen Sie sich innerlich selbst, indem Sie sich Mut zusprechen. Etwa so: »Immer mit der Ruhe. Ich schaffe das!« oder »Keine Panik, sondern erst einmal tief durchatmen und dann überlegen!«

Trockenübung für den Ernstfall

Üben Sie Ihre Beruhigungsstrategien in Gedanken ein, noch bevor die Krisensituation eintritt. Alles, was Sie schon vorher gelernt und systematisch trainiert haben, können Sie im Ernstfall besser anwenden. Um sich bei einer solchen Übung gut entspannt und nicht ängstlich zu fühlen, können Sie die Kurzversion des autogenen Trainings anwenden (Seite 177 ff.).

Wann zum Arzt?

Angstlösende Medikamente können zwar das Symptom verschwinden lassen, aber sie ändern nichts an den auslösenden Ursachen.

Wenn Sie trotz mehrfacher Übung keinerlei Besserung feststellen, sollten Sie einen Arzt aufsuchen. Sprechen Sie mit ihm über mögliche Ursachen Ihrer Atemnot. Wahrscheinlich wird der Arzt Sie untersuchen, um ernsthafte Erkrankungen als Grundlage für Ihre Atemnot auszuschließen (z. B. Asthma bronchiale).

Welche Psychotherapie eignet sich?

Ängste lassen sich am besten mit Hilfe einer Verhaltenstherapie reduzieren. Eine aufdeckende Psychotherapie kann eventuell die Ursachen an die Oberfläche und damit ins Bewußtsein bringen. Eine Veränderung ist damit allein aber noch nicht zu erzielen.

Hilfe durch die Schulmedizin

Schon das aufklärende Gespräch mit einem Allgemeinarzt kann helfen. Wenn die Untersuchung ergibt, daß hinter Ihrer Atemnot keine ernsthafte Erkrankung steht, wird Sie dieses Ergebnis beruhigen und Ihnen einen Teil Ihrer Ängste nehmen. Allein diese Gewißheit verbessert Ihre Lebenssituation. Denn jetzt ist es ziemlich wahrscheinlich, daß Sie sich mit einfachen Methoden selbst helfen können.

Bei schweren Atemnotanfällen können eventuell angstlösende Psychopharmaka hilfreich sein. Ihr Arzt wird Ihnen entsprechende Mittel verschreiben. Doch Vorsicht: Einige Präparate können abhängig machen! Sprechen Sie mit Ihrem Arzt darüber.

Arteriosklerose (Verkalkung der Gefäße)

Typische Beschwerden und Komplikationen

Eine Arteriosklerose verursacht lange Zeit keine Beschwerden. Sie wird im Grunde genommen überhaupt nicht durch direkte Beschwerden, sondern durch Folgeerkrankungen bemerkt. In Frage kommen Durchblutungsstörungen in den Gliedmaßen, Nierenversagen, Angina-pectoris-Anfälle, Herzschwäche, Herzrhythmusstörungen, sogar Herzinfarkt oder Schlaganfall gehen meist auf das Konto von verengten Arterien.

Die ersten spürbaren Anzeichen sind in der Regel Durchblutungsstörungen. Die Ablagerungen an der Gefäßinnenwand verengen den Hohlraum der Gefäße und behindern so den Blutstrom. Die Durchblutungsstörungen beginnen oft in den Beinen, seltener in den Armen. Schon nach kurzem Gehen oder Laufen spürt der Betroffene Schmerzen (sogenannte Schaufensterkrankheit). Aber auch im Ruhezustand treten Schmerzen auf. Sie verstärken sich, sobald man das Bein anhebt. Die mangelhafte Durchblutung kann Haut und Muskelgewebe schädigen (Raucherbein).

Durch eingelagertes Fett und Cholesterin in die Gefäßwände verhärten und verengen sich die Arterien mit fortschreitendem Alter. Die Arterienverkalkung oder Arteriosklerose ist durch Eß- und Genußverhalten beeinflußbar.

Mögliche Ursachen

Für die zunehmende Verengung der Arterien sind nach Expertenansicht hauptsächlich erhöhter Blutdruck und erhöhte Blutfettwerte (Cholesterine, Triglyzeride) verantwortlich. Für die erhöhten Werte können neben genetischen Anlage aber auch Verhaltensweisen verantwortlich sein. An erster Stelle stehen Rauchen und eine Ernährung mit viel tierischen Fetten. Weitere Faktoren, die Arteriosklerose und in letzter Konsequenz einen Herzinfarkt begünstigen, sind Bewegungsmangel sowie ständige Überanstrengung durch Streß oder Übergewicht. Auch Alter und Geschlecht spielen eine Rolle: Ältere Männer sind öfter betroffen.

Sind Sie herzinfarktgefährdet?

Rauchverhalten (pro Tag)	Nichtraucher	0	Exraucher oder Zigarre oder Pfeife	1	Weniger als 10 Zigaretten	2
Blutcholesterin (mg %)	Unter 180	0	181 bis 200	1	201 bis 220	2
Oberer Blutdruckwert (mmHg)	110 bis 119	0	120 bis 130	1	131 bis 140	2
Blutzucker (mg %)	Nüchtern unter 80	0	Zuckerkranke in der Familie	1	Nüchtern 100, 1 Stunde nach Mahlzeiten 130	2
Vererbung	Keine arteriosklerotischen Herzkrankheiten in der Familie	0	Ein Elternteil über 60 Jahre mit arteriosklerotischer Herzkrankheit	1	Beide Eltern über 60 Jahre mit arteriosklerotischer Herzkrankheit	2
Körpergewicht	Mehr als 5 kg unter Normalgewicht	0	Normalgewicht ± 5 kg	1	6 bis 10 kg Übergewicht	2
Körperliches Training	Intensive berufliche und sportliche Bewegung	0	Mäßige berufliche und sportliche Bewegung	1	Sitzende Arbeitsweise und intensiver Sport	2
Geschlecht und Alter (in Jahren)	Weiblich unter 50	0	Weiblich nach den Wechseljahren	2	Jüngere Frauen mit entfernten Eierstöcken	3
	Männlich und weiblich 20 bis 30	0	Männlich 31 bis 40	1	Männlich 41 bis 50	2

Wenn Sie die für Sie zutreffenden Kästchen markiert haben, zählen Sie die Punktzahlen zusammen. Eine annähernde Gewichtung der Risiken ergibt:

1 bis 18 Punkte:	Kein erhöhtes Risiko
19 bis 40 Punkte:	Mäßig erhöhtes Risiko, Kontrolle in jährlichen Abständen
41 bis 59 Punkte:	Gefahrenzone; suchen Sie Ihren Arzt auf!
60 bis 75 Punkte:	Stark erhöhtes Risiko
Über 75 Punkte:	Maximale Gefährdung. Infarkt innerhalb der nächsten 2 bis 3 Jahre wahrscheinlich

Sind Sie herzinfarktgefährdet?

20 Zigaretten 8	30 Zigaretten 9	40 Zigaretten und mehr 10
221 bis 249 7	250 bis 280 9	281 bis 300 10
141 bis 160 6	161 bis 180 9	180 und mehr 10
Nüchtern 120, 1 Stunde nach Mahlzeiten 160 5	Behandlungsbedürftige Zuckerkrankheit 6	Schlecht eingestellte Zuckerkrankheit 10
Ein Elternteil unter 60 Jahre mit arteriosklerotischer Herzkrankheit 3	Beide Eltern unter 60 Jahre mit arteriosklerotischer Herzkrankheit 7	Eltern und deren Geschwister unter 60 Jahren mit arteriosklerotischer Herzkrankheit 8
11 bis 19 kg Übergewicht 3	20 bis 25 kg Übergewicht 7	26 kg und mehr Übergewicht 8
Sitzende Arbeitsweise und mäßiger Sport 3	Sitzende Arbeitsweise und wenig Sport 4	Körperliche Inaktivität 6
Geschwister mit Herzinfarkt 5	Frauen mit Zuckerkrankheit 6	Frauen mit Antibabypille, Rauchen, hohem Blutcholesterin und Bluthochdruck 10
Männlich 46 bis 50 3	Männlich 51 bis 60 4	Männlich 61 und darüber 6

Anhand dieser Tabelle können Sie leichter feststellen, wie hoch Ihr Risiko für eine Herz-Kreislauf-Erkrankung ist.

Natürlich ist dies kein absolut sicheres System. Man kann unter Umständen einen Infarkt auch in der Null-Risiko-Gruppe erleiden. Aber dies ist extrem selten. Die Tabelle soll darauf hinweisen, daß Risikokonstellationen abgebaut werden müssen. Das gilt für alle arteriosklerotischen Verschlußkrankheiten.

Quelle: Schelter, Prof. Dr. Gotthard: Der Mensch ist so jung wie seine Gefäße.
Mit freundlicher Genehmigung des Piper Verlags, München.

Seelische Hintergründe

Die Vorgänge auf der Körperebene verdeutlichen, worum es hier hauptsächlich zu gehen scheint: Durch die Arterien kann nicht mehr genügend Blut fließen, es wird damit auch zuwenig Sauerstoff transportiert. Das ist aber der Stoff, der lebensnotwendig ist. Symbolisch handelt es sich bei den erkrankten Personen also um Leute, die sich selbst der notwendigen Energie zum Leben berauben.

Auf der psychischen Ebene handelt es sich meistens um Personen, denen Leistung und Arbeit wichtiger sind als alles andere im Leben. Diese verkrampfte Lebensweise drückt sich auch auf der muskulären Ebene aus. Wenig Sauerstoff führt zu Verkrampfungen und Verspannungen.

Enge, Anspannung, Hetze, Hektik und Geschwindigkeit sind Begriffe, die Personen mit verengten Gefäßen zumindest zu Beginn der Erkrankung auszeichnen. Später kommen durch die fortschreitende Erkrankung erzwungene Leistungseinbußen und Ruhepausen dazu. Sie führen aber nicht zu einem ruhigeren Lebensstil, sondern eher zu Unruhe und Angst.

Selbsthilfe und alternative Behandlungsmethoden

Die meisten Herz-Kreislauf-Erkrankungen wie z.B. Herzinfarkt, verschiedene Formen des Bluthochdrucks oder der Arteriosklerose zählen zu den verhaltensbedingten Krankheiten. Das bedeutet: Neben möglichen genetischen Vorbelastungen spielen bei der Krankheitsentstehung bestimmte Verhaltensweisen eine große Rolle. Einige Experten sprechen ihnen sogar die Hauptrolle zu. Somit kann vorbeugende Selbsthilfe diese schweren Erkrankungen verhindern oder zumindest das Risiko senken.

Spüren Sie also die Risikofaktoren in Ihrem Leben auf! Dabei können Sie sich ruhig von Ihrem Arzt helfen lassen. Denken Sie über Ihren Lebensstil nach, untersuchen Sie Ihren Tagesablauf auf Streßsituationen. Schon allein mit ausreichender Bewegung (nach Absprache mit Ihrem Arzt) und einer veränderten Ernährung lassen sich Fettablagerungen in den Gefäßen wieder abbauen. Allerdings nur, wenn die Wände noch nicht verkalkt sind. Mit diesen relativ einfachen Maßnahmen können Sie eine Arteriosklerose vor dem 60. Lebensjahr stoppen oder zumindest verlangsamen!

So können Sie Arteriosklerose vorbeugen
- Essen Sie möglichst wenig tierische Fette.
- Verzichten Sie soweit wie möglich auf Süßigkeiten.
- Achten Sie auf ausreichende Bewegung.
- Üben Sie sich in einer Entspannungstechnik (siehe Seite 174 ff.).
- Falls Sie rauchen, versuchen Sie, davon loszukommen. Zumindest sollten Sie Ihren Tabakkonsum reduzieren.

Neueste wissenschaftliche Untersuchungen zeigen, daß Knoblauch in frischer Form (auch Kapseln aus der Apotheke) die Arterien reinigt und Ablagerungen vorbeugt!

Duschen Sie sich mit einem kalten Wasserstrahl langsam die Beine von der Ferse (erst außen, dann innen) bis zur Leiste hoch ab. Danach lenken Sie den Wasserstrahl in umgekehrter Richtung, also von oben nach unten. Dann kommt das andere Bein dran. Diese Kneipp-Güsse am besten zwei- bis dreimal am Tag durchführen.

Tips für richtiges Fasten

1. Tag: Entlasten Sie Ihre Verdauungsorgane, indem Sie weniger essen und sich möglichst auf Salate beschränken.

2. Tag: Trinken Sie morgens einen dreiviertel Liter warmes Wasser mit etwa 20 bis 35 Gramm Glaubersalz (aus der Apotheke). Ein bis zwei Stunden später entleert sich Ihr Darm vollständig. Mittags und abends essen Sie Gemüsebrühe.

3. bis 5. Tag: Morgens Zichorienkaffee (aus dem Reformhaus oder Bioladen), mittags Gemüsesaft, abends Fruchtsaft.

6. Tag: Morgens Zichorienkaffee, mittags einen Apfel, abends wieder Fruchtsaft.

7. Tag: Morgens einen Zwieback, mittags eine leichte Cremesuppe, abends Kräutertee.

Wichtig für jeden Tag: Trinken Sie viel, mindestens zwei bis drei Liter, z. B. natriumarmes Mineralwasser.

Fasten Sie eine Woche lang, stellen Sie danach Ihre Ernährung auf fettärmere Kost um. So rücken Sie ernährungsbedingten hohen Cholesterinwerten zu Leibe.

Im Südwest Verlag sind mehrere Ratgeber zum Thema »Fasten« und »Gesundes Abnehmen« erschienen.

Am besten schließen Sie sich einer Fastengruppe (Volkshochschule) an. Denn in der Gruppe fastet es sich besser. Allein verlieren Sie viel leichter den Mut und brechen die Kur ab. Informieren Sie sich vorher bei Ihrem Arzt, ob Fasten auch Ihnen helfen kann, und besorgen Sie sich ein Buch über dieses Thema.

Die Lust auf Zigaretten verschwindet

Während des Fastens dürfen Sie nicht rauchen. Schöner Nebeneffekt einer Fastenkur: Nach dem zweiten Tag haben viele Menschen keine Lust mehr auf Zigaretten! Fasten stellt also eine elegante Möglichkeit dar, nebenbei das Rauchen einzustellen oder zumindest drastisch zu reduzieren. Das bringt Sie im Kampf gegen Arteriosklerose einen großen Schritt weiter. Denn Rauchen schädigt ja die Arterieninnenwände und zählt zu den Hauptursachen von Arterienverkalkung.

Wann zum Arzt?

Bei Symptomen, die auf eine Herz-Kreislauf-Erkrankung hindeuten – etwa Herzstechen oder Herzschmerzen –, sollten Sie sofort einen Arzt aufsuchen. Bei ernsthaften Herzerkrankungen kann sofortige ärztliche Hilfe Leben retten. Das bedeutet aber nicht, daß keine Selbsthilfe möglich ist. Mit Ihrem Arzt sollten Sie besprechen, welchen Beitrag zur Heilung Sie selbst leisten können.

Kleines Gefäßtraining: Wippen Sie langsam auf den Zehenspitzen. Stellen Sie sich mit den Fußspitzen auf den Treppenabsatz, so daß Ihre Fersen frei schweben, und wippen Sie langsam auf und ab. Nehmen Sie öfters mal die Treppe, nicht immer den Aufzug.

Hilfe durch die Schulmedizin

Extrem erhöhte Cholesterinwerte mit Medikamenten, den sogenannten Lipidsenkern, zu behandeln, macht nur Sinn, wenn eine Ernährungsumstellung ohne Erfolg geblieben ist oder Durchblutungsstörungen bereits Beschwerden verursachen.

Hoher Blutdruck (Hypertonie)

Typische Beschwerden und Komplikationen

Zu hoher Blutdruck gehört zu den sogenannten Zivilisationskrankheiten. Das Krankheitsrisiko steigt ab dem 35. Lebensjahr rapide an. Dann ist fast jeder fünfte Deutsche davon betroffen. Die Hypertonie, wie der Fachmann Bluthochdruck nennt, bereitet in der Regel fast keine Beschwerden, es sein denn, der Blutdruck ist extrem erhöht. Nur dann treten Kopfschmerzen, Herzklopfen, Schwindel und allgemeines Unwohlsein auf.

Weil die Betroffenen oft keine Beschwerden feststellen, fällt Bluthochdruck normalerweise eher durch Zufall bei einer routinemäßigen Messung beim Hausarzt auf.

Erhöhter Blutdruck, der über längere Zeit unerkannt und damit unbehandelt bleibt, kann zu Gehirnschlag, Herzinfarkt, zu Augen- und Gefäßschäden oder Nierenleiden führen.

Erhöhter Blutdruck senkt so die Lebenserwartung. Besonders dann, wenn weitere Risikofaktoren wie Rauchen, Übergewicht, mangelnde Bewegung und zu hoher Cholesterinspiegel hinzukommen.

Mögliche Ursachen

Der Fachmann unterscheidet zwei große Ursachenbereiche: Fünf bis zehn Prozent der Betroffenen leiden unter einer sogenannten sekundären Hypertonie. D.h.: Bei ihnen ist der hohe Blutdruck die Folge einer bereits vorhandenen Herz-, Nieren- oder Drüsenerkrankung, die sich durch eine Laboruntersuchung feststellen läßt.

Bei der Mehrheit der Betroffenen, bei etwa 90 bis 95 Prozent, läßt sich keine Ursache für den erhöhten Blutdruck feststellen. Man spricht dann von einer essentiellen oder primären Hypertonie. Die meisten Fachleute sind sich aber einig, daß in diesen Fällen die Psyche und der seelische Allgemeinzustand der Betroffenen eine große Rolle spielen können.

Schnupfenmittel und Appetithemmer mit blutdrucksteigernden Substanzen sind z. B. folgende Schnupfenmittel: Contac 700, Endrine, Merfen, Rhinopront, Stringan, Vibrocil. Appetithemmer sind z. B.: Adipex, Antiadipositum, Recatol.

Medikamente, die den Blutdruck in die Höhe treiben

Nur die wenigsten Menschen wissen, daß einige Medikamente – viele Schnupfenmittel, aber auch Appetithemmer – den Blutdruck erhöhen können. Gemeint sind Präparate mit dem Wirkstoff Phenylpropanolamin, der antriebssteigernd wirkt und in vielen rezeptfreien Mitteln enthalten ist. Wer solche Mittel zusammen mit koffeinhaltigen Medikamenten einnimmt oder gleichzeitig Kaffee trinkt, kann seinen Blutdruck gefährlich steigern.

91

Alarmhormone in Aktion

Auf den oberen Polen der Nieren sitzen die kleinen Nebennieren. In diesen bleistiftstummelgroßen Organen werden rund 50 verschiedene organische Verbindungen mit Hormoncharakter gebildet.

Die Nebennieren produzieren Alarmhormone wie Adrenalin und Noradrenalin. In Gefahrensituationen sorgen sie dafür, daß man schnell reagieren kann. Eine Überproduktion dieser Hormone läßt allerdings den Blutdruck nach oben schnellen. Besonders streßempfindliche Menschen neigen zu dieser Stoffwechselstörung. Auch hier können die Psyche und der seelische Zustand des betroffenen Menschen von großer Bedeutung sein.

Die Psyche kann die Steuerungsaufgaben des Gehirns durcheinanderbringen und damit den Blutdruck erhöhen. Wer sich durch seine persönlichen Lebensumstände – etwa Streß in der Arbeit, Arbeitslosigkeit oder Partnerprobleme – ständig bedroht fühlt, kann auf Dauer die fein abgestimmte Steuerung der inneren Organe aus dem Takt bringen. Früher nahm man an, daß man auf das sogenannte vegetative Nervensystem, das für die Steuerung der Organe zuständig ist, bewußt keinen Einfluß nehmen kann. Inzwischen weiß man, daß sich auch dieser Teil des Nervensystems kontrollieren läßt. Diese Kunst muß allerdings erst erlernt werden.

Befindet man sich in einer persönlichen Krise, kann das den Stoffwechsel und die Immunabwehr empfindlich stören. Entwickeln sich Lebensprobleme zum Dauerzustand, sind körperliche Erkrankungen nahezu eine zwingende Konsequenz.

Seelische Hintergründe

Menschen mit erhöhtem Blutdruck stehen im wahrsten Sinne des Wortes immer unter Druck. Es handelt sich dabei um einen Personenkreis, der sich durch seine Lebensumstände erdrückt sieht.

Meist liegen jedoch Drucksituationen vor, die durch Verhaltensänderungen auf einfache Weise vermindert oder ganz vermieden werden können. Die eigentliche Ursachen für den erhöhten Blutdruck sind in den meisten Fällen nicht äußere Drucksituationen. Den Blutdruck in die Höhe treiben vielmehr die persönlichen Reaktionen, die inneren Abwehrmaßnahmen.

Menschen mit erhöhtem Blutdruck lassen zu, daß äußere Belastungen ihre Psyche und ihre Seele zu sehr beeinflussen. Sie lassen die Angreifer sozusagen in ihr Inneres hinein. Dagegen kann man sich auf zweierlei Weise schützen:

- Verändern Sie die streßauslösenden Lebensbedingungen
- Wenn das unmöglich ist, immunisieren Sie sich gegen Streßbelastungen

Erhöhter Blutdruck ist als Signal zu verstehen, sich gegen einen äußeren und/oder inneren Druck zur Wehr zu setzen. Er fordert dazu auf, aktiv zu werden. So gesehen handelt es sich um einen Selbstheilungsversuch des Körpers. Der Körper versucht sich durch Hormonausschüttungen und den damit verbundenen erhöhten Blutdruck gegen besondere Belastungen zu wappnen. Kurzfristig ist das sinnvoll, langfristig kann das zu schweren Schäden führen, die sich aber durch verschiedene Selbsthilfeübungen verhindern lassen.

Selbsthilfe und alternative Behandlungsmethoden

Da erhöhter Blutdruck zunächst kaum Beschwerden auslöst, ist es sinnvoll, sich regelmäßig vom Hausarzt den Blutdruck messen zu lassen. Auch viele Apotheken bieten das inzwischen an. Je eher Sie Ihren erhöhten Blutdruck entdecken, um so früher können Sie gegensteuern. Und das vergrößert Ihre Chancen, um die Folgeerkrankungen herumzukommen.

Weil alle Medikamente zur Behandlung von Bluthochdruck auch Nebenwirkungen zeigen, sollten Sie vor dem Griff ins Arzneischränkchen sämtliche Möglichkeiten zur Selbsthilfe voll ausnutzen.

Dem Menschen mit hohem Blutdruck entspricht in der Charaktertypisierung der Typ des aufbrausenden Cholerikers, den schlechte Stimmungen in Rage bringen.

Es heißt: Knoblauch hebt und senkt; tatsächlich wirkt er nur blutdrucksenkend. Während er einen Niederdruckler auf die Couch wirft, bringt er einen Hochdruckmenschen herab in Normalstimmung.

Diese Hausmittel helfen

- Knoblauch wirkt blutdrucksenkend.
- Misteltee senkt den Blutdruck, ebenso Mistelöl.
- Weißdorntee verbessert die Versorgung des Herzmuskels mit Sauerstoff und entlastet ein überstrapaziertes Herz.
- Essen Sie kaliumhaltiges Obst (z. B. Bananen, Aprikosen, Avocados) und Gemüse (z. B. Hülsenfrüchte).
- Viel Fisch auf den Speiseplan setzen.
- Vegetarische Ernährungsweisen ausprobieren. Vegetarier haben nur selten Probleme mit Bluthochdruck. Oder schränken Sie wenigstens den Fleischkonsum stark ein.
- Kneipp-Bäder trainieren die Gefäße und können so Bluthochdruck senken (vorher mit dem Arzt besprechen).
- Kohlensäurebäder (aus der Apotheke) können blutdrucksenkend wirken.
- Kurzentspannungsverfahren (siehe auch Seite 174 ff.) versprechen Hilfe.

Wann zum Arzt?

Hoher Blutdruck muß auf jeden Fall behandelt, zumindest aber kontrolliert und beobachtet werden. Bei wiederholten Kopfschmerzen, häufigem Herzklopfen und allgemeinem Unwohlsein sollten Sie keine Zeit mehr verlieren und sofort Ihren Arzt konsultieren!

Was ist überhaupt Blutdruck?

Der Blutdruck wird in der Einheit »mmHg« gemessen. Das bedeutet, der Druck verschiebt eine Quecksilbersäule um die angegebene Anzahl Millimeter nach unten oder oben. Beim Meßvorgang wird eine Manschette um den Oberarm gelegt und solange aufgepumpt, bis kein Blut mehr durch die Schlagader fließt. Wenn der Arzt die Luft aus der Manschette abläßt, nimmt der Druck langsam ab, und ab einem bestimmten Punkt sinkt er unter die Kraft, mit der das Herz pumpt: Das Herz kann das Blut wieder durch die Schlagader pressen. Mit seinem Stethoskop hört der Arzt die Geräusche (Korotkow-Geräusch) in der Arterie an der Ellenbogenbeuge. Das erste hörbare

Geräusch bezeichnet den oberen (systolischen) Wert. Dieser wird gemessen, wenn der Herzmuskel sich zusammenzieht und Blut in die Gefäße pumpt. Am Handgelenk können Sie diesen Vorgang als Puls selbst spüren. Das Verschwinden des Geräuschs markiert den unteren (diastolischen) Wert. Er wird gemessen, wenn sich das Herz wieder mit Blut füllt.

Als Blutdruck bezeichnet man den durch die Herztätigkeit in den Arterien erzeugten Druck, der durch Strömungsvorgänge entsteht.

Eine Messung, zwei Zahlen

Wenn der Arzt Ihnen Ihren Blutdruck mitteilt, nennt er Ihnen zwei Zahlen. Zur Beurteilung zieht er beide Werte heran (z. B. 120 zu 80). Der untere Wert ist jedoch bedeutsamer. Denn er verrät, ob und wie elastisch die Gefäßwände noch sind. Der Blutdruck schwankt während des Tages erheblich, und zwar in Abhängigkeit von der jeweiligen Tätigkeit. Mit diesen Regulierungen stellt sich der Körper auf Belastungs- oder Ruhesituationen ein. Das ist völlig normal. Gefährlich ist lediglich ein Blutdruck, der ständig erhöht ist und bei dem der Körper sozusagen meint, ununterbrochen unter Belastung zu stehen. Als zu hohen Blutdruck bezeichnet man Werte über 160 zu 95 mmHg. Um allerdings ein verläßliches Ergebnis zu erhalten, muß die Messung mehrmals und zu verschiedenen Tageszeiten wiederholt werden.

Bevor Sie Ihren Blutdruck messen oder messen lassen, sollten Sie mindestens fünf Minuten ruhen. Sonst sagt das Ergebnis nichts über Ihren eigentlichen Blutdruck aus. Sie erhalten Werte eines Arbeitsdrucks nach Belastung – und der liegt immer über dem Ruhewert.

Hilfe durch die Schulmedizin

Ein seriöser Arzt wird zunächst versuchen, den Blutdruck ohne Medikamente zu senken. Dabei ist er auf Ihre Mithilfe angewiesen.

Blutdrucksenkende Mittel

Diese Mittel dämpfen entweder das Zentralnervensystem oder blockieren Umschaltfunktionen des sympathischen Nervensystems. Manche schränken die Produktion von Adrenalin ein und verdrängen dieses Hormon. Daneben hilft salzarme Diät. Auch Rauwolfiapräparate aus der Wurzel der Schlangenwurz beruhigen den Kreislauf.

Das rät der Arzt

- Übergewicht abbauen
- Salzarm essen
- Alkoholkonsum einschränken
- Regelmäßig Sport treiben
- Streß vermeiden
- Entspannungstechniken erlernen
- Lebensweise überdenken
- Genußmittel (Kaffee, Tee, Kakao) einschränken
- Rauchen einstellen oder zumindest stark einschränken

Wem es nicht gelingt, salzarm zu essen, der kann gelegentlich einen Tag mit Apfel-Reis-Diät einlegen; diese entzieht dem Körper Kochsalz und Wasser.

Erst wenn diese Maßnahmen nicht greifen, wird der Arzt Medikamente verschreiben.

Die medikamentöse Behandlung

Die Therapie mit sogenannten Antihypertonika (blutdrucksenkenden Medikamenten) verläuft in drei Stufen:

1. Stufe:
Bei Menschen über 60 Jahren beginnt die Behandlung mit einem harntreibenden Mittel (Diuretikum), bei jüngeren Menschen mit Beta-Blockern. Sie beeinflussen das Nervensystem und damit den Herzschlag. Kommt aus bestimmten Gründen das jeweilige Medikamente nicht in Frage, versucht man es umgekehrt.

2. Stufe:
Schlägt diese Behandlung nicht an, werden zwei verschiedene Präparate miteinander kombiniert. Dabei werden auch gefäßerweiternde Mittel eingesetzt.

3. Stufe:
Erst wenn diese Maßnahmen alle nicht greifen, werden drei oder mehr Mittel mit unterschiedlichen Wirkungsweisen gemeinsam verordnet.

Niedriger Blutdruck (Hypotonie)

Typische Beschwerden und Komplikationen

Eines haben niedriger und hoher Blutdruck gemeinsam: Beide bereiten nur selten Beschwerden. Doch im Unterschied zu Menschen mit erhöhtem Blutdruck können sich Niederdruckler freuen: Da der niedrige Blutdruck die Gefäßwände schont, werden Menschen mit niedrigem Blutdruck in der Regel sehr alt! Vorausgesetzt, sie spüren keinerlei Beschwerden. Es gibt Menschen, die gar nicht merken, daß ihr Blutdruck ständig zu niedrig ist. Am ehesten macht sich niedriger Blutdruck morgens beim Aufstehen bemerkbar; die Betroffenen leiden dann unter Schwindelgefühlen und Kreislaufstörungen. Auch Atembeschwerden können ein Zeichen für niedrigen Blutdruck sein; der Betroffene hat das Gefühl, nicht richtig durchatmen zu können. Für ältere Menschen existiert allerdings auch eine echte Gefahr: Während eines Schwindelanfalls erhöht sich das Sturzrisiko!

Große, schlanke Personen leiden häufiger unter zu niedrigem Blutdruck als dicke, kleine Menschen.

Mögliche Ursachen

In den meisten Fällen kommt niedriger Blutdruck durch eine ungleichgewichtige Verteilung des Bluts im Kreislauf zustande. Im venösen Bereich befinden sich etwa 85 Prozent des Bluts, im arteriellen Bereich etwa 15 Prozent. Bei Menschen mit niedrigem Blutdruck sackt das Blut oftmals in den venösen Bereich ab, dann fließt kurzfristig zu wenig Blut zum Gehirn und zum Herzen zurück.

Eine wichtige Rolle spielt auch der Querschnitt der Gefäße, der bei Hypotonikern (also bei Menschen mit zu niedrigem Blutdruck) in der Regel etwas zu groß ist. Unter solchen Bedingungen fällt es dem Herzmuskel schwer, einen ausreichenden Druck in den Gefäßen aufzubauen. Der Gefäßquerschnitt befindet sich dann im Verhältnis zur Herzkraft in einem Ungleichgewicht oder Mißverhältnis.

Geschlechtsspezifische Ursachen spielen eine geringere Rolle als vermutet. Frauen und Männer leiden gleichermaßen unter Hypotonie. Frauen benennen ihre Beschwerden allerdings häufiger als Männer. Längere Bettlägerigkeit läßt den Blutdruck absacken.

Außerdem gibt es eine Reihe von weiteren, im folgenden beschriebenen Gründen, die mit der körperlichen Konstitution des Menschen zusammenhängen.

Psychische Ursachen

Anfällig für niedrigen Blutdruck sind Menschen, die unter Angstgefühlen leiden und deshalb Anstrengungen vermeiden. Auch zurückhaltende Charaktere sind gefährdet.

Seelische Hintergründe

Das Signal bei zu niedrigem Blutdruck liegt klar auf der Hand: »Werde aktiv und strenge dich öfter mal an«, lautet hier die Botschaft in der Sprache des Körpers.

Symbolisch kann zu niedriger Blutdruck bedeuten, daß sich der Betroffene zu sehr und zu oft hängenläßt. Deshalb sollten Hypotoniker öfter mal aktiv werden – doch ohne sich selbst unter den Zwang zu setzen, das eigene Naturell verändern zu müssen. Meist sind Hypotoniker nämlich ruhige und verträgliche Menschen, besitzen also Eigenschaften, die sie nicht unbedingt verändern sollten. Auch hier gilt: Auf das richtige Maß kommt es an. Keine Übertreibungen, keine Extreme, sondern sinnvolle Wechsel zwischen unterschiedlichen Stimmungslagen.

Viele Hypotoniker brauchen sehr viel Zärtlichkeit von ihren Partnern und signalisieren dies durch ihre Passivität. Die Botschaft lautet: »Nun nimm' mich doch endlich mal in den Arm. Du siehst doch, wie schlecht es mir geht!« Niederdruckler verleiten mit ihrer Passivität ihre Umwelt dazu, aktiv zu werden. Dabei wäre es manchmal besser für sie, sich selbst das zu holen, was sie brauchen.

Die morgendliche und nachmittägliche Tasse Kaffee möchten nur wenige Hypotoniker missen. Tee »kommt« ihnen zu langsam. Kaffee ist besser als sein Ruf; versuchen Sie ihn doch mal mit Honig!

Anlagebedingte Hypotonie

Bei einer fixierten Unterfunktion der Hypophyse oder der Nebennieren kann die Leistung nur an das Erfüllbare angepaßt werden. Somit ist der niedrige Blutdruck vorprogrammiert.

Selbsthilfe und alternative Behandlungsmethoden

Überlegen Sie, in welchen Situationen Ihr Blutdruck besonders in den Keller geht. Führen Sie ein Blutdrucktagebuch (Stichwort »Beschwerdentagebuch«, siehe auch Seite 169 ff.). Mit seiner Hilfe können Sie leichter erkennen, wozu Sie den niedrigen Blutdruck funktionalisieren. Nun sollten Sie überlegen, wie Sie Ihre Bedürfnisse anders befriedigen können.

Kurbeln Sie Ihren Kreislauf an!

- Regelmäßiger Sport kräftigt Herz und Lunge.
- Bauen Sie mehr Aktivitäten in Ihren Alltag ein.
- Kneipp-Güsse machen auch Niederdruckler munter.
- Manchmal kann eine salzreichere Ernährung helfen. Allerdings ist diese Empfehlung unter Experten umstritten, weil wir normalerweise schon sehr viel Salz essen.
- Eine Therapie mit Bach-Blüten (z.B. Clematisessenz) ist einen Versuch wert.
- Machen Sie Fußbäder mit ansteigender Temperatur (von 35 auf 42 °C innnerhalb von 20 Minuten langsam steigern). Die Wirkung erhöhen Sie noch, wenn Sie vorher Ihre Füße mit Rosmarinöl einreiben!
- Schlafen Sie in Schräglage. Der Kopf sollte dabei etwas tiefer liegen als der Körper.
- Essen Sie öfter, dafür aber kleinere Portionen.
- Trinken Sie Rosmarintee, oder nehmen Sie ein Rosmarinbad.
- Misteltee hilft ebenfalls gegen zu niedrigen Blutdruck.

Wann zum Arzt?

Wenn der niedrige Blutdruck unangenehme Nebenwirkungen zeigt und die Betroffenen unter Schwindelgefühlen leiden, steht ein Arztbesuch an. Als Grenzwert wird 100 zu 80 mmHg (Millimeter Quecksilbersäule) angenommen. Liegt der Blutdruck regelmäßig darunter, spricht man von Hypotonie.

Hilfe durch die Schulmedizin

Ein schwacher Trost für den Hypotoniker ist der Spruch: Mit Niederdruck lebt es sich schlecht, aber lange. Der Niederdruckler braucht ewig, um in Schwung zu kommen.

Überlegen Sie gemeinsam mit Ihrem Arzt, ob der zeitweilige Einsatz von blutdrucksteigernden Medikamenten sinnvoll sein kann (sogenannte Sympathomimetika).

Achtung: Blutdrucksteigernde Medikamente sollten nur kurzfristig eingenommen werden!

Zum Weiterlesen empfohlenes Buch: Dr. Jörg Zittlau u.a.: Hausmittel – Die bewährte Hausapotheke. Südwest Verlag, München 1996

Bronchitis

Typische Beschwerden und Komplikationen

Bereits eine einzige Zigarette bringt so viel staubförmiges Destillat in die Bronchien, daß die Reaktion einem Husten bei Bronchitis gleicht. Raucherhusten bedeutet eine Vorstufe chronischer Bronchitis.

Eine akute Bronchitis tritt oft in Zusammenhang mit einer Erkältungskrankheit auf. Sie verläuft in Phasen. In der ersten Phase sind die Möglichkeiten, durch Selbsthilfe den Krankheitsverlauf abzukürzen, am größten. Symptome der Anfangsphase sind: Brennen auf den Lungen, schmerzhafter Reizhusten. In der zweiten Phase verstärkt sich der Hustenreiz, der Husten ist trocken und klingt bellend. In der dritten Phase lockert sich der Husten, und weißlich-gelblicher Schleim wird abgehustet. Manchmal wird die Bronchitis von Fieberschüben begleitet.

Besonders wenn das Immunsystem geschwächt ist, kann eine unbehandelte Bronchitis leicht chronisch werden. Mit geeigneten Selbsthilfemaßnahmen läßt sich das aber verhindern.

Bei Rauchern steigt das Erkrankungsrisiko ebenso wie bei Menschen, die in Gebieten mit hohen Belastungen an Luftschadstoffen leben. Gefährdet sind außerdem Menschen mit Herzkrankheiten, Asthma und anderen Lungenleiden. Kinder erkranken häufiger an einer Bronchitis als Erwachsene.

Mögliche Ursachen

Bei der Bronchitis unterscheidet die Medizin zwischen akuter und chronischer Erkrankung, also der einmaligen bzw. der dauerhaften Krankheit.

In vielen Fällen tritt die Bronchitis als Folgeerkrankung einer Erkältung auf, die vorher das Immunsystem geschwächt und die Abwehrkraft gegen Viren und Bakterien herabgesetzt hat. Die Bronchitis wird meistens durch Viren ausgelöst. Nur in wenigen Fällen sind Bakterien dafür verantwortlich.

Der Zustand der Psyche spielt bei der Entwicklung einer Bronchitis eine wesentliche Rolle. Wissenschaftliche Erkenntnisse der letzten Jahre beweisen, daß in Zeiten seelischer Krisen die Abwehrtätigkeit des Immunsystems herabgesetzt ist und sich leicht Erreger auf den Schleimhäuten der oberen und unteren Atemwege ansiedeln können. Somit kann dann aus einer leichten Erkältung mit einfachem Husten eine handfeste Bronchitis werden.

Seelische Hintergründe

Die zentrale symbolische Bedeutung einer Bronchitis wird auf der physikalischen Ebene der Erkrankung deutlich: Die Erreger werden mit dem körpereigenen Schleim, der abgestorbene Erreger und abgestorbene Abwehrzellen enthält, abgehustet. Das, was die Krankheit ausgelöst hat, wird mit dem Husten hinausbefördert. Die Aufforderung durch die Krankheit lautet daher: »Befreien Sie sich mit einem aktiven Kraftakt von belastenden Ereignissen.«

Selbsthilfe und alternative Behandlungsmethoden

Beugen Sie Bronchialerkrankungen von Anfang an vor: Führen Sie Ihr Leben so, daß es Sie möglichst wenig belastet. Meiden Sie, wann immer es geht, schadstoffbelastete Luft. Und besonders wichtig: Rauchen Sie nicht! Der blaue Dunst zählt zum Schlimmsten, was Sie Ihrer Lunge und Ihren Bronchien antun können.

Um eine Bronchitis schon im Ansatz zu bekämpfen, sollten Sie mit den richtigen Abwehrmaßnahmen möglichst frühzeitig beginnen. Werden Sie schon bei den ersten Krankheitszeichen aktiv!

● Inhalationen mit Kamille und Thymian wirken sowohl schmerzlindernd als auch antibakteriell.

● Empfehlenswert sind ansteigende Fußbäder. Hier ein Rezept: Kochen Sie sich jeweils einen Liter Thymian- und Schachtelhalmtee (acht Teelöffel der beiden Kräuter mit einem Liter kochendem Wasser überbrühen), schütten Sie die beiden Tees in eine hohe Fußbadewanne, und füllen Sie sie mit kaltem Wasser auf. Die Temperatur sollte etwa 33 °C betragen. Stellen Sie dann Ihre Füße in die Wanne, und füllen Sie langsam heißes Wasser nach, bis eine Temperatur von etwa 42 °C erreicht ist. Nach dem Fußbad trocknen Sie Ihre Füße ab und ziehen sich warme Socken an. Nach diesem Bad sollten Sie – wie nach allen medizinischen Bädern – eine halbe Stunde ruhen.

Hilfreiche Fragen zur Selbsterkenntnis

● In welchem Lebensbereich habe ich zur Zeit die meisten Probleme?

● Um was handelt es sich dabei konkret?

● Weshalb fällt es mir so schwer, den Standpunkt zu klären?

● Wie kann ich diese Blockade überwinden?

● Mit welchen einfachen Mitteln kann ich mein Problem lösen?

Sobald es Ihnen gelingt, sich selbst zu aktivieren, unterstützen Sie auch die Abwehrfunktionen Ihres Immunsystems. In dieser Phase der Erkrankung wird es mit den Erregern noch schnell fertig.

Ein wichtiger Tip: Kombinieren Sie verschiedene Selbsthilfemaßnahmen. Beginnen Sie mit Bädern und Inhalationen, ergänzen Sie diese mit Psychotechniken.

Inzwischen hat die Wissenschaft einen alten Wirkstoff neu entdeckt: Teebaumöl. Es kann sowohl die Dauer als auch die Schwere einer Bronchitis reduzieren. Es läßt sich auf verschiedene Weise nutzen: Verwenden Sie es als Badezusatz, zum Inhalieren oder zum Einreiben.

Rezepte für die Behandlung mit Teebaumöl

Auch im Auto kann Teebaumöl hilfreich sein. Denn innerhalb der Stahlkarosse bleibt die Luft praktisch immer schlecht. Tropfen Sie dazu etwas Teebaumöl auf einen Wattebausch, den Sie auf das Armaturenbrett legen.

Vollbad: Fünf Tropfen Teebaumöl und fünf Tropfen Kamillenöl in einem Teelöffel 50prozentigem Alkohol (aus der Apotheke) auflösen. Diese Mischung ins Badewasser geben. Achten Sie darauf, daß die Temperatur nicht mehr als 38 bis 39 °C beträgt.

Inhalation: Fünf Tropfen Teebaumöl in eine Schüssel mit heißem Wasser geben. Den Kopf mit einem Handtuch abdecken und über die dampfende Schüssel halten. Vorsicht beim Einatmen: Es darf nicht zu heiß sein! Außerdem müssen Sie die Augen schließen.

Einreibung: Drei Tropfen Teebaumöl mit einem Teelöffel Oliven-, Mandel- oder Avocadoöl vermischen. Mit dieser Mischung mehrmals am Tag Brust, Rücken und Hals einreiben.

Wann zum Arzt?

Bei einer akuten Bronchitis brauchen Sie normalerweise keinen Arzt, es sei denn, die Krankheit wird von Fieberschüben oder anderen schwerwiegenden Symptomen (Bluthusten, Atembeschwerden) begleitet. Hält die akute Bronchitis jedoch länger als drei Tage an, sollten Sie umgehend einen Arzt aufsuchen, um zu verhindern, daß sich eine Lungenentzündung daraus entwickelt.

Hilfe durch die Schulmedizin

Normalerweise sind bei einer Bronchitis keine größeren medizinischen Maßnahmen nötig. Wenn der Patient allerdings den Schleim nicht richtig abhustet, können Schleimlöser helfen.

Asthma bronchiale

Typische Beschwerden und Komplikationen

Im Unterschied zu einer Bronchitis tritt Asthma in Form von Anfällen auf. Der Atem geht stoßweise, besonders das Ausatmen fällt schwer. Die Luft verläßt nur unter Mühen die Lungen und produziert dabei ein zischendes Geräusch. Der Arzt bezeichnet es als Giemen. Der Asthmatiker verspürt ein Engegefühl in der Brust, das Angst macht und dadurch den Anfall weiter verstärken kann. Hustenanfälle begleiten den Anfall. In der Lunge bildet sich verstärkt zäh-glasiger Schleim, das Abhusten bereitet Schwierigkeiten. Das Atmen fällt immer schwerer, und die Ängste verstärken sich weiter. Der verzweifelte Versuch, dennoch Luft zu bekommen, führt zur Überblähung der Lunge und erschwert das Atmen zusätzlich. Der Anfall kann Minuten, aber auch Stunden oder sogar Tage dauern.

Chronische Bronchitis beteiligt sich ursächlich am Entstehen von Bronchialasthma, bei dem die Atemnot für den Betroffenen ein erschreckendes Ausmaß annehmen kann.

Immer mehr Kinder werden von asthmatischen Erkrankungen betroffen. Die kleinen Patienten müssen früh lernen, wie wichtig es ist, die Krankheit regelmäßig und intensiv, z. B. mit Inhalationen und Atemgymnastik, zu behandeln. Nur so können bleibende Schäden an Lunge und anderen Organen vermieden werden.

103

Richtig behandeltes Asthma ist nicht lebensgefährlich, auch wenn die begleitenden Ängste oft den Charakter von Todesängsten annehmen. In den meisten Fällen verändern Asthmaanfälle die Lunge nicht dauerhaft. Bei älteren und gesundheitlich geschwächten Menschen kann ein akuter unbehandelter Asthmaanfall allerdings zum Tod führen. Wird das Asthma jedoch richtig medikamentös behandelt, hilft der Betroffene durch verschiedene Selbsthilfemaßnahmen mit, lassen sich die Beschwerden und Folgeschäden für die Lunge in Grenzen halten, und der Asthmatiker kann relativ normal ohne schwere Asthmaanfälle leben. Obwohl Asthma in der Regel eine chronische, lebenslang andauernde Krankheit ist, können die Betroffenen also ein erträgliches Leben führen.

Mögliche Ursachen

Experten gehen davon aus, daß beim Asthma bronchiale eine genetische Veranlagung vorliegt, die mit anderen Auslösern zusammen die Krankheit fördert. In vielen Fällen können Infektionen der Atemwege den Anfall auslösen, aber auch psychische Ursachen spielen eine große Rolle. Meistens ist die Bronchialschleimhaut vorgeschädigt, und bei etwa 20 Prozent der Asthmatiker lösen Allergene (siehe auch »Heuschnupfen«, Seite 56ff.), z.B. Blütenpollen, Hausstaubmilben usw., einen Anfall aus.

Die Seele spielt eine große Rolle bei der Entstehung und Bewältigung eines Asthmaanfalls.

Das Immunsystem des Asthmatikers ist nicht – wie die meisten Laien annehmen – zu schwach. Im Gegenteil: Es reagiert zu stark. Beim Asthmaanfall kommt es zu einer ganzen Reihe von Immunreaktionen, die eigentlich den Körper schützen sollen, ihn aber in Wirklichkeit belasten. So werden beim Anfall bestimmte Hormone freigesetzt, die eine vermehrte Ausschüttung von Histaminen veranlassen. Diese körpereigenen Botenstoffe lassen die Schleimhäute anschwellen, die nun das Atmen erschweren. Denn die übermäßige Schwellung der Schleimhäute engt das Volumen der Bronchien weiter ein. Zusätzlich bewirken Histamine eine Verengung der Bronchien.

Beim allergischen Asthma, bei dem die Anfälle durch Allergene (Pollen etc.) ausgelöst werden, entstehen die Ängste durch Verengung der Atemwege. Angst verstärkt also den Anfall. Anders beim nichtallergischen Asthma: Hier spielt die Seele eine ursächliche Rolle. Ängste und psychische Belastungen können hier einen Anfall auslösen.

Denn Angst führt zu einer Verkrampfung der Bronchialmuskulatur. Die Folge ist eine Reduzierung des Atemvolumens, was der Betroffene als Engegefühl in der Brust spürt. Zusammen mit den anderen Reaktionen des Immunsystems – z.B. bei einer Infektion der Atemwege durch eine Erkältung – treten nun Asthmaanfälle auf.

Die große Bedeutung der Psyche zeigt Möglichkeiten zur Bewältigung der Anfälle auf: Asthmatiker können sich durch das Lernen von Entspannungsmethoden schützen oder den Verlauf des Anfalls mildern.

Seelische Hintergründe

Die Lungenoberfläche gehört im weitesten Sinne zur Haut. Als solche gilt sie auch als Kontaktorgan. Psychologische und psychosomatische Forschungen haben ergeben, daß Asthmatiker häufig Schwierigkeiten im Kontakt mit ihrer Umwelt haben. Sie können sich einerseits nicht genügend von anderen abgrenzen, lassen andererseits vieles in sich hinein, was eigentlich draußen bleiben sollte (allergisches Asthma), und werden es dann oftmals nicht wieder los (Schleimbildung). Auf diese Weise überfordern sie sich.

Andere Theorien besagen, daß Asthmatiker in ihrer frühen Kindheit oftmals frustriert wurden und sich deshalb verschließen. Meistens fehlt ihnen die Fähigkeit, sich gehenzulassen und die aufgenommenen Probleme oder Gefühle wieder abzugeben. Asthmatiker erscheinen ihrer Umwelt deshalb oft als verschlossene Personen, die Schwierigkeiten im Umgang mit ihren Gefühlen haben. Der Vorgang auf der physischen Ebene – Hineinlassen der Erreger oder Pollen – führt auf der psychischen Ebene zu ähnlichen Vorgängen: Asthmatiker lassen gefühlsmäßig beeinträchtigende Erlebnisse in sich hinein, nehmen sie auf und können sich von ihnen nicht wieder lösen! Sie fressen sozusagen in sich hinein, ohne wieder abgeben zu können.

Selbsthilfe und alternative Behandlungsmethoden

Eine asthmatische Erkrankung gehört immer in die Hände eines Arztes! Asthmaanfälle bedürfen auf jeden Fall der medizinischen Betreuung. Aber auch bei einer Langzeitbehandlung bleibt die aktive Selbsthilfe des Patienten entscheidend. Selbst die beste medikamentöse Behandlung kann die bedrohlichen Anfälle nur verhindern, wenn der Patient mitarbeitet.

Atemtechnik zum Entspannen beim akuten Anfall: aufrecht an einen Tisch setzen und den Bauch etwas nach vorn wölben, dann mit dem Bauch atmen. Lippenbremse: beim Ausatmen die Lippen etwas spitzen und zusammenpressen, was verhindert, daß die Lungenbläschen zusammenfallen und die in der Lunge angesammelte Luft nicht mehr ausgeatmet werden kann.

So beugen Sie einem Asthmaanfall vor:
- Finden Sie heraus, unter welchen Bedingungen Ihre Anfälle auftreten. Ein Beschwerdentagebuch wird Ihnen dabei helfen (siehe auch Seite 169 ff.).
- Wenn Sie bestimmte Situationen dingfest machen konnten, schützen Sie sich vorbeugend mit Entspannungs- und Atemübungen, wenn eine solche Situation wieder naht.
- Wenn Sie unter allergischem Asthma leiden, meiden Sie möglichst Ihre auslösenden Allergene. Fahren Sie in der Pollenhauptflugzeit an die See oder in die Berge.
- Meiden Sie Reizstoffe (Rauch usw.).
- Treiben Sie ausreichend Sport.

Wenn Sie nichts anderes zur Hand haben, trinken Sie bei einem akuten Anfall zwei Tassen Kaffee. Er wirkt der Verkrampfung der Atemmuskulatur entgegen.

Asthmatiker holte Olympiamedaillen

Asthmatiker dürfen keinen Sport treiben und müssen sich schonen? Generationen von asthmatischen Kindern und Jugendlichen haben sich mit diesem Argument vom Sportunterricht verabschiedet. Ein Fehler, wie man heute weiß. Richtig dosiertes Ausdauertraining hilft, einem Anfall vorzubeugen. Sporttreibende Asthmatiker haben weniger Anfälle als Stubenhocker! Der mehrmalige Goldmedaillengewinner im Schwimmen, Mark Spitz, machte es allen vor: Er ist Asthmatiker! Es kommt hier allerdings besonders darauf an, vorsichtig zu beginnen und die Belastung langsam zu steigern.

Lernen Sie wieder zu weinen

Da Asthmatiker oft ihre Probleme in sich hineinfressen, helfen Tränen, einen möglichen Gefühlsstau zu beseitigen. Mit den Tränen wird vieles herausgespült, etwa Streßhormone, die sonst den Kreislauf belasten würden. Wenn Sie enttäuscht und wütend sind oder sich ärgern, weinen Sie ruhig. Falls das nicht klappt, können Sie es fördern. Stellen Sie sich intensiv und möglichst genau vor, daß Tränen über Ihre Wangen laufen. Erspüren Sie das Gefühl! Zur Unterstützung können Sie noch die Tränenkanäle am Innenauge massieren. Dann können auch Sie mit Sicherheit weinen.

Hilfe aus Omas Kräutergarten

- Senfwickel entspannen und lösen zähen Schleim. Verrühren Sie 15 Gramm Senfmehl mit warmem Wasser. Danach tauchen Sie ein Leintuch in die Flüssigkeit, lassen es abtropfen und legen es sich auf die Brust. Decken Sie das Ganze mit einem warmen Tuch ab. Anwendungsdauer: 20 Minuten.
- Lungenkrauttee hält das Lungengewebe elastisch: Zwei Teelöffel Lungenkraut (aus der Apotheke) mit einer Tasse kochendem Wasser übergießen. Zehn Minuten ziehen lassen, danach abgießen. Am besten zu den drei Mahlzeiten trinken.
- Tee aus Isländisch Moos wirkt schleimlösend, reizmildernd und antibiotisch: Einen Teelöffel Isländisch Moos (aus der Apotheke) mit einer Tasse Wasser aufkochen, zehn Minuten ziehen lassen, zwei bis drei Tassen pro Tag trinken.

Wann zum Arzt?

Wenn sich ein Anfall ankündigt, sollten Sie sofort einen Arzt aufsuchen oder rufen. Medikamente können den Anfall abmildern und die Begleiterscheinungen reduzieren.

Darüber hinaus sollten sich Asthmatiker regelmäßig von einem Facharzt behandeln lassen.

Hilfe durch die Schulmedizin

Der Facharzt stellt den Patienten medikamentös so ein, daß sich die Asthmaanfälle weitestgehend vermeiden lassen. Dafür ist es nötig, sich penibel an die Anweisungen und Dosierungen der Arzneien zu halten. Die Ängste vieler Betroffener vor den Nebenwirkungen der Medikamente sind meistens unberechtigt. Wer die Medikamente einfach absetzt, handelt sich ernstere Folgen ein.

Reduzierung der Dosierung durch Selbsthilfemaßnahmen ist möglich, sollte aber auf keinen Fall selbständig vorgenommen werden.

Verschiedene Fachkrankenhäuser bieten Seminare an, in denen die Patienten Selbsthilfemaßnahmen erlernen können. Informationen erhalten Sie über: Kinderhospital Osnabrück, Dr. R. Szczepanski, Iburger Straße 187, 49082 Osnabrück.

Wer mehr zum Thema »Asthma« wissen will und Adressen braucht, wendet sich an den Allergiker- und Asthmatikerbund, Hindenburgstraße 146, 41061 Mönchengladbach.

BESCHWERDEN DER ARME UND HÄNDE

Diese Gliedmaßen dienten einst der Fortbewegung, heute sind sie Werkzeuge, die oft monotone Verrichtungen ausführen. Die meisten Verletzungen und chronischen Beschwerden am Arm sind mehr als nur eine körperliche Erkrankung: Sie weisen auf eine psychische Überlastung bzw. Überforderung des Betroffenen hin.

Stark, aber bei Überlastung zerbrechlich

Arme und Hände gehören zu den Körperteilen, mit denen wir unsere Umwelt erobern und »begreifen« können. Die Wichtigkeit dieses Körperbereichs wird auch in der Sprache des Volksmunds deutlich: Einen langen Arm haben bedeutet, großen Einfluß zu haben. Jemand mit einem langen Arm hat einen größeren Hebel, kann seine Kraft besser einsetzen. Während die Oberarme und ihre Muskeln Kraft symbolisieren, stehen die Hände für Handlung und Tatkraft.

Ausgekugelter Arm

Typische Beschwerden und Komplikationen

Eigentlich ist das Kugelgelenk, das den Arm mit der Schulter verbindet, sehr stabil. Doch bei massiven Fehlbelastungen können sich auch bei diesem Gelenk die Knochen gegeneinander verschieben. Wer sich den Arm auskugelt, verspürt plötzlich einen kaum auszuhaltenden Schmerz. Er geht vom Schultergelenk aus und strahlt in die Brust und den Arm aus. Meist hängt der Arm am Körper herunter und läßt sich überhaupt nicht mehr bewegen.

Die Probleme werden sich mit der Zeit noch verstärken: Ein Gelenk, das schon mehrfach ausgekugelt war, leiert aus, Bänder und Sehnen überdehnen sich und können schließlich das Gelenk nicht mehr zusammenhalten. Zusätzlich besteht die Gefahr einer Gelenkentzündung. Dann läßt sich der Arm überhaupt nicht mehr heben bzw. er schmerzt schon bei der geringsten Anstrengung.

Mögliche Ursachen

Neben unglücklichen Stürzen spielt eine Überbelastung des Schultergelenks oder des Hebelarms die größte Rolle. Wer sich öfter den Arm auskugelt, leidet wahrscheinlich an einer Schultergelenkkapselschwäche, bei der das Gelenk ausgeleiert ist.

Bei Kindern ist die Verbindung von Arm und Schulter noch recht locker, so daß ihnen leichter der Arm auskugelt. Man darf kleine Kinder deshalb nie an einem Arm hochziehen. Bei Drehspielen faßt man sie unter den Achseln.

Seelische Hintergründe

Der Sinn oder die Bedeutung dieser nicht seltenen Verletzung liegt sozusagen auf der Hand: Der Betroffene hat sich und seine Möglichkeiten überschätzt und sich hoffnungslos überfordert. Das Signal des ausgekugelten Arms lautet: So geht es nicht!

Der Verletzte muß nun begreifen, daß die offensichtliche Überforderung sich nicht nur auf die körperliche, sondern auch auf die seelische Überforderung bezieht. Wer an dieser Stelle selbstkritisch seine momentane Lebenssituation unter die Lupe nimmt, stellt dabei sehr schnell fest, daß er sich zu viel vorgenommen, daß er sich im wahrsten Sinne des Wortes zu viel aufgeladen hat.

Selbsthilfe und alternative Behandlungsmethoden

Das Kraft- und Bewegungstraining führt nur dauerhaft zum Erfolg, wenn die psychische Komponente mit in Angriff genommen wird.

Einen ausgerenkten Arm kann man nicht selbst einrenken. Man braucht so offensichtlich Hilfe, daß an dieser Stelle auch deutlich wird: Man wird allein nicht mehr mit der Situation fertig. Unmittelbar nach der Verletzung muß ein Helfer den Arm ruhigstellen.

Das Wiedereinrenken des Arms durch den Arzt stellt aber nur die körperliche Funktionsfähigkeit wieder her. Schwieriger wird es nun für den Betroffenen, den seelischen Schock, den das offensichtliche Signal der Überforderung ausgelöst hat, zu verdauen.

Um zu verhindern, daß der Arm noch einmal auskugelt, sollte der Patient ein moderates Kraft- und Bewegungstraining aufnehmen. Damit stärkt er die umgebende und haltende Muskulatur. Das Training darf aber erst beginnen, wenn die Verletzung ausgeheilt ist.

Wann zum Arzt?

Sofort nach dem Vorfall muß ein Arzt aufgesucht werden. Je länger das Gelenk in seiner unnatürlichen Stellung bleibt, um so größere Schäden kann das anrichten.

Hilfe durch die Schulmedizin

Nur der Arzt kann mit einem Spezialgriff den Arm einrenken. Meist gibt er vorher ein Schmerz- oder Beruhigungsmittel. Denn die Angst vor dem Einrenken führt zu Muskelverspannungen, die den Eingriff erschweren. Sehr geübte Ärzte renken allerdings so schnell ein, daß der Patient es kaum mitkriegt.

Welche Psychotherapie eignet sich?

Eine Psychotherapie ist nicht notwendig. Für die Heilung wichtig ist vor allem die Bereitschaft, sich mit seinem Leben und der darin vorkommenden Überforderung auseinanderzusetzen. Das kann durchaus in Selbsthilfe geschehen.

> ### Hilfreiche Fragen zur Selbsterkenntnis
>
> - Mit was überfordere ich mich in meinem Leben?
> - Wann mute ich mir zuviel zu?
> - In welchen Situationen überfordere ich mich?
> - Welche Kompetenzen fehlen mir?

Wer seelisch fit ist, hält körperlich mehr aus

Hören Sie auf, den körperlichen und den seelischen Bereich für zwei getrennte und eigenständige Bereiche zu halten! Bereiten Sie sich in Zukunft nicht nur körperlich besser auf besondere Belastungen vor, sondern machen Sie gleichzeitig Ihre Seele fit für den Alltag. Es geht also nicht nur um ein Krafttraining für Muskeln, Bänder und Gelenke, sondern auch um ein Training Ihrer seelischen Belastbarkeit. Nutzen Sie kleinere Gelegenheiten, um Ihrem Selbstbewußtsein und Ihrer Kompetenz auch in sozialen Angelegenheiten auf die Sprünge zu helfen. Schrauben Sie aber zunächst Ihre überzogenen Ansprüche zurück, und erweitern Sie schrittweise Ihre Möglichkeiten.

Die Erste Hilfe bei einer Verrenkung besteht im Ruhigstellen des Gelenks mit der Schiene oder dem Dreieckstuch aus dem Kfz-Verbandskasten.

Schulter-Arm-Verspannungen

Typische Beschwerden und Komplikationen

Verspannungen im Bereich von Schulter und Arm melden sich mit stechenden Schmerzen in der Schulter. Sie können in den Arm und bis ins Ellenbogengelenk ausstrahlen. Die Schmerzen treten entweder nur bei Belastungen auf oder sie können einen auch ständig quälen. Wie bei allen dauerhaften Überbelastungen einzelner Bereiche – vor allem der Knochen, Gelenke, Bänder und Sehnen – drohen langfristig Verschleißerscheinungen. Muskelkater (siehe Seite 163f.), der

Schulter-Arm-Syndrom umschreibt als Sammelbegriff alle Beschwerden, die von der Halswirbelsäule über die Schulter bis zum Arm und bis zur Hand reichen.

das Schulter-Arm-Syndrom oft begleitet, führt zu Muskelverhärtungen, die sich als kleine Knoten tasten lassen. Die Konsequenz ist eine Mangeldurchblutung der betroffenen Partien, die ihrerseits die Bewegungsmöglichkeit weiter einschränkt. Die Betroffenen werden immer steifer und bewegungsunlustiger, denn jede Bewegung verursacht weitere Schmerzen. Um sie zu verringern, nimmt der Körper automatisch eine Fehlhaltung – auch Schonhaltung genannt – ein. Sie hat allerdings den Nachteil, daß sie die noch gesunde Körperseite überlastet. Der Patient befindet sich also in einem Teufelskreis.

Mögliche Ursachen

Die Ursachenforschung beim Schulter-Arm-Syndrom ist alles andere als leicht. In Frage kommen mehr als 20 mögliche Ursachen. In den meisten Fällen stellt sich allerdings ein Zusammenhang mit einem bestehenden HWS-Syndrom (Seite 66 ff.) heraus. Oft steckt auch eine Reizung des Nervengeflechts, das den Arm versorgt, dahinter. Auch ein verschobenes Gelenk kann die Schmerzen auslösen. Hat sich eine einzelne Rippe in ihrer Knorpelhalterung leicht verschoben, hilft oft ein einfacher chiropraktischer Griff.

Auch Organschäden sind möglich

Treten die Schmerzen auf der linken Seite auf und strahlen bis zur Körpermitte aus, sollten Sie vorsichtshalber sofort zum Arzt gehen. Was wie ein Schulter-Arm-Syndrom aussieht, kann sich als Folge von Herzproblemen herausstellen.

Seelische Hintergründe

Bei der Interpretation der Erkrankung kommt es vor allem darauf an, den Betroffenen zu verdeutlichen, daß sie sich überfordern. Die Unfähigkeit, den Arm zu heben oder im normalen Umfang zu bewegen, spricht eine klare Sprache. Die Beschwerden sind allerdings mehr als eine rein körperliche Angelegenheit. Es geht nicht nur um die körperliche Überlastung eines Arms, die auch durch bestimmte Sportarten – etwa Tennis – ausgelöst werden kann. Eine große Rolle spielt auch die psychische Überforderung.

Psychotherapeuten wie der bekannte Arzt Rüdiger Dahlke gehen in ihrer Interpretation dieser Störung sogar noch weiter. Sie meinen, um die Bedeutung genauer verstehen zu können, käme es auch darauf an, auf welcher Seite das Schulter-Arm-Syndrom auftritt. Dahlke wertet die linke Seite als weiblich und die rechte Seite als männlich. Entsprechend ist die nicht betroffene Seite unterfordert, während die andere überfordert ist. Wer also die Schmerzen auf der linken Seite verspürt, sollte sich mehr um seine männliche Seite kümmern.

Auch wer der männlichen/weiblichen Dimension der Interpretation nicht folgen will oder kann, sollte sich Gedanken über einseitige Belastungen machen. Wer nur auf einer bestimmten Körperseite Schmerzen verspürt, überlastet sich offensichtlich nur in einem bestimmten Bereich. Das bedeutet aber auch, daß andere Bereiche eventuell nicht oder nur wenig ausgelastet sind. Der Körper signalisiert hier auf jeden Fall ein Ungleichgewicht.

Die Symbolsprache der Arme

Schon die äußere Form der Arme kann Aufschluß über grundlegende Probleme geben.

- Muskelbepackte Arme symbolisieren Kraft, aber auch Schwerfälligkeit. Ihrem Besitzer mangelt es möglicherweise an der nötigen Geschmeidigkeit, seine Kraft dosiert einsetzen zu können. Beim Gehen erweckt der Betroffene leicht den Eindruck, er wüßte nicht recht mit seiner Kraft umzugehen. Und er wirkt oftmals hilflos.

- Schwache, dünne Arme bilden den Gegenpol und können darauf hinweisen, daß ihr Träger nicht in der Lage ist, sein Leben in die Hand zu nehmen.

- Dünne, kräftige Arme können einen Typ auszeichnen, der über viel Durchhaltevermögen verfügt, manchmal aber auch zu zudringlich wird. Seine Arme erinnern oft an Zangen und machen Bewegungen des Einklemmens.

- Dicke, schwache Arme signalisieren, daß ihr Besitzer hilflos und unbeholfen mit ihnen durchs Leben schlenkert und wenig Lebensfreude kennt.

Ein Körper, der aus der Balance geraten ist, neigt zu Schulter-Arm-Syndromen. Die Botschaft lautet: Gleichgewicht zwischen linker und rechter Körperhälfte herstellen!

Selbsthilfe und alternative Behandlungsmöglichkeiten

Die Schmerzen, die sich in der Regel auf eine Körperseite beschränken, bringen den Betroffenen von allein dazu, die entsprechende Seite zu schonen. Dafür braucht man keinen Arzt. Meistens verhalten wir uns bei solchen Problemen auch ohne Rat eines Experten instinktiv richtig. Allerdings besteht die Gefahr, daß man sich eine Schon- und damit eine Fehlhaltung angewöhnt. Außerdem reicht der Instinkt nur in den seltensten Fällen so weit, sich weitergehende Gedanken zu machen. Und die sind dringend nötig, will man nicht immer wieder unter einem Schulter-Arm-Syndrom leiden.

Soforthilfe bei akutem Schulter-Arm-Syndrom

Wer sich z. B. immer still zurückzieht, sollte aktive Bewältigungsmethoden ausprobieren, um auch verborgene, positive Eigenschaften zu fördern.

● Schonen Sie die betroffene Körperseite.
● Nehmen Sie warme Bäder mit einem muskelentspannenden Zusatz (aus der Apotheke).
● Machen Sie sich Gedanken, warum Sie sich immer wieder einseitig überfordern, und versuchen Sie, hier Abhilfe und Ausgleich zu schaffen.
● Nachdem die Schmerzen abgeklungen sind, sollten Sie einen ausgleichenden Sport wie Schwimmen aufnehmen.
● Sorgen Sie auch im seelischen Bereich für Ausgleich, und fördern Sie bisher blockierte Eigenschaften.

So beugen Sie vor

Am besten kümmern Sie sich schon im Vorfeld darum, daß ein Schulter-Arm-Syndrom gar nicht erst auftritt. Vermeiden Sie alle Einseitigkeiten, sowohl körperliche als auch psychische. Führen Sie ein ruhiges, ausgeglichenes Leben, das sowohl den Körper als auch die Seele miteinbezieht.

● Achten Sie bei sportlicher Betätigung darauf, alle körperlichen Bereiche möglichst gleichmäßig zu fordern. Am besten eignen sich Sportarten wie Schwimmen oder Aerobic, die alle Muskeln, Knochen, Bänder und Sehnen gleichmäßig belasten.
● Achten Sie bei seelischer Belastung darauf, all Ihre Kompetenzen tatsächlich zum Einsatz zu bringen. Wenn Sie immer wieder einseitig mit Krisen umgehen, sollten Sie nach weiteren Möglichkeiten suchen, um Ihren Umgang mit ihnen zu verändern.

Hilfreiche Fragen zur Selbsterkenntnis

- Warum treten die Schmerzen immer wieder in einer bestimmten Körperhälfte auf?
- Welche Eigenschaften fördere ich übermäßig?
- Welche Eigenschaften sind bei mir blockiert (unterrepräsentiert)?
- Spielt der männliche/weibliche Pol eine Rolle?
- Bevorzuge ich geschlechtsspezifische Verhaltensweisen (weich/hart usw.)?
- Was blockiert mich?
- Will ich einen Ausgleich schaffen?
- Wie kann ich mich motivieren, etwas schließlich doch zu verändern?

Wann zum Arzt?

Wenn alle Selbsthilfemaßnahmen keinen Erfolg bringen, trotz aller Bemühungen die Schmerzen nach drei Tagen nicht verschwinden oder ständig wiederkehren, brauchen Sie medizinische Hilfe. Der Arzt muß eine genaue Diagnose stellen und geeignete Gegenmaßnahmen vorschlagen.

Hilfe durch die Schulmedizin

In vielen Fällen hilft eine Wärmebehandlung mit Rotlicht. Außerdem werden unterschiedliche Strombehandlungen (Interferenzstrom-, Hochfrequenzstrom-, Impulsstrombehandlung) angewandt. All diese Behandlungen lockern die Muskulatur und verbessern die Durchblutung der betroffenen Körperregion.

Nur kurzfristige Hilfe versprechen schmerzlindernde Salben, etwa Sportlersalben aus der Apotheke. Bei stärkeren Schmerzen sollten Sie nicht zu rezeptfreien Schmerzmitteln greifen, sondern besser gleich einen Arzt aufsuchen.

Physikalische und andere Verfahren können zwar vorübergehend die Schmerzen lindern, beheben aber nicht die möglichen psychischen Ursachen, die hinter der Verspannung vermutet werden. Es werden ausschließlich die Symptome behandelt!

Am besten kombinieren Sie eine symptomorientierte Therapie mit Maßnahmen, die die psychischen Ursachen beseitigen.

Armbruch (Fraktur)

Typische Beschwerden und Komplikationen

Osteoporose kann zu Knochenbrüchen ohne mechanische Gewalteinwirkung führen, entsteht also ganz anders als der Knochenbruch eines Daueraktivisten.

Wenn der Arm gebrochen ist, schwillt der betroffene Bereich an und schmerzt. Meist steht der gebrochene Knochen in einer unnatürlichen Stellung und läßt sich an ungewöhnlicher Stelle bewegen.

Einige Knochen wachsen ohne große Probleme wieder zusammen. Aber dazu braucht es körperliche Ruhe und etwas Geduld, was den meisten Knochenbruchpatienten jedoch fremd ist. Viele belasten ihren Bruch zu früh.

Ein schlecht verheilter Bruch zeigt Folgen

- Der Knochen wächst schief zusammen.
- Der Bewegungssspielraum der gebrochenen Extremität kann sich verringern.
- Manchmal muß der Knochen vom Arzt neu gebrochen werden.
- Der Patient bekommt dann eine zweite Chance, die Zeit der Heilung diesmal besser zu nutzen als zuvor!

Mögliche Ursachen

Immer wenn hohe Belastungen auftreten, können auch Knochen brechen. Meist passiert das bei Unfällen, bei Stürzen, bei Schlägen oder Stößen, bei denen kurzzeitig starke Kräfte auf die Knochen einwirken. Brechen die Knochen jedoch schon bei geringsten Belastungen, liegt wahrscheinlich eine Krankheit zugrunde. Die bekannteste ist sicherlich die Osteoporose (Knochenschwund). Die Knochen haben verhältnismäßig wenig Kalzium eingelagert und weisen eine relativ geringe Knochendichte auf. Das macht sie so zerbrechlich.

Die Festigkeit des Knochens ist das entscheidende Moment. In vielen Fällen ist sie abhängig vom Lebensalter. Mit fortschreitendem Alter setzt vor allem bei Frauen der ganz normale Prozeß der Knochenentkalkung ein. Mit 70 Jahren hat man etwa ein Drittel seiner Knochenmasse verloren. Aber keine Sorge: Ältere Menschen belasten sich körperlich sowieso nicht mehr so stark wie Teenager. So lange sich der Knochenabbau in Grenzen hält, können sich auch Senioren noch normal bewegen. Erst wenn der Knochen übermäßig viel seiner Masse verliert, erhöht sich die Bruchgefahr. Gefährdet sind vor allem Unterarme und Oberschenkelhals. Auch der Daumen ist häufig betroffen.

Die Fraktur entsteht meist durch äußere Gewalteinwirkung, nur selten durch eine krankhafte Veränderung der Knochenstruktur. In leichten Fällen kommt es zum Knocheneinriß, zur Fissur.

Seelische Hintergründe

Ein gebrochener Arm oder auch andere gebrochene Knochen signalisieren ein gebrochenes Verhältnis zur Umwelt, zum Leben an sich. Man hat einiges nicht mehr im Griff, kann nicht mehr beherzt zupacken, sondern muß sich schonen. Diese Schonung sollte sich aber nur auf den körperlichen Bereich beziehen. Das Signal der Seele lautet dagegen: Habe mehr Mut zu Veränderungen! Der Bruch deutet nämlich auch darauf hin, daß hier jemand etwas mit Gewalt versucht, was ihm seelisch suspekt erscheint. Der Körper verweigert seine Teilnahme an diesem gewaltsamen Akt der Überforderung. Der Betroffene sollte sein Handwerk besser lernen. Dazu kann auch gehören, sich auf der körperlichen Ebene zurückzuziehen, sich zu schonen und im seelischen Bereich mehr Mut zur Veränderung zu zeigen.

Selbsthilfe und alternative Behandlungsmethoden

Ein Knochenbruch muß immer vom Arzt behandelt werden. Als Erste-Hilfe-Maßnahme bleibt nur, den betroffenen Körperteil ruhigzustellen. Der Knochenbruch macht deutlich, daß der Betroffene sich und seinen Körper überstrapaziert. Die notwendige Ruhepause, die der Knochen zum Zusammenwachsen braucht, bietet gleichzeitig auch Zeit, sich Gedanken über die gesamte Lebenssituation zu machen. Nutzen Sie diese Chance, um herauszufinden, worauf dieser Knochenbruch aufmerksam machen will.

Das körperliche Überforderungssyndrom spricht eine deutliche Sprache. Mit der symbolischen Einordnung dieses Symptoms haben die meisten jedoch mehr Schwierigkeiten. Um das Geschehen auf der Körperebene auf die seelische Ebene übertragen zu können, sollten Sie sich ein paar Fragen beantworten.

Wer sich seelisch weiterentwickelt, braucht keine gewaltsamen Methoden, um sich Geltung und Handlungsspielraum zu verschaffen. Ein Knochenbruch kann daher auch verstanden werden als deutliches und schmerzvolles Zeichen für mangelnde innere Kompetenzen und als Signal, das zu innerer Einkehr und zum Lernen auffordert!

Hilfreiche Fragen zur Selbsterkenntnis

- In welchem Lebensbereich überfordere ich mich?
- Welche Seite ist betroffen (männlich/weiblich = links/rechts)?
- Welche Kompetenzen fehlen mir, damit ich die Herausforderung bewältigen kann?
- Will ich mir diese Kompetenzen überhaupt aneignen?

Wenn der Bruch durch einen Sturz hervorgerufen wurde, kann es sinnvoll sein, sich damit näher auseinanderzusetzen. Wir werden immer wieder auf unserem Weg durchs Leben stürzen und uns dabei verletzen. Die Frage ist, ob wir bereit sind, daraus etwas zu lernen. Ein Sturz kann ein deutliches Zeichen sein, den bisher eingeschlagenen Pfad zu verlassen und nach neuen Wegen zu suchen. Dazu braucht man Mut im seelischen Bereich, nicht im körperlichen.

Waghalsige Lebensführung

Ein herkömmlicher Knochenbruch ist ein umgedeutetes Sinal, das darauf hinweist, nicht immer durchs Leben zu stürzen.

Auch wenn der Knochen bei einer riskanten Aktion auf dem Fußballplatz gebrochen ist, bietet es sich an, sich mit seiner allgemeinen Lebenssituation auseinanderzusetzen. Vielleicht gibt es etwas, das dazu verleitet, sich auf solche Risiken überhaupt einzulassen.

Hals- und Beinbruch

Wie bei vielen psychosomatischen Erkrankungen stellt die Verlagerung seelischer Probleme auf die körperliche Ebene eine Verschiebung dar. Seelisch nicht ausgetragene Konflikte werden dem Körper aufgenötigt. Die ungefährlichere und nicht so schmerzvolle Methode der Konfliktbewältigung liegt darin, den verschobenen Konflikt auf der Ebene zu behandeln, von der er ausgeht: der psychischen Ebene.

Welche Psychotherapie eignet sich?

Eine Psychotherapie ist normalerweise nicht nötig. Wenn allerdings immer wieder Knochenbrüche auftreten, die nicht auf eine Krankheit zurückgehen, kann eine Psychotherapie helfen, die seelischen Risikobereiche herauszufinden.

Sehnenscheidenentzündung (Tendovaginitis)

Typische Beschwerden und Komplikationen

Eine Sehnenscheidenentzündung äußert sich mit Schmerzen im Bereich der betroffenen Sehne. Liegt sie im Unterarm, lassen sich Gegenstände nicht mehr greifen und mit geschlossenen Hände festhalten. Schon der Versuch rächt sich mit stechenden Schmerzen. Unbehandelt kann eine Sehnenscheidenentzündung chronisch werden, die Entzündung entwickelt sich zum Dauerzustand. Im schlimmsten Fall reißt die Sehne bei der nächsten größeren Belastung.

Wer nach Jahren der Ruhe plötzlich eine Riesenstrecke mit dem Boot rudert oder schwere Kisten wuchtet, braucht sich nicht zu wundern, wenn seine Unterarme mit Sehenscheidenentzündung antworten.

Mögliche Ursachen

Ähnlich wie beim Knochenbruch handelt es sich auch bei der Sehnenscheidenentzündung um eine Überlastungssituation, hier allerdings hervorgerufen durch verkrampfte, immer wiederkehrende Bewegungen, wie sie beim Maschinenschreiben, beim Stricken oder beim Tennisspielen auftreten. Die Muskeln, die Sehnen und der Bänderapparat werden überstrapaziert.

Gehören Sie auch zu den verbissenen Tennisspielern, die sich immer und immer wieder auf den Tennisplatz quälen, auch wenn bereits der Arm weh tut? Dann sollten Sie einmal überlegen, ob Sie sich nicht von einem übertriebenen Ehrgeiz antreiben lassen.

Die Lager der Sehnen werden rauh und reiben sich an der Sehne, vergleichbar dem schlecht geschmierten Lager einer Maschine. Durch die Reibung kommt es zunächst zu Schmerzen, dann zu einer Entzündung. Dann schwillt das Gewebe an und drückt seinerseits auf die Sehnen, was die Schmerzen noch verstärkt.

Seelische Hintergründe

Zunächst ist Ruhe erforderlich, um die betroffene Körperregion zu entlasten. Aber die Signale, die diese Erkrankung aussendet, sind anders zu verstehen als die Botschaften einer einfachen Überlastung. Bei einer Sehnenscheidenentzündung liegt die eigentliche Ursache in der verkrampften (inneren) Haltung gegenüber der ausgeübten Tätigkeit. Die Botschaft lautet: Ich will das eigentlich nicht! Ich weigere mich! Aber ich muß es trotzdem tun.

Selbsthilfe und alternative Behandlungsmethoden

Beim entzündeten Sehnenlager handelt es sich um einen ähnlichen Prozeß wie beim Rheuma mit entzündeter Gelenkinnenhaut.

Schon mit einfachen Maßnahmen können Sie sich vor einer Sehnenscheidenentzündung schützen. Vor dem Sport sollten Sie mit Übungen Ihren Körper gründlich aufwärmen. Wechseln Sie häufig die Bewegungsabläufe. Legen Sie ausreichend Pausen ein. Im seelischen Bereich beugen Sie vor, indem Sie Ihren Widerstand gegen die entsprechende Tätigkeit ergründen. Versuchen Sie herauszubekommen, wogegen Sie sich eigentlich weigern.

Tip für Tennisspieler

Wenn Sie Probleme mit Ihrem Arm bekommen, leisten Sie sich ein paar Trainerstunden. Denn eine falsche Schlagtechnik ist der sichere Garant für eine Sehnenscheidenentzündung. Der Tennisschläger spielt eine wesentlich kleinere Rolle.

Hilfe im akuten Stadium

Auch hier ist zunächst (körperliche) Ruhe gefordert. Die Betroffenen kommen nicht umhin, sich und den erkrankten Körperteil zu schonen. Aber nur Schonung reicht nicht aus. Wer seine inneren Widerstände nicht ergründet und verarbeitet, wird spätestens dann erneut erkranken, wenn er seine gewohnte Tätigkeit wieder aufnimmt und verkrampft ausführt. Eine wirkliche Heilung ist nur möglich, wenn sich der Betroffene auf der psychischen Ebene mit seinen Widerständen auseinandersetzt.

Neben allen Beschwerden liegt in der Krankheit auch eine Chance: Sie bietet die Möglichkeit zu lernen, sich nicht nur (körperlich) auszuruhen, sondern die Botschaften des Körpers zu verstehen und sich danach zu richten.

Die schleimgefüllte Umkleidung der Sehne kann sich auch durch eine Infektion auf dem Blutweg entzünden.

Ein kleines Beispiel

Eine junge Frau litt unter immer wiederkehrenden Sehnenscheidenentzündungen. Sie war ausgebildete Soziologin und verdiente sich ihren Lebensunterhalt mit einfachen Schreibarbeiten. Erst als sie erkannte, daß sie sich innerlich weigerte, diese Arbeiten durchzuführen, und als sie begann, nach Alternativen zu suchen, die ihrer Ausbildung mehr entsprachen, verschwand die Erkrankung. Sie machte sich mit einem professionellen Schreibbüro selbständig.

Wirksame Sofortmaßnahmen

● Kühlung lindert die Schmerzen und verringert die Schwellung. Wickeln Sie Eiswürfel in ein Handtuch, oder kaufen Sie sich einen Cold-Pack in der Apotheke.

● Unter den homöopathischen Mitteln bewährt sich Apis mellifica D6 bei Entzündungen: dreimal täglich eine bis zwei Tabletten nehmen.

Wann zum Arzt?

Bei einer einfachen Sehnenscheidenentzündung ist eigentlich kein Arztbesuch nötig. Wer allerdings nicht arbeiten kann und krankgeschrieben werden muß, landet dennoch beim Arzt. Mit einer genauen Diagnose wird er sicherstellen, daß es sich wirklich um eine Sehnenscheidenentzündung und nicht um das Symptom einer anderen Krankheit handelt. Dann wird der Arzt den betroffenen Körperteil ruhigstellen, nötigenfalls mit einem Gips. Mit entzündungshemmenden Medikamenten versucht er, die Heilung zu beschleunigen.

Nagelerkrankungen, Nägelkauen

Typische Beschwerden und Komplikationen

Wohlgeformte Fingernägel gelten als eines der ersten Schönheitszeichen, womit ein ganzer Berufszweig, die Nail-Stylisten, sein Geld verdient.

Finger- und Fußnägel werden brüchig und/oder splittern, reißen ein oder werden abgebissen. Sie werden von Pilzen befallen, färben sich gelblich-braun und riechen unangenehm.

Mögliche Ursachen

Auf der physiologischen Seite kommen verschiedene äußere Einflüsse in Frage: Ernährungsmängel schlagen sich als Fehlernährung der Nägel nieder, durch Pilzbefall entwickelt sich der sogenannte Klauennagel.

Genußgifte wie Kaffee, Alkohol und Nikotin fördern Mangelerscheinungen, weil der Abbau dieser Stoffe Vitamine und Mineralstoffe kostet. Außerdem können chemische Einwirkungen, Strahlung, Hitze oder hormonelle Störungen den Nagel verändern.

Auf der psychologischen Seite kommen Hemmungen der Aggressivität als Ursache in Frage. Einige Nagelerkrankungen sind allerdings auch angeboren.

Nimmt man äußere und innere Einwirkungen zusammen, so zeigt sich, daß unter Nagelerkrankungen vornehmlich solche Menschen leiden, die innerlich gehemmt sind. Wer seine Aggressionen nicht herauslassen kann, sie unterdrückt und dafür Kraft aufwendet, wird anfällig für Angriffe von außen, z. B. durch Pilze.

Seelische Hintergründe

Die Nägel sind ein Relikt aus der Zeit, als Menschen sich noch mit ihren eigenen Waffen zur Wehr setzen mußten. Sie symbolisieren daher unsere Wehrhaftigkeit. Lange und kräftige Fingernägel galten früher als Zeichen von Aggression. Störungen an den Nägeln symbolisierten eine herabgesetzte Wehrhaftigkeit.

Gerade beim Nägelkauen wird dies sehr deutlich: Der Betroffene kaut seine Nägel ab und zeigt, daß er sich nicht wehren kann. Seine Aggression richtet sich nicht nach außen, sondern nach innen gegen sich selbst. Daher spricht man auch von autoaggressivem Verhalten. Die Botschaft der Nägel lautet: Wehre dich! Lasse dich nicht unterkriegen, setze dich durch!

Selbsthilfe und alternative Behandlungsmethoden

An erster Stelle steht die Behandlung der Nägel. Mit verschiedenen Tinkturen oder Salben lassen sich Eindringlinge wie Pilze vertreiben. Aber wenn die Psyche ängstlich bleibt und ihre Energien für die Unterdrückung der Aggressionen verschleudert, haben Angreifer auch weiterhin ein leichtes Spiel. Die Erkrankung wird nach einiger Zeit wieder auftreten. Eine äußerliche Salbenbehandlung nutzt nur wenig, wenn nicht eine psychologische Selbsttherapie hinzukommt.

So können Sie vorbeugen

- Stärken Sie Ihr Selbstbewußtsein.
- Lassen Sie sich nicht länger alles gefallen.
- Wehren Sie sich gegen Übergriffe in Ihren Bereich.
- Achten Sie auf ausgewogene Ernährung mit nagelstärkenden Stoffen, also mit Vitaminen und Mineralstoffen, reichlich enthalten in Bierhefe.
- Meiden Sie zuviel Alkohol, Kaffee und Nikotin.

Der erste Schritt zum Erfolg besteht darin, überhaupt zu bemerken, daß man unter Ängsten leidet. Das fällt nicht immer leicht, denn wurden die Ängste erst einmal verdrängt, sind sie einem auch nicht bewußt. Nagelerkrankungen helfen also dabei, mit sich selbst wieder in Kontakt zu treten.

Machen Sie sich Gedanken darüber, in welchen Situationen Sie sich im Alltag unterdrückt fühlen. Welche Möglichkeiten haben Sie, daran etwas zu verändern?

Wann zum Arzt?

Wenn die Nägel schon so stark befallen sind, daß einfache Selbsthilfemaßnahmen mit Salben nicht mehr helfen, sollten Sie zum Arzt. Je früher Sie medizinische Hilfe erhalten, um so größer sind Ihre Chancen, den Nagel noch zu retten.

Welche Psychotherapie eignet sich?

Selbst wenn es auf den ersten Blick lächerlich klingt, kann eine Psychotherapie wegen Nagelerkrankungen sehr wichtige Erkenntnisse liefern. Sie verhelfen Ihnen zu mehr Wehrhaftigkeit und damit auch zu einem größeren Selbstbewußtsein.

KRANKHEITEN VON MAGEN UND DARM

Der Bauch, d.h. im engeren Sinn der Magen, ist der Stauraum für die Nahrung. Dieser erweiterte Abschnitt des Verdauungssystems zeigt sich überaus empfindlich für seelische Reize. Das gleiche gilt für die verschiedenen Teile des Darms.

Magen und Darm als Spiegel der Seele

Magen und Darm sind die Hauptverdauungsorgane; sie liegen im Bauchraum. Beim Magen handelt es sich um einen Muskelsack, der etwa einen Liter Inhalt faßt, die Nahrungsmittel sammelt und für die Verdauung vorbereitet. Die Verweildauer verschiedener Nahrungsmittel im Magen ist unterschiedlich. Für die Vorverdauung der Speisen im Magen sind Muskelbewegungen und die Produktion bestimmter Substanzen nötig, die durch das vegetative Nervensystem gesteuert werden.

Wasserrecycling

Der Darm entzieht dem Speisebrei nicht nur die Substanzen, die wir zum Überleben brauchen, sondern auch einen großen Teil des Wassers. Der vier bis fünf Meter lange Dünndarm ist der eigentliche Ort der Verdauung. Hier werden dem Speisebrei die Nährstoffe entnommen, während im Dickdarm das Wasser zurückgewonnen wird. Der Enddarm gibt den verbleibenden Rest als Stuhl wieder ab. Der Stuhlgang als Abschluß der Verdauungsvorgänge kann sehr stark durch das seelische Empfinden einer Person beeinflußt werden.

Wenn Magen-Darm-Probleme länger als zwei Wochen anhalten und Selbsthilfe nicht fruchtet, sollten Sie Ihren Hausarzt aufsuchen.

Sie müssen sofort den Notarzt rufen, wenn starke Bauchschmerzen plötzlich auftreten und begleitet sind von Erbrechen, starkem Aufgeblähtsein, Fieber, keuchendem Atem und schnellem Pulsschlag!

Hier spielen psychosomatische Faktoren eine Rolle

- Nervöser Magen (funktionelle Dyspepsie)
- Magenschleimhautentzündung (Gastritis)
- Magen- und Zwölffingerdarmgeschwür
- Magenkrebs
- Nervöser Darm (Reizkolon)
- Verstopfung (Obstipation), Durchfall
- Chronische Darmentzündungen

Nervöser Magen (funktionelle Dyspepsie)

Typische Beschwerden und Komplikationen

Ein nervöser Magen verursacht im Bauchbereich Schmerzen, die nach dem Essen oder periodisch auftreten. Oft sind sie von Blähungen oder Sodbrennen begleitet. Schluckbeschwerden, trockener Mund u. ä. können hinzukommen, in seltenen Fällen auch Übelkeit und Erbrechen. Unbehandelte Magenprobleme führen nicht selten zu
● Schwerwiegenden Folgeerkrankungen – etwa zu Gastritis, Magengeschwür, Krebs
● Störungen in anderen Bereichen des Organismus, z. B. im Hormonhaushalt

Mögliche Ursachen

Viele Alleinstehende haben einen nervösen Magen, weil sie sich nie die Zeit nehmen, richtig für sich zu kochen und bestimmten Vorlieben im Essen bedenkenlos nachgehen.

Eine der Hauptursachen für funktionelle Magenbeschwerden liegt in der Hektik und Hetze unserer modernen Gesellschaft. Wir finden kaum noch genügend Zeit, um richtig zu kauen, zu schlucken und zu verdauen. Dieser Lebensstil schlägt uns im wahrsten Sinne des Wortes auf den Magen. Eine weitere Ursache liegt vielleicht in Lebenskrisen wie Pubertät, Wechseljahre, Tod von Freunden, Trennung vom Partner. Selbst Heirat kommt in Frage, denn auch positive Ereignisse sind mit Streß verbunden.

Das vegetative Nervensystem wird durch die Hetze gestört und bringt die fein abgestimmte Steuerung verschiedener Organe und Organbereiche durcheinander. Zuviel oder zuwenig Hormone werden ausgeschüttet. Das beeinflußt natürlich den Verdauungsvorgang.

Störend hinzu kommen bestimmte persönliche Vorlieben für verschiedene Speisen, die entweder zuviel Zucker oder zuviel Fett enthalten und durch ihre Zusammensetzung die Verdauung belasten. Hinter solch übermäßigem Konsum von Süßem oder Fettem stehen meist seelische Konflikte.

Seelische Hintergründe

Ob ein Mensch eher mit dem Magen oder mit einem anderen Organ auf seelische Belastungen reagiert, hängt zum einen von seinem Typ ab und zum anderen davon, welches Organsystem bereits geschwächt ist. In der psychosomatischen Medizin wird zwischen

Magen- und Herztypen unterschieden. Magentypen verhalten sich eher zurückhaltend und ängstlich, während Herztypen eher draufgängerisch wirken, obwohl ihr forsches Auftreten nicht selten von verdrängten Ängsten herrührt.

Ein ganz alltägliches Bild: Ein bestimmtes Nahrungsmittel wird in den Mund genommen und gekaut. Schon hier kann Hektik den Vorgang stören. Es wird nicht ausreichend gekaut und eingespeichelt – dabei enthält der Speichel wichtige Verdauungsenzyme. Zu große Nahrungsstücke gelangen in den Magen und belasten ihn. Wegen der fehlenden Vorbereitung muß der Magen nun mehr leisten, ist aber vor lauter Streß und Hektik dazu nicht immer in der Lage. Die Folge: Teilverdaute Nahrung gelangt in den Darm und belastet ihn.

Wenn die Seele nicht mehr richtig verdaut

Der psychische Vorgang kann als Abbild dieser Abläufe interpretiert werden: Ein Problem kommt auf uns zu, wir sehen es uns nicht richtig an, haben aber vorschnell eine unüberlegte Lösung parat – das Problem wird verlagert und bereitet später in anderen Situationen wieder Schwierigkeiten.

Symbolisch sind Magenprobleme so etwas wie seelische Verdauungsprobleme. Sie weisen darauf hin, daß mit unserer Art zu leben etwas nicht stimmt. Dabei kann das jeweilige Symptom auf ein spezifisches Problem bzw. dessen Lösung hinweisen.

Wer nach Liebe und Zärtlichkeit hungert, sie aber gar nicht oder zu selten erhält, greift aus Frustration schnell zum Ersatzmittel, zu Süßigkeiten, Kuchen usw.

Als Dreingabe zum Frust bekommt der Körper noch einen – psychologisch ausgedrückt – Schutzpanzer aus Fett, der allerdings meist zusätzliche psychische Probleme schafft.

Selbsthilfe und alternative Behandlungsmethoden

Wenn Sie an einem nervösen Magen leiden, sollten Sie sich mehr als bisher entspannen und dadurch mehr Ruhe in Ihr Leben bringen. Üben Sie ein Entspannungsverfahren (siehe Seite 174 ff.) ein. Außerdem sollten Sie sich über verschiedene Dinge in Ihrem Alltag und in Ihrer Lebensführung klarwerden. Hier eine kleine Hilfestellung:

- Stellen Sie sich ein paar aufschlußreiche Fragen über den Sinn und Unsinn Ihres Lebensstils
- Beantworten Sie diese Fragen ehrlich
- Leiten Sie aus den Antworten einige Veränderungen ab

Hilfreiche Fragen zur Selbsterkenntnis

- Wer oder was treibt Sie an?
- Wovor laufen Sie weg?
- Bemerken Sie, daß es nur wenig Ruhe in Ihrem Leben gibt?
- Haben Sie Angst vor Ruhe?
- Was könnte passieren, wenn Sie mit einem Mal mehr Zeit und Ruhe hätten?
- Was fangen Sie mit mehr Ruhe an?
- Welche Probleme haben Sie noch nicht richtig verdaut?
- Was könnten Sie tun, um diese richtig zu verdauen?
- Warum essen Sie zu viele Süßigkeiten? Wofür ist das Süße ein Ersatz?
- Warum essen Sie zu fett? Wofür ist das Fette ein Ersatz?

Bewährte Hausmittel bei Magenbeschwerden

Holen Sie sich ein altes Hausmittel aus der Apotheke, das Sie bestimmt noch aus Kindertagen kennen: Lebertran! Er enthält Karotin und Vitamin A, beides wichtige Substanzen für die Regeneration der Magenschleimhaut.

Ein Tee aus Pfefferminze, Kamille oder Scharfgarbenkraut beruhigt den Magen; ein Tee aus Tausendgüldenkraut oder eine Magenteemischung aus der Apotheke regen ihn an.

Buttermilch hilft mit ihren alkalischen Substanzen, überschüssige Säure abzubauen. Einen halben bis einen Liter pro Tag in kleinen Portionen trinken, Temperatur: etwa 20 bis 21 °C.

Auch Aromatherapie ist einen Versuch wert: Verschiedene Öle, gewonnen z. B. aus Basilikum oder Sandelholz, beruhigen beim Einatmen die Magenwände. Entweder das Aromaöl in Duftlampen füllen und verdampfen oder bei einem akuten Schmerzanfall direkt an der Flasche riechen.

Wann zum Arzt?

Wenn die Beschwerden trotz aller Selbsthilfebemühungen über mehr als eine Woche hartnäckig weiterbestehen, sollten Sie einen Arzt aufsuchen, um größere Risiken auszuschalten.

Welche Psychotherapie eignet sich?

Eine Psychotherapie – gleich welcher Form – ist bei allen chronischen Magen-Darm-Problemen sehr vielversprechend.

Hilfe durch die Schulmedizin

Das beste Mittel des Arztes bei Magenproblemen ist das klärende und helfende Gespräch. Um andere, schwerwiegende Magenprobleme auszuschließen, kann der Magens mittels einer Magenspiegelung (Gastroskopie) genauer untersucht werden.

Medikamentengruppen, die bei akuten Magenproblemen helfen:
- Säurebindende und säurehemmende Mittel
- In seltenen Fällen leichte Beruhigungsmittel

Magenschleimhautentzündung (akute Gastritis)

Typische Beschwerden und Komplikationen

Laien verstehen unter einer Gastritis oft etwas anderes als Mediziner. Der Laie hält sie für einen gereizten Magen. Wenn der Arzt von Gastritis spricht, meint er damit eine Entzündung der Magenschleimhaut durch eine Vergiftung (z. B. durch Alkohol, Lebensmittel, Medikamente).

Mögliche Ursachen

Eine Gastritis kann hervorgerufen werden durch:
- Alkoholvergiftung
- Zuviel Nikotin
- Verätzung durch Säuren oder verschluckte Reinigungsmittel
- Medikamentenmißbrauch
- Verdorbene Lebensmittel
- Virusinfektionen
- Giftige Pilze
- Übersäuerung des Magens durch ständigen Ärger

Plötzlicher starker Magenschmerz, verbunden mit allgemeiner Übelkeit und eventuellem Erbrechen, weist auf eine Gastritis hin. Völlegefühl, Fieber, Mundgeruch und eine belegte Zunge können weitere Begleitsymptome sein.

Eine unbehandelte Lebensmittelvergiftung kann sogar zum Tod führen. Wenn die Magenschleimhaut sehr stark geschädigt ist, kann sie anfangen zu bluten Der Betroffene wird Blut erbrechen oder im Stuhl schwarz ausscheiden. Eine Gastritis sollte also niemand auf die leichte Schulter nehmen! Außerdem können auf einer entzündeten Magenschleimhaut Magengeschwüre entstehen.

Notfall: Sofort zum Arzt!

Bei Vergiftung durch das Bakterium Clostridium botulinum besteht akute Lebensgefahr! Sofort Notarzt rufen! Mit diesem gefährlichen Bakterienstamm können Sie sich vergiftet haben durch verdorbenes Fleisch, Wurstwaren, aber auch durch verdorbene Gemüsekonserven. Finger weg von allen Dosen, wenn das Haltbarkeitsdatum abgelaufen ist oder sich der Deckelboden wölbt! Symptome einer Botulinusvergiftung: Doppeltsehen, Schluckbeschwerden, Übelkeit, kalter Schweiß, Darmlähmung, Verstopfung.

Seelische Hintergründe

Das einstige dicke Fell fehlt uns. Dünnfellig geworden, übertragen wir die Schläge auf den Magen, der sie hinnimmt, aber geschädigt wird.

Die physiologische Reaktion, also die Reizung der Magenschleimhäute, läßt sich auch auf die psychologische oder seelische Ebene übertragen: Ein besonderes Problem reizt uns so sehr, daß unsere Schutzmechanismen nicht mehr funktionieren.

Selbsthilfe und alternative Behandlungsmethoden

Am besten essen Sie einige Tage Schonkost: nichts Gebratenenes, nichts Säurehaltiges, kein Nikotin, keinen Alkohol. Die meisten Beschwerden klingen dann von allein ab.

Danach sollten Sie sich ein paar Gedanken darüber machen, was Ihnen in Ihrem Alltag ständig auf den Magen schlägt und die Produktion der Magensäure hochtreibt.

Zur Beruhigung der Magenschleimhaut hat die Natur so manches Kraut wachsen lassen. Versuchen Sie es mal mit Kamillen-, Schwarz-, Pfefferminz-, Kümmel- oder Fencheltee.

Wenn Sie einen homöopathisch orientierten Arzt kennen, kann er Ihnen folgende Präparate verschreiben:

- Nux vomica D6: besonders für reizbare und ehrgeizige Menschen. Dreimal täglich vor dem Essen eine bis zwei Tabletten nehmen.
- Magnesium phosphoricum D6: besonders bei Krämpfen und Blähungen
- Bryonia D6: Bei kälteempfindlichem Magen
- Ignatia D6: Bei Gefühlen, die auf den Magen schlagen

Hilfreiche Fragen zur Selbsterkenntnis

- Welche Probleme in meinem Leben verursachen mir Magenbeschwerden?
- Welchen Problemen weiche ich ständig aus?
- Wie könnte ich mit diesen Problemen besser fertigwerden?

Wann zum Arzt?

Sie sollten sofort einen Arzt aufsuchen, wenn Sie eine Vergiftung vermuten oder nicht genau wissen, woher die Beschwerden kommen. Bei akuten Magenkrämpfen kann der Arzt ein krampflösendes Medikament als Zäpfchen oder als Spritze geben. Gegen anhaltenden Brechreiz hat sich der Wirkstoff Metoclopramid bewährt.

Welche Psychotherapie eignet sich?

Bei allen Magen-Darm-Problemen kann eine aufhellende und handlungsorientierte Psychotherapie sinnvoll sein.

Chronische Magenschleimhautentzündung (chronische Gastritis)

Typische Beschwerden und Komplikationen

Oft treten überhaupt keine Beschwerden auf, außer Schmerzen oder Druckempfinden nach den Mahlzeiten.

In seltenen Fällen kann sich aus einer chronischen Magenschleimhautentzündung eine sogenannte atrophische Gastritis entwickeln. Sie kann Eisenmangel, eine perniziöse Anämie (krankhafte Blutbildveränderung) und ein erhöhtes Krebsrisiko nach sich ziehen.

Mögliche Ursachen

Die Magenschleimhaut verändert sich durch eine dauerhafte Entzündung, möglicherweise bildet sie sich sogar zurück. Als Grund kommen sowohl psychische Faktoren (Probleme aufschieben, sich ständig ärgern, soziale Ängste etc.) als auch körperliche in Frage.

Eine Behandlungsform bei Gastritis ist die Rollkur. Nach Aufnahme von Kamillentee rollt sich der Kranke in Fünf-Minuten-Abständen auf alle vier »Seiten«, damit der Heilstoff auf alle Teile der Magenwand einwirkt.

Inzwischen hat man auch ein Bakterium (Helicobacter pylori) entdeckt, das für die Entzündung der Magenschleimhaut verantwortlich gemacht wird.

Die meisten Experten sind sich inzwischen sicher, daß die psychischen Ursachen eine viel größere Rolle bei der Entstehung einer chronischen Magenschleimhautentzündung spielen, als bisher angenommen wurde.

Seelische Hintergründe

Der entzündete Magen macht es deutlich: Er fordert uns auf, ihn zu schützen und nicht so viel und nicht so schnell zu essen. Dies bezieht sich aber weniger auf das Essen selbst, sondern auf die psychologische Ebene. Es geht hier darum, die aktuellen emotionalen Probleme besser zu verdauen. Auf der einen Seite ist es nötig, seine Probleme überhaupt erst einmal anzuerkennen und sich ihrer richtig anzunehmen; auf der anderen Seite erfordert das aber auch Zeit, die sich jeder nehmen sollte.

Der psychologische Dreischritt

Allgemein essen wir zu viele Säurebildner, etwa Fleisch. Um dem Magen die basische Komponente zur Neutralisation zu geben, empfiehlt es sich, z. B. öfters Pellkartoffeln auf den Tisch zu bringen.

- Wahrnehmen
- Erkennen
- Ändern

Dabei ist es wichtig, sich auf jeder dieser drei Erkenntnisstufen so viel Zeit wie nötig zu nehmen und nicht von Schritt eins zu Schritt drei zu springen oder – wie es leider häufig geschieht – sich einzubilden, gleich mit Schritt drei beginnen zu können.

Selbsthilfe und alternative Behandlungsmethoden

Die früher übliche Schonkost ist nach Meinung fortschrittlicher Mediziner eher schädlich, da sie dem Körper notwendige Vitamine und Biostoffe entzieht. Heute vertritt man eher die Meinung: Erlaubt ist, was bekommt und schmeckt!

Essen Sie also (in Maßen) genauso weiter wie bisher, achten Sie aber darauf, nicht zu viele »Säurelocker« zu essen oder zu trinken. Gemeint sind Nahrungsmittel, die die Produktion der Magensäure ankurbeln. Dazu gehören ganz besonders Genußgifte wie Alkohol und

Tabak, wenn sie in größeren Mengen konsumiert werden. Im richtigem Maß genossen, nutzt Alkohol sogar mehr als er schadet. Auch hier zeigt sich die symbolische Ebene des Krankheitsgeschehens wieder: Menschen mit – insbesondere chronischen – Magenschleimhautproblemen sollten eben nicht nur darauf achten, was sie essen, sondern vor allem darauf, wie sie ihre Probleme lösen.

So beugen Sie vor

- Fencheltee beruhigt die Magenwände.
- Atemübungen: Zur Entspannung öfter tief durchatmen.
- Bewegung verringert Streß. Treiben Sie besonders nach Streßsituationen Sport, das beschleunigt den Abbau von Streßhormonen; beginnen Sie ein regelmäßiges Ausdauertraining zur Streßvorbeugung.
- Bauen Sie Ihren Ärger ab (siehe auch Kapitel »Der richtige Umgang mit Gefühlen«, Seite 190 ff.).

Auch homöopathische Mittel können Ihnen helfen.
- Nux vomica D6, wenn Sie sauer auf zuviel Alkohol, Kaffee und Nikotin reagieren.
- Ignatia D6, wenn Ihnen eine Trauersituation auf den Magen schlägt.
- Carbo vegetabilis Pentarkan, wenn Sie unter Magenkrämpfen, Aufstoßen oder Blähungen leiden.

Wann zum Arzt?

Sobald sich Beschwerden melden und Sie auf Ihre Erkrankung aufmerksam machen, sollten Sie zu Ihrem Arzt gehen. In vielen Fällen wird er Ihnen Medikamente verordnen, die die überschüssige Magensäure binden. Wenn sich bei Ihnen ein Mangel an Eisen und Vitamin B12 entwickelt, sollten Sie diese Substanzen einnehmen.

Welche Psychotherapie eignet sich?

Bei allen Magen-Darm-Erkrankungen kann eine aufhellende, handlungsorientierte Psychotherapie helfen.

Die sehr giftige Brechnuß liefert als Nux vomica bestimmte Alkaloide, die z. B. gegen Appetitlosigkeit helfen. In der Homöopathie bindet das Präparat überschüssige Magensäure.

Magen- und Zwölffingerdarmgeschwür

Typische Beschwerden und Komplikationen

Unter höchstem emotionalem Streß zu leben, treibt den Körper unter Umständen dazu, Magen-Darm-Geschwüre zu bilden.

Die ersten Anzeichen für ein Magengeschwür können Druck- und Völlegefühl nach dem Essen, aber auch stechende Schmerzen bei nüchternem Magen sein. Diese Schmerzen, die meistens zwischen Nabel und der Mitte des Rippenbogens lokalisiert sind, können aber auch etwa zwei Stunden nach den Mahlzeiten oder nachts auftreten. Die Hälfte aller Menschen mit einem Geschwür spürt allerdings überhaupt keine Beschwerden. In solchen Fällen kann es ohne Vorwarnung zu Magenblutungen und Magendurchbrüchen kommen. In beiden Fällen besteht Lebensgefahr!

Bei diesen Warnzeichen sofort zum Arzt!

Wenn Ihnen übel wird und Sie Blut erbrechen, wenn Ihr Stuhl Blut enthält, schwarz gefärbt ist und auffallend riecht, dürfen Sie keine Zeit mehr verlieren! Sie müssen umgehend zum Arzt! Großer Blutverlust führt schnell zum Schock! Schmerzen wie Messerstiche, Schweißausbrüche und fliegender Puls deuten auf einen Magendurchbruch hin. Bereits nach kurzer Zeit kann ein Schockzustand eintreten!

Mögliche Ursachen

Bei allen Menschen, die auf Streß mit Magen-Darm-Geschwüren reagieren, liegt wahrscheinlich eine erbliche Belastung in der Familie vor. Bestimmte Medikamente – wie Azetylsalizylsäure (ASS), einige Rheumamittel und Kortison, das in vielen Asthmamitteln enthalten ist – können die Entstehung von Geschwüren fördern. Weitere Medikamente, die ebenfalls Geschwüre fördern können, erfragen Sie bei Ihrem Arzt. In Frage kommen einige Präparate gegen Bluthochdruck, Allergien, zur Blutverdünnung, bei Zuckerkrankheit und einige Herz-Kreislauf-Mittel. Nach schweren Unfällen kann innerhalb weniger Stunden ein sogenanntes Streßulkus (Ulkus = Geschwür) auftreten. Wer ständig unter Streß lebt, gehört zur Risikogruppe für Magen- und Zwölffingerdarmgeschwüre.

Seelische Hintergründe

Seelische Probleme greifen die Magenwände an. Symbolisch heißt das Signal des Geschwürs: Löse Deine Probleme rechtzeitig, und du wirst keine Geschwüre bekommen. Menschen mit Magengeschwüren neigen dazu, ihre Probleme zu verdrängen oder sie unnötig lange vor sich herzuschieben. In vielen Fällen fehlen ihnen aber auch die nötigen Fähigkeiten, um anstehende Probleme zu lösen.

Selbsthilfe und alternative Behandlungsmethoden

Es muß nochmal betont werden: Mit einem Magengeschwür muß man sofort zum Arzt! Das heißt aber nicht, deswegen wäre man als Betroffener hilflos. Die Behandlung kann und sollte jeder durch eigene Maßnahmen unterstützen:

- Hören Sie auf zu rauchen!
- Trinken Sie keinen hochprozentigen Alkohol mehr!
- Tees aus Kamille, Pfefferminze, Melisse beruhigen den Magen.
- Machen Sie feuchtwarme Packungen im Bauchbereich.
- Lernen Sie eine Entspannungstechnik.
- Denken Sie über Ihren Lebensstil nach, und verändern Sie belastende Dinge.
- Verteilen Sie Ihre Mahlzeiten über den Tag, essen Sie mehrere kleine Mahlzeiten, spätabends gar nichts mehr.

Zur Vorbeugung und zur akuten Schmerzbehandlung können Sie sich ab und zu einen Leinsamenaufguß zubereiten. Wegen des Blausäuregehalts des Leinsamens sollten Sie diesen Aufguß aber nicht über längere Zeit einnehmen.

Welche Psychotherapie eignet sich?

Aufhellende und handlungsorientierte Psychotherapien können bei Magen-Darm-Erkrankungen helfen.

Hilfe durch die Schulmedizin

Die Standardbehandlung stützt sich auf säurebindende (Antazida) und säurehemmende (H2-Blocker) Medikamente, die bestehende Geschwüre abheilen lassen. Zusätzlich werden heute Antibiotika eingesetzt, um das Bakterium Helicobacter pylori, das an der Entstehung von Magengeschwüren ursächlich beteiligt ist, abzutöten.

Rezept gegen Magenschmerzen: Zwei Teelöffel frisch geschroteten Leinsamen (aus der Apotheke) in einer großen Tasse mit heißem Wasser eine halbe Stunde lang ziehen lassen, noch warm trinken oder löffeln. Schon nach ein paar Minuten lassen die Schmerzen nach.

Wenn psychotherapeutische und andere Methoden (Entspannungstechniken) nicht helfen, neue Geschwüre zu verhindern, wird schließlich oft operiert. Dabei unterscheidet man verschiedene Operationstechniken: Entweder wird ein Teil des Magens entfernt (Teilresektion) oder der Vagusnerv bzw. ein Teil von ihm (die sogenannte Vagotonie) weggeschnitten. Inzwischen werden auch sehr viel schonendere Techniken (mit Laserskalpell) angewendet, bei denen der Arzt das Werkzeug durch die Speiseröhre in den Magen führt und dort die Geschwüre verödet.

Magenkrebs (Magenkarzinom)

Typische Beschwerden und Komplikationen

Bei Magenkrebs im Endstadium muß oft der gesamte Magen des Patienten entfernt werden.

Lange Zeit beschränkt sich der Magenkrebs auf die Magenschleimhaut. Anfangs ähneln die Beschwerden denen bei einem nervösen Magen. Ein typisches Signal für einen Magenkrebs kann allerdings der plötzlich auftretende Ekel vor Fleisch sein. Druck und Völlegefühle treten auf, gefolgt von Appetitlosigkeit und rapidem Gewichtsverlust. Häufig erbricht der Kranke dunkles Blut. Dazu kommt ein blutiger, dunkler und eigenartig riechender Stuhl.

Mit Alkohol lassen sich Probleme und Konflikte nur »ertränken«, aber lösen kann man sie damit nicht.

Menschen, die sich aus Unkenntnis über die Mechanismen der Krebsentwicklung weigern, ihr Leben selbst in die Hand zu nehmen, kann oft nur noch eine Operation helfen. Wird die Krankheit frühzeitig erkannt, sind die Heilungschancen relativ gut. Vorausgesetzt, der Patient sucht nach dem Eingriff nach Möglichkeiten, seinen konfliktvermeidenden Lebensstil zu ändern. Geschieht dies nicht, steigt das Risiko, daß sich eine neue Geschwulst bildet.

Mögliche Ursachen

Wie bei den meisten Krebsarten sind die genauen Ursachen noch nicht bekannt. Unter Krebsexperten gilt aber als sicher, daß seelische und streßbedingte Krisen die Entstehung von Krebsgeschwüren fördern. Der amerikanische Radiologe Carl O. Simonton hat nachgewiesen, daß Hoffnungslosigkeit Krebserkrankungen begünstigt, während Zuversicht und Hoffnung das Krebswachstum mindern oder gar verhindern können. Bei bestimmten Krebsarten der Verdauungsorgane (auch des Mund-Rachen-Raums) spielen das Rauchen und Trinken von Alkohol eine große Rolle. Beides verringert die Fähigkeit des körpereigenen Immunsystems, Krebszellen zu vernichten.

Nach neuesten Untersuchungen sind auch Stoffe aus der Nahrung maßgeblich für das Entstehen von Krebs mitverantwortlich. Sogenannte Nitrosamine, z.B. aus geräucherten Lebensmitteln, und polyzyklische aromatische Kohlenwasserstoffe, die sich beim Verbrennen von Fett bilden, können Krebs auslösen. Eine große Rolle als Krebserreger spielen außerdem Schimmelgifte (Aflatoxine) auf verdorbenen Lebensmitteln.

Leider neigen viele Ärzte dazu, Magenkrebs als ein operables Problem anzusehen und weniger als ein psychosoziales. Die persönliche Lebenssituation wird oft ausgeblendet.

Seelische Hintergründe

Ergebnisse aus der Streßforschung zeigen, daß viele Menschen etwa 12 bis 18 Monate nach einer schweren seelischen Lebenskrise (etwa Trennung, Tod) erkranken. Beim Krebs ist offensichtlich, daß das Immunsystem des Körpers nicht mehr in der Lage ist, die Vermehrung der Krebszellen zu stoppen. Bei bestimmten Krebsarten wird der Organismus von den Krebszellen geradezu überschwemmt. Wird der betroffene Mensch mit der Krankheit nicht mehr selbst fertig, kann ihm nur noch das Skalpell helfen. Es ersetzt dann die Selbstheilungskräfte, indem die Geschwulst herausgeschnitten wird.

Viel rauchen, öfter ein Gläschen Schnaps und unregelmäßiges, scharfes Essen: Das sind alles Faktoren, die die Entstehung von Magenkrebs begünstigen.

Magenkrebs zu haben und damit nicht (mehr) fertigzuwerden, heißt auch, sich selbst aufgegeben zu haben. Das Signal von Magenkrebs heißt: Ändere etwas in deinem Leben, sonst fresse ich dich auf! Nicht umsonst siedelt sich diese Krebsart in unserem Verdauungssystem an. Das bedeutet, übertragen auf die psychologische Ebene: Wir werden mit etwas nicht fertig, wir können es nicht richtig verdauen!

Selbsthilfe und alternative Behandlungsmethoden

Wer sein Magenkrebsrisiko senken will, sollte sofort aufhören zu rauchen und hochprozentige Alkoholika zu trinken. Wer das nicht aus eigener Kraft schafft, muß sich ernsthaft die Frage stellen, ob er nicht abhängig von diesen Genußgiften ist. Weitere Maßnahmen:

- Essen Sie niemals verschimmelte Nahrungsmittel! Es reicht nicht, die befallene Stelle herauszuschneiden.
- Verzehren Sie nur selten geräucherte Lebensmittel.
- Verringern Sie Ihren Fleischkonsum.
- Reduzieren Sie Ihr Übergewicht.

So stärken Sie Ihr Immunsystem

- Essen Sie viel frisches Obst.
- Trinken Sie mindestens zwei bis drei Liter Flüssigkeit pro Tag.
- Üben Sie sich in einer Entspannungstechnik.
- Treiben Sie regelmäßig Sport.
- Trainieren Sie positives Denken (siehe Seite 200 ff.).

Wann zum Arzt?

Schon beim ersten Verdacht auf Magenkrebs müssen Sie sofort zum Arzt. Nur er kann eine eindeutige Diagnose stellen. Falls sich Ihr Verdacht bestätigt, wird er mit Ihnen über die verschiedenen Behandlungsmöglichkeiten sprechen.

Welche Psychotherapie eignet sich?

Bei allen Magen-Darm-Erkrankungen sind aufhellende und handlungsorientierte Psychotherapien sehr sinnvoll.

Appetitlosigkeit

Typische Beschwerden und Komplikationen

Bei Appetitlosigkeit fehlt das Hungergefühl. Oft besteht Übelkeit, die allerdings nicht zum Erbrechen führt, und es herrschen Unlustgefühle vor. Zerrende, ziehende Druckgefühle im Magen-Darm-Bereich sind häufige Begleitumstände. Meist tritt Appetitlosigkeit im Zusammenhang mit konkreten Belastungssituationen auf.

Wenn die Appetitlosigkeit lange anhält, können Gewichts- und Nährstoffverluste bedrohlich werden. Der Betroffene leidet unter Schwächezuständen und wird seine Aktivitäten einstellen.

Freßattacken im Wechsel mit Appetitlosigkeit kombinieren sich besonders im Teenageralter zu einem Krankheitssymptom, das auf ein gestörtes Verhältnis zur Körperlichkeit hinweist.

Mögliche Ursachen

Ähnlich wie bei anderen psychogenen Symptomen (durch seelische Krisen ausgelöste Symptome) kommen meistens verschiedene Einflußfaktoren zusammen: Umwelt-, Personen- und Verhaltensfaktoren. Dabei kann die augenblickliche seelische Verfassung eines Menschen ebenso wie seine (dauerhaften) Einstellungen eine vorhandene Neigung oder Veranlagung erheblich verstärken oder negativ beeinflussen.

Drei Faktoren

Menschen, die mit ihrem Magen-Darm-System auf Belastungen reagieren, sind meist vorbelastet:

- Durch ihr Erbgut
- Durch ihre Erziehung
- Durch ihre frühkindlichen Erfahrungen
- Durch mehrere dieser Faktoren

So können beispielsweise frühkindliche Erfahrungen der Ablehnung dazu führen, daß man sich selbst nicht mehr mag. Wer als Kind oft zu hören bekam: »Das kannst du nicht!« oder »Du taugst nichts!« neigt als Erwachsener häufig zu Appetitlosigkeit. Ihre Ursache kann in einer versteckten Neigung zum Selbstmord liegen. Dann bietet

Appetitlosigkeit eine Möglichkeit, sich langsam zu beseitigen. Bei Verdacht auf solch tieferliegende Ursachen sollten Sie die Hilfe eines kompetenten Psychotherapeuten suchen.

Vielleicht ist die Erklärung für fehlenden Appetit auch ganz einfach: Möglicherweise essen Sie zuviel Süßes oder trinken zuviel kalorienhaltigen Alkohol. Dann braucht sich niemand zu wundern, wenn der Hunger ausbleibt.

Seelische Hintergründe

Fehlender Hunger führt erst nach langer Zeit zu Schäden. Die Nahrungszufuhr kann beim Erwachsenen tagelang unterbleiben. Fehlt Ihnen aber das Durstgefühl, sollten Sie dennoch täglich einen bis zwei Liter Wasser trinken.

Wenn der Körper Nahrung ablehnt, bedeutet das: Das Magen-Darm-System will in dieser Situation nicht noch zusätzlich durch Verdauungsvorgänge belastet werden. Psychologisch kann das heißen: »Ich fühle mich nicht in der Lage, auch das noch zu verdauen!« Dieses Signal hat aber einen entgegengesetzten Aufforderungscharakter: »Sorge dafür, daß du mit deinen Problemen fertigwirst, damit ich wieder alles essen kann!«

Der Körper hilft sich also in einer solchen Belastungssituation zunächst selbst. Er verschafft sich durch die Appetitlosigkeit eine notwendige Pause, um seine Kräfte zu sammeln. Leider wird dies oft von den betroffenen Personen mißverstanden. Hinzu kommt, daß eine mangelnde Nahrungszufuhr zu Schwächezuständen führen kann, die weitere Aktivitäten ebenfalls lähmen. Die Neigung, in dieser Situation etwas zu unternehmen, läßt weiter nach.

Selbsthilfe und alternative Behandlungsmethoden

Zunächst sollten Sie Ihre Ernährung unter die Lupe nehmen. Essen Sie zuviel Süßes, oder trinken Sie zuviel Alkohol? Wenn Sie den Eindruck haben, Ihre Appetitlosigkeit wird durch eine Erkrankung ausgelöst (meistens kommen dann andere Symptome hinzu, wie Übelkeit, Erbrechen, Fieber oder Durchfall), sollten Sie zunächst einen Arzt aufsuchen, der Sie auf Krankheiten hin untersucht. Wurden diese jedoch ausgeschlossen, sollten Sie nach möglichen seelischen Auslösern für Ihre Appetitlosigkeit suchen. Ein Beschwerdentagebuch über den Zeitraum von mindestens einer Woche wird Ihnen dabei helfen (siehe Seite 169 ff.). Am besten können Sie sich selbst helfen, wenn Sie Ihre Verdauung anregen und die Lust am Essen wiederentdecken wollen.

Eine leichte Massage und ein Verwöhnprogramm können helfen!

Wenn Sie über längere Zeit nur wenig gegessen haben, kann es sein, daß sich Ihre Magen-Darm-Tätigkeit reduziert hat und sich Ihre Appetitlosigkeit noch verstärkt. Um Magen und Darm wieder in Schwung zu bringen, massieren Sie diesen Bereich leicht kreisend mit beiden Händen, vor allem mit den Fingerspitzen.

In vielen Fällen hat Appetitlosigkeit auch etwas damit zu tun, daß man sich selbst zur Zeit nicht mag. Seien Sie also gerade jetzt besonders nett zu sich selbst. Überlegen Sie, wie Sie sich eine Freude bereiten können. Wer nett zu sich selbst ist, bekommt Lebenslust!

Hilfreiche Fragen zur Selbsterkenntnis

- In welchen Situationen reagiere ich oft mit Appetitlosigkeit?
- Was belastet mich im Moment so sehr, daß ich nicht mehr essen mag?
- Gab oder gibt es in meiner Familie andere Personen mit Magen-Darm-Problemen?
- Welche Rolle spielte das Essen in unserer Familie?

Wann zum Arzt?

Wenn sich Ihre Beschwerden trotz aller Selbsthilfebemühungen nicht verbessern, sollten Sie mit Ihrem Arzt sprechen. Er kann Ihnen Möglichkeiten zeigen, mit seiner Hilfe doch noch etwas zu verändern.

Welche Psychotherapie eignet sich?

Bei dauerhafter Appetitlosigkeit kann es sinnvoll sein, mit Hilfe einer aufdeckenden Psychotherapie – z.B. eines tiefenpsychologischen Verfahrens wie der Psychoanalyse – den verborgenen Ursachen auf den Grund zu gehen.

Hilfe durch die Schulmedizin

Bei Appetitlosigkeit kann der Arzt appetitanregende Mittel verschreiben. Eine harmlose, aber wirkungsvolle Methode, die auch in Selbsthilfe angewandt werden kann, ist die Gabe von Multivitaminpräparaten in Pastenform (Apotheke). Erfolg verspricht dieses Mittel vor allem bei Kindern, es hilft aber auch Erwachsenen.

Setzen oder legen Sie sich entspannt hin, und träumen Sie vom Essen. Denken Sie mit geschlossenen Augen nur an Ihre Lieblingsspeisen. Spüren Sie dabei, wie Ihnen das Wasser im Mund zusammenläuft.

Heißhunger auf Süßes

Typische Beschwerden und Komplikationen

Mancher wacht nachts auf, holt sich eine Tafel Schokolade aus dem Kühlschrank, vertilgt sie auf einen Sitz und schläft weiter. Dies deutet auf eine Mangelsituation hin, vermutlich eine völlig falsche Ernährung mit leeren Kalorienträgern, die dem Körper nicht das geben, was er braucht.

Ein scheinbar unüberwindlicher Drang nach Süßigkeiten entsteht oftmals in bestimmten Situationen, entweder über den Tag verteilt, häufig aber auch am Abend. Dabei verspürt der Betroffene ein starkes Hungergefühl, das sich wie ein Ziehen im Bauch anfühlt.

Neben den Auswirkungen auf die Zähne kann es durch übermäßigen Süßigkeitskonsum zu einer ganzen Reihe von Mangelerscheinungen im Stoffwechsel kommen: Bei der Verbrennung des Zuckers verbraucht der Körper Vitamine, die dem Körper dann nicht mehr für wichtige Aufgaben, wie etwa den Gehirnstoffwechsel, zur Verfügung stehen. Wer seinen Hunger mit Süßigkeiten stillt und fast seinen gesamten Kalorienbedarf mit Zucker deckt, ist natürlich satt. Hunger oder Lust auf gesunde Nahrungsmittel stellen sich gar nicht mehr ein. Die Folge sind weitere Defizite, z. B. an Mineralien und Spurenelementen.

Mögliche Ursachen

Bei regelmäßigem hohem Zuckerverbrauch besteht die Gefahr, daß sich Ihre Darmflora verändert und sich zuckerverarbeitende Pilze (Candida albicans) im Darm ausbreiten.

Noch im Erwachsenenalter macht einem dieses in früher Kindheit erlernte Verhaltensmuster zu schaffen: Wenn die Eltern keine Zeit hatten, bekam man etwas Süßes. Menschen, die Süßigkeiten als Ersatz für elterliche Zuwendung erhielten, neigen noch Jahrzehnte später in Frustrationssituationen dazu, sich mit Süßigkeiten ihre Bedürfnisse nach Liebe und Zuwendung zu befriedigen.

Zucker macht süchtig

Schon Kinder lernen, daß sie Süßigkeiten bekommen, wenn sie lange genug nörgeln. Diese Form der Ruhigstellung mag zwar bequem sein, doch die Kinder gewöhnen sich an Zucker. Der kindliche Stoffwechsel braucht dann die regelmäßige Zuckerzufuhr, um seinen Kalorienbedarf zu decken.

Seelische Hintergründe

Ein verstärktes Verlangen nach Süßem kann darauf hindeuten, daß Bedürfnisse nach Zuwendung und Liebe in früher Kindheit (und auch später im Erwachsenenalter) nicht befriedigt worden sind und daß statt dessen Ersatzbefriedigung in Form von Essen stattgefunden hat. Das Signal des Hungers nach Süßem kann dann lauten: Sieh' nach, was dir in dieser Situation wirklich fehlt!

Selbsthilfe und alternative Behandlungsmethoden

Solange die Ersatzbefriedigung noch keine dramatischen – und neurotischen – Ausmaße angenommen hat, können Sie mit einfachen Maßnahmen selbst Abhilfe schaffen. Am leichtesten ist die Umstellung der Ernährung auf Vollwertkost. Dabei handelt es sich allerdings um eine symptomatische Behandlung; die verborgene Ursache, der erlebte Mangel an Zuwendung, wird nicht behoben. Deswegen sind Kombinationsmaßnahmen am wirkungsvollsten.

Versuchen Sie herauszubekommen, ob Ihnen Liebe und Zuwendung fehlen. Holen Sie sich das »Original«, geben Sie sich nicht mit dem Ersatz Süßigkeit zufrieden!

So gewöhnen Sie sich den Appetit auf Süßes ab

- Kaufen Sie sich eine Sechskornmischung im Bioladen.
- Mahlen Sie abends pro Person drei Eßlöffel davon in einer alten elektrischen Kaffeemühle, oder legen Sie sich eine richtige Getreidemühle zu.
- Durchmischen Sie das Mehl gut mit etwas Wasser, und weichen Sie es über Nacht ein.
- Für jedes Mitglied der Familie sollten Sie einen Teller mit drei Eßlöffeln Kornbrei bereitstellen.
- Am nächsten Morgen reiben Sie einen halben Apfel in jede Portion.
- Fügen Sie je nach Geschmack weiteres Obst hinzu; gut schmecken z. B. Pflaumen dazu.
- Rühren Sie einen fettarmen Joghurt darunter.
- Ab und zu dürfen Sie ein paar geriebene Nüsse untermischen.
- Fügen Sie auf keinen Fall Zucker hinzu – der würde wichtige Aufbaustoffe wie Vitamine und Mineralien nur vernichten!

Zwingen Sie Ihre Kinder nicht dazu, Vollwertkost zu essen, sondern machen Sie sich ein paar Tage allein diesen Frischkornbrei, und halten Sie mit Ihrer Begeisterung nicht hinter dem Berg. Erzählen Sie danach immer wieder, wie gut er Ihnen bekommt und wie wohl Sie sich damit fühlen. Nach ein paar Tagen kommen die Kinder von allein und wollen auch etwas von diesem Wundermittel!

Ein Problem bei Vollwertkost besteht darin, daß sie »süchtig« macht. Überzeugte Körneresser entwickeln eine Art Sendungsbewußtsein und mögen kaum noch etwas Konventionelles verzehren. Warum auch? Es würde ja nur einen Rückfall in überlebte Eßgewohnheiten bedeuten.

Schon nach einer Woche werden Sie feststellen, wie Ihr Appetit auf Süßes völlig verschwindet, und alle möglichen kleineren Beschwerden, die Sie bis vor kurzem noch hatten, auf der Strecke bleiben.

Während der ersten Tage stellt sich Ihr Verdauungssystem noch auf die neue, ballaststoffreiche Nahrung um. Blähungen sind in dieser Zeit normal, vergehen aber bald wieder, wenn Sie nicht zusätzlich Zucker essen.

Übergewicht (Adipositas)

Typische Beschwerden und Komplikationen

Fettsucht entsteht durch maßlose Überernährung als Ersatzhandlung oder infolge einer Fehlfunktion der Drüsen. Der erste Fall ist der häufigere, wenn auch der zweite gern zur Entschuldigung herangezogen wird.

Viele Übergewichtige fühlen sich in ihrer Haut nicht wohl, die Pfunde drücken regelrecht aufs Gemüt: An erster Stelle steht meistens das Gefühl, sich und sein Aussehen nicht zu mögen. Die Wahrnehmung konzentriert sich auf bestimmte Problemzonen. Manche mögen ihren ganzen Körperbau nicht, andere finden sich einfach zu fett oder sind mit einzelnen Körperpartien nicht zufrieden (Gesicht, Hals, Arme, Brust, Bauch, Gesäß, Oberschenkel, Beine usw.).

Dick sein an sich ist keine Krankheit, aber Übergewicht kann durch Überlastung einzelner Organe zu Folgekrankheiten führen. Viele Übergewichtige leiden an Kurzatmigkeit oder sogar an Atemnot, an Herzbeschwerden, zu hohem Blutdruck, erhöhten Blutfettwerten, an Verdauungsstörungen, Haltungsproblemen oder Wirbelsäulenerkrankungen, an Gelenk-, Bänder- und Sehnenschäden. All diese Symptome können allein auf das Übergewicht zurückgehen.

Wegbereiter für den Herzinfarkt

Übermäßiges Essen führt zu Fettablagerungen, die eine Reihe von Krankheiten nach sich ziehen können. Eine der häufigsten ist die Arteriosklerose, die Gefäßverkalkung. In vielen Fällen gipfelt diese Krankheit in einem Herzinfarkt.

Mögliche Ursachen

Eine Ursache des heute häufig vorkommenden Übergewichts bei Erwachsenen ist die Fähigkeit des Menschen, Fett für Notzeiten zu speichern. Diese Fähigkeit geht entwicklungsgeschichtlich bis in die Frühzeit zurück. Unsere Vorfahren konnten sich nicht immer sattessen, sie mußten öfter hungern. Wenn die Gelegenheit da war, aßen sie deshalb auf Vorrat. Unsere Fettzellen haben sich im Laufe der Jahrtausende darauf eingestellt.

Der moderne Mensch ist also heute mit einer Menge an Fettzellen ausgestattet, die in der Steinzeit noch ihre Berechtigung hatten. Im Gegensatz zu früher steht heute ausreichend Nahrung zur Verfügung. Das Nahrungsangebot in der modernen Industriegesellschaft (in Ländern der dritten Welt gibt es keine Übergewichtigen!) ist so überreichlich, daß Hungerphasen gar nicht auftreten.

Der gesunde Mensch braucht je nach Tätigkeit eine bestimmte Anzahl an Kalorien oder Joule (Maßeinheiten für den Brennwert eines Nahrungsmittels). Das bedeutet: Wer viel und schwer körperlich arbeitet, braucht mehr davon. Wer weniger oder gar nicht arbeitet, braucht weniger. Überschreitet man nun diesen persönlichen Bedarfswert, lagert der Körper Fette in seinen Zellen ab. Dabei gibt es zwischen Männern und Frauen Unterschiede.

Wer kennt bei uns noch wirklichen Hunger? Dennoch stürzen wir uns jeden Mittag und jeden Abend wie Holzfäller auf die warmen Mahlzeiten. Wer zweimal warm ißt – und sich tagsüber nur wenig bewegt –, legt ein Grundpolster für Übergewicht.

Kalorienverbrauch

- Männer mit leichter Bürotätigkeit, 175 Zentimeter groß, 68 Kilogramm schwer, verbrauchen pro Tag 2400 Kilokalorien
- Frauen, 170 Zentimeter groß, 60 Kilogramm schwer, verbrauchen 2200 Kilokalorien

Bei körperlich anderen Voraussetzungen (kleiner oder größer) und anderen Tätigkeiten (Schwerstarbeit) steigen oder sinken die Bedarfszahlen natürlich. Aber in der Regel ernähren sich die meisten von uns trotz leichter Tätigkeiten wie Schwerstarbeiter. Die Folge sind Fettablagerungen im Gewebe, die sich an den jeweiligen Problemzonen niederschlagen und eine Reihe von Folgeerkrankungen bewirken.

Zum Essen verführt

Manchmal verhält es sich wirklich so: Das Essen ist der absolute Höhepunkt des Tages. Und jeder möchte zumindest einmal am Tag zufrieden sein. Die Seele hätte aber andere Bedürfnisse…

Die Gründe für den übermäßigen Appetit können vielfältig sein: auf der einen Seite ein riesiges Angebot an Nahrungsmitteln, auf der anderen Seite eine Gesellschaft, die nicht nur aus Hunger zum Essen greift, sondern auch wegen seelischer Frustrationen oder schlicht aus Langeweile.

Betroffen sind vor allem Menschen, die unzufrieden sind; Menschen, die Enttäuschungen erlebt haben, Menschen, die mit sich selbst und anderen nicht zufrieden sind, Menschen, die schon als Kind Essen als Ersatz für Zuwendung bekommen haben.

Ein weiterer, oft übersehener Grund für übermäßigen Appetit liegt in der Wirkung von Essen auf das Gehirn und seine Funktionsweise: Essen macht high. Es kann die Ausschüttung von sogenannten Glückshormonen, Endorphinen, verstärken. Essen macht also tatsächlich gute Laune. Der Volksmund kennt die Vorgänge auf der Basis der Botenstoffe im Gehirn (Neurotransmitter) schon lange: »Liebe geht durch den Magen!« D.h., daß Essen angenehme Gefühle hervorrufen kann. Leider halten diese bei übergewichtigen Menschen nicht lange genug an, denn nur allzu schnell kommen die Selbstvorwürfe, die den Genuß zerstören.

Seelische Hintergründe

Die abgelagerten Fettschichten im Körpergewebe stellen nicht nur ein Depot für schlechte Zeiten dar, sondern sie bilden auch ein dickes Fell, das sich als Schutzschicht verstehen läßt. So schützt etwa ein Fettmantel bei Temperaturwechsel vor Auskühlung. Diese physiologische Wirkung auf der Körperebene läßt sich aber auch übertragen: Die Fettschicht bildet einen emotionalen Panzer, der die Dicken scheinbar auch vor gefühlsmäßigen Einflüssen aus der Umwelt schützen kann. Das Signal der Fettschicht lautet daher auf der psychologischen Ebene: »Schütze dich vor Anforderungen von anderen Menschen, lasse nicht alles in dich hinein.« Dicke gelten ja nicht selten auch deswegen als umgängliche Menschen, die nichts aus der Ruhe bringen kann. Trägheit kann so auch vor überzogenen Anforderungen schützen.

Umgekehrt heißt das: Wenn dieser Panzer abgebaut wird, werden Anforderungen an uns herangetragen, und dafür brauchen wir Fähigkeiten, die wir vielleicht (noch) nicht besitzen.

Selbsthilfe und alternative Behandlungsmethoden

Wer unter einem gewissen Maß an Übergewicht leidet und dieses relativ früh bemerkt, kann sich natürlich auf einfache Weise selbst helfen: Weniger und vor allem anders essen heißt das Gebot der Stunde. Leider verstehen die meisten Menschen darunter eine einfallslose Diät oder zwingen sich, anfallsweise gar nichts mehr zu essen. Immer wiederkehrende Fastenkuren, die eigentlich einen reinigenden Effekt haben, werden zur Gewichtsreduktion mißbraucht. Erfolglos, wie allen voran unser Bundeskanzler beweist. Solche Crash-Kuren zementieren die ungesunde Lebensweise. Ist die qualvolle Zeit der Diät endlich vorbei, holt der Körper sich all das zurück, was man ihm unter großen Entbehrungen gewaltsam vorenthalten hatte. Das Ende vom Lied: Die Pfunde kehren schneller zurück als befürchtet.

> ## Hilfreiche Fragen zur Selbsterkenntnis
> - Welchen Situationen weichen Sie mit Essen aus?
> - Wovor laufen Sie davon?
> - Wie holen Sie sich übers Essen Zuwendung?
> - Welche anderen Möglichkeiten haben Sie?
> - Welche Fähigkeiten benötigen Sie, um Ihre Probleme zu bewältigen?

Mit einem Ernährungstagebuch gelingt es Ihnen auf alle Fälle, Fehlern auf die Spur zu kommen. Essen Sie zwei Wochen lang einfach weiter wie bisher, aber notieren Sie genau, was Sie essen!

Wie Sie Übergewicht langfristig ohne Diäten abbauen können, lesen Sie in dem Ratgeber »Der mentale Weg zur idealen Figur« von Margot Hellweiß und Falk Scheithauer, der ebenfalls im Südwest Verlag erschienen ist.

Nicht nur der Blick auf den nach links gerückten Zeiger der Waage sollte begeistern, auch der Blick in den Spiegel. Die meisten Menschen strahlen nach einigen abgenommenen Pfunden sehr viel Positives aus.

Analysieren Sie Ihr Ernährungstagebuch!

- Arbeiten Sie die Situationen, in denen Sie viel essen, heraus.
- Überlegen Sie, was Sie anstelle des Essens unternehmen können.
- Überlegen Sie sich auch, welche Verhaltensweisen Ihnen helfen könnten, diese Situationen anders als bisher zu bewältigen.

Analysieren Sie Ihre Lebensmittel!

- Nehmen Sie alles, was Sie essen, genau unter die Lupe.
- Reduzieren Sie langsam Ihre Fettzufuhr, indem Sie auf fettreduzierte Nahrungsmittel ausweichen.
- Lassen Sie sehr fettreiche Lebensmittel einfach weg und tauschen Sie durch andere (Geflügel statt Schweinefleisch, Milch oder Joghurt statt Sahne) aus.
- Essen Sie weniger Zucker oder zuckerhaltige Nahrungsmittel. Greifen Sie statt dessen zu frischem Obst.

Überprüfen Sie nach drei Wochen, wieviel Sie abgenommen haben. Der Blick auf die Waage sollte Sie motivieren, die einmal eingeschlagene Richtung beizubehalten. Denn Sie können auf diese Weise Ihr überschüssiges Gewicht abbauen, ohne an Lebensqualität zu verlieren.

Wenn Sie sich einmal mit Essen belohnen wollen, dann greifen Sie nicht zu Süßigkeiten, sondern zu frischem Obst. Einerseits schmeckt es sehr gut, und andererseits tun Sie Ihrem Körper damit etwas Gutes: Sie füttern in mit wichtigen Vitaminen und Mineralstoffen.

Wann zum Arzt?

Wenn alle Selbsthilfebemühungen nichts nützen und Sie mehr als 10 bis 20 Kilogramm Übergewicht mit sich herumschleppen, sollten Sie einen Arzt hinzuziehen.

Versuchen Sie nicht, sich mit Appetitzüglern selbst zu therapieren! Sie enthalten meistens einen Präparatecocktail und machen abhängig. Außerdem schädigen sie massiv das natürliche Gleichgewicht im Stoffwechsel!

Welche Psychotherapie eignet sich?

Ob eine ambulante Psychotherapie oder eine stationäre Maßnahme notwendig ist, sollten Sie gemeinsam mit Ihrem Arzt besprechen. Viele psychosomatische Kliniken bieten inzwischen vernünftige und wirksame Therapieprogramme gegen Übergewicht an.

Nervöser Darm (Reizkolon)

Typische Beschwerden und Komplikationen

Meist verursacht ein nervöser Darm Beschwerden, die sich nur schlecht zuordnen lassen. Die Betroffenen wissen nicht genau, was und wo es ihnen weh tut. Der Bauch ist oft aufgetrieben und produziert eine Reihe von Geräuschen. Er ist hart und angespannt, Winde gehen ab. Danach fühlt man sich zeitweise etwas besser – bis sich wegen der weiteren Blähungen die Bauchdecke wieder spannt. Häufig wechseln sich Verstopfung und Durchfall bzw. häufiger Stuhlgang miteinander ab. Menschen mit nervösen Darmbeschwerden leiden unter ständigem Völlegefühlen. Unternimmt der Betroffene nichts gegen solche Verdauungsbeschwerden, läßt er auch die psychologische Ebene außer acht, so wird die Störung leicht chronisch.

Eine Lieblingsspeise, die nicht vertragen wird, muß nicht unbedingt gemieden werden. Manchmal gibt es überraschend andere Zubereitungen, die sie doch bekömmlich machen – etwa grüne Parikaschoten, denen man das Außenhäutchen abzieht.

Mögliche Ursachen

Unregelmäßig auftretende Verdauungsbeschwerden mit vereinzelten Blähungen und Völlegefühlen sind normal. Sie sind die ersten Anzeichen dafür, daß die betroffene Person Schwierigkeiten hat, ihre Probleme zu verarbeiten. Sie können aber auch einen Hinweis geben, daß man bestimmte Nahrungsmittcl nicht verträgt.

149

Sollten Sie jedoch feststellen, daß Sie immer wieder unter solchen Verdauungsbeschwerden leiden, kann das ein Anzeichen dafür sein, daß Sie Ihre Probleme in sich hineinfressen und (noch) nicht richtig lösen können.

Seelische Hintergründe

Ungefähr vier bis fünf Stunden nach dem Essen beginnt der Dünndarm, die Nahrungsstoffe an den Dickdarm weiterzugeben, der ihnen noch einen Rest an Verwertbarem entziehen kann.

Der Darm gehört wie der Magen zu den Verdauungsorganen. Hier werden aber nicht nur Nahrungsmittel verdaut, sondern auf der symbolischen Ebene auch Schwierigkeiten, die sich im Leben stellen. Aufgrund der sensiblen Zusammenhänge zwischen Seele und Körper (Psyche und Soma) – hier zwischen dem seelischen Zustand einer Person und seiner Verdauung – können gerade in diesem Bereich vielfältige Störungen auftreten. Das Signal des Darms lautet: Du frißt alles in dich hinein und behältst es zu lange dort!

Menschen mit Darmbeschwerden sind also meistens Personen, die alle Probleme auch auf sich beziehen, selbst wenn sie gar nichts damit zu tun haben. Sie können nicht loslassen und beschäftigen sich viel zu lange damit.

Eine Familienkrankheit

In vielen Familien gibt es ein Muster, nach dem Probleme gelöst werden. Die Kinder lernen es von den Eltern. Reagieren die auf Probleme mit Verdauungsschwierigkeiten, machen die Kinder dieses häufig nach. Natürlich kann eine gewisse Veranlagung auch vererbt sein. Schwierig wird es, wenn Vererbung und Vorbild in einer Familie aufeinandertreffen. Dann kann es schwer werden, sich aus einem solchen Teufelskreis selbst zu befreien. Eventuell sollte man sich dann um kompetente psychotherapeutische Hilfe bemühen.

Selbsthilfe und alternative Behandlungsmethoden

Am besten wirkt eine Doppelstrategie gegen Verdauungsbeschwerden: Zelebrieren Sie eine Teestunde, in der Sie es sich gemütlich machen und überlegen, was Sie in bestimmten Fällen tun könnten. Dazu sollten Sie sich eine feste Zeit aussuchen, in der Sie möglichst wenig gestört werden, und sich ein kleines Teeritual ausdenken. Natürlich trinken Sie bestimmte Teesorten, die nebenbei auch noch helfen, ruhiger zu werden und besser zu verdauen.

Das Teeritual

- Suchen Sie sich einen ruhigen Platz und eine relativ ruhige Zeit in Ihrem Tagesablauf, um für ungefähr eine halbe Stunde Tee zu trinken und nachzudenken.
- Bereiten Sie sehr langsam, bedächtig und konzentriert den Tee zu.
- Während der Tee zieht, konzentrieren Sie sich darauf, sich etwas zu entspannen (siehe auch »Drei sehr wirkungsvolle Entspannungsverfahren«, Seite 174 ff.).
- Trinken Sie langsam und in kleinen Schlucken.
- Entspannen Sie weiter dabei.
- Nun lassen Sie Ihren Tag an sich vorüberziehen und überlegen, welche Probleme Sie heute in sich hineingefressen haben.
- Stellen Sie sich vor, wie Sie auf die Toilette gehen, sich entleeren und dabei diese Probleme mit wegspülen!

Diese Kräuter halten, als Tee getrunken, Ihren Darm in Schwung: Kümmel, Fenchel, Anis, Kamillenblüten, Scharfgarbenkraut und natürlich auch eine fertige Magen-Darm-Teemischung.

Ein Beschwerdetagebuch hilft Ihnen, die Situationen zu entdecken, auf die Sie mit Verdauungsproblemen reagieren. Auf jeden Fall sollten Sie sich ein dickeres Fell zulegen. Immunisieren Sie sich wenigstens gegen die Probleme, die Sie gar nicht betreffen (siehe auch »Das Problemlösetraining«, Seite 196 ff.).

Die folgenden Tips werden Ihnen helfen, wieder Ruhe und Ordnung in die Vorgänge Ihrer Verdauung zu bringen:

- Meiden Sie blähende Speisen wie z. B. Kohl, Zwiebeln und Hülsenfrüchte.
- Trinken Sie kohlensäurearmes oder -freies Mineralwasser; in manchen Städten ist auch das Leitungswasser gut genug.
- Gehen Sie regelmäßig zur etwa gleichen Zeit auf die Toilette. Sie sollten den Stuhlgang möglichst wenig unterdrücken. Das Zurückhalten des Stuhls führt mit Sicherheit zu Verdauungsbeschwerden!
- Wenn Sie mal nicht »können«, trinken Sie morgens auf leeren Magen vor dem Frühstück ein Glas warmes Wasser.

Rezept für Kräutertee: Je 25 Gramm Kümmel, Pfefferminzblätter, Kamillenblüten und Baldrianwurzel mischen und einen großen Eßlöffel davon in einer weiten Tasse mit heißem Wasser übergießen; fünf bis zehn Minuten ziehen lassen. Den Tee mehrmals am Tag warm trinken.

151

Wann zum Arzt?

Bei leichten Verdauungsbeschwerden brauchen Sie keine medizinische Hilfe. Nur wenn Sie befürchten, dahinter verberge sich eventuell noch eine andere Erkrankung (gibt es noch zusätzliche Symptome, die darauf hindeuten könnten?), sollten Sie vorsichtshalber einen Arzt zu Rate ziehen.

Hilfe durch die Schulmedizin

Die meisten Ärzte verschreiben bei Verdauungsproblemen des Darms schnell einige Medikamente (Entschäumungsmittel) auf Enzymbasis, die den Magen-Darm-Trakt entlasten sollen. Die Wirksamkeit dieser Präparate ist allerdings umstritten. Doch bevor der Arzt zum Rezeptblock greift, wird er sich mit Ihnen unterhalten. Vielleicht schälen sich dabei schon bestimmte Probleme heraus.

Verstopfung (Obstipation)

Typische Beschwerden und Komplikationen

Die häufigsten Gründe für Verstopfung sind einfach Bewegungsmangel und fehlende Ballaststoffe in der Nahrung.

Der Stuhl ist hart, die Darmentleerung fällt schwer. Zurück bleibt das Gefühl, nicht alles ausgeschieden zu haben. Manchmal wird eine Verstopfung begleitet von Bauchschmerzen.

Bleibt eine chronische Verstopfung unbehandelt, können sich Ausstülpungen der Darmwand (Divertikel) bilden und sich entzünden. Im schlimmsten Fall entwickelt sich daraus ein Darmkrebs.

Mögliche Ursachen

Wer viel Schwerverdauliches ißt, hat selbstverständlich auch mal harten Stuhlgang. Das ist noch lange kein Grund zur Sorge. Wer zu wenig trinkt, braucht sich nicht zu wundern, wenn der Stuhl hart wird. Und wer die Entleerung mal unterdrückt hat, stellt fest, daß der Stuhl jetzt besonders lange im Körper verbleibt.

Empfindliche Menschen, die sehr auf ihre Körperfunktionen und besonders auf ihren Stuhlgang achten, begehen manchmal eine folgenschweren, aber leicht rückgängig zu machenden Irrtum: Sie glauben, sie würden zuwenig auf die Toilette gehen, weil sie nur dreimal pro Woche »müssen«. Die Konzentration auf die Entleerung und die

Sorge, sich von dem Abfall befreien zu müssen, verleitet zu dieser Fehleinschätzung. Ärzte sehen es dagegen als völlig normal an, sich etwa dreimal pro Woche zu entleeren. Erst wenn es weniger wird, spricht man von Verstopfung.

Verstopfungen können auch die Folge einer Umstellung sein, z. B. bei Urlaubsreisen, bei Umzügen, an einem neuen Arbeitsplatz usw. Alles, was geeignet ist, den normalen Lebensrhythmus durcheinanderzubringen, kann zu Verstopfungen führen.

Die Mastdarmtätigkeit läßt sich durch kreisförmiges, leicht pressendes Massieren der Bauchdecke schneller in Gang bringen.

Seelische Hintergründe

Gerade Personen, die sich schwertun, etwas loszulassen, neigen zu Verstopfung. Der seelische Einfluß auf die Verdauung ist auch für den medizinischen Laien einsehbar und vor allem relativ leicht in Selbsthilfe zu korrigieren.

Auf der physiologischen Ebene verbleibt die Nahrung nicht nur zu lange im Verdauungstrakt, sondern sie ist auch stark entwässert.

Selbsthilfe und alternative Behandlungsmethoden

Natürlich kann man der Verstopfung auch auf einfache Art vorbeugen. Dabei haben sich zwei Strategien bewährt, die sowohl auf der psychischen als auch auf der physischen Ebene ansetzen:

- Kleben Sie nicht unnötig lange an einem Problem, sondern versuchen Sie, Ihre Schwierigkeiten auf dem kürzesten Weg zu lösen.
- Trinken Sie morgens vor dem Frühstück ein Glas warmes Wasser oder einen Fruchtsaft. Sie können zusätzlich auch etwas Weizenkleie oder Leinsamen einnehmen. Meist hilft auch eine über Nacht in Wasser eingeweichte Trockenpflaume.

Rezept für einen Abführtee

60 Gramm Sennesblätter (aus der Apotheke), 10 Gramm Fenchel, 10 Gramm Kamillenblüten, 20 Gramm Pfefferminzblätter mit heißem Wasser in einer großen Tasse aufgießen, zehn Minuten ziehen lassen, abgießen. Morgens oder abends eine Tasse Tee trinken. Die Wirkung tritt nach zehn bis zwölf Stunden ein. Nicht länger als zwei Wochen einnehmen!

Wann zum Arzt?

Mit natürlichen Methoden lassen sich bei Verstopfung die gleichen Effekte erzielen wie unter Zuhilfenahme von Präparaten.

Wenn die Verstopfung schlagartig auftritt und über eine Woche anhält, brauchen Sie medizinische Hilfe.

Hilfe durch die Schulmedizin

Der Arzt wird zunächst versuchen, die Ursachen diagnostisch abzuklären, um dann dem Problem mechanisch oder physikalisch zu Leibe zu rücken. Entweder gibt er Ihnen einen Einlauf oder er versucht, den harten Stuhl mit der Hand aus dem Darm zu entfernen. Manche Ärzte bevorzugen abführende Medikamente.

Durchfall (Diarrhö)

Typische Beschwerden und Komplikationen

Der Stuhl ist breiig bis flüssig. Nach dem Stuhlgang fühlt man sich zunächst etwas erleichtert, dann aber schlaff und abgespannt. Bei Durchfall gibt der Körper zuviel Flüssigkeit ab. Mit ihr verliert er auch wichtige Stoffe, z.B. Kalium und Magnesium, sogenannte Elektrolyte. Zusätzlich besteht die Gefahr eines Kreislaufkollapses.

Bedrohlicher Wasserverlust

Kinder und ältere Menschen können größere Flüssigkeitsverluste nur schwer verkraften. Deshalb sollten sie bei Durchfall viel trinken und sofort zum Arzt gehen.

Mögliche Ursachen

In den meisten Fällen von Durchfall handelt es sich um eine Darminfektion mit Viren, Kolibakterien, Staphylokokken, Salmonellen usw. Besonders schwere Durchfälle können durch Typhus- und Paratyphuserreger oder durch mit Campylobacter infizierte Nahrungsmittel, Ruhrerreger (Shigellen) und Cholerabakterien ausgelöst werden. Diese Durchfälle sind vor allem an ihren schweren Nebenerscheinungen zu erkennen: Fieber, Flecken auf der Haut, blutig-schleimiges Erbrechen, himbeerartiger Stuhl, Harnverhaltung usw.

In der Regel handelt es sich jedoch um eine mehr oder weniger harmlose Verdauungsstörung, die durch eine Infektion ausgelöst wird. Bei der sogenannten Darmgrippe fällt auf, daß manche Personen an ihr erkranken, andere dagegen nicht. Das läßt sich mit der unterschiedlichen Abwehrfähigkeit des Immunsystems erklären. Menschen, die unter Problemen leiden, besitzen oft ein geschwächtes Immunsystem und neigen deshalb dazu, an Infektionen zu erkanken, die Menschen mit einem stabilen Immunsystem abwehren können.

Wenn Sie nicht genau wissen, ob es sich um eine ernsthafte Darminfektion handelt oder um eine harmlose Verdauungsstörung, gehen Sie zum Arzt. Lassen Sie die Ursachen von ihm abklären, bevor Sie sich unnötig in Angst versetzen. Mit diesem Schritt gehen Sie auch psychologisch sinnvoll vor: Sie schieben ein Problem nicht ungeklärt ab.

Seelische Hintergründe

Auf der physiologischen Ebene ist klar, was passiert: Der Magen-Darm-Inhalt wird zu stark verflüssigt und passiert zu schnell den Darm. Auf der psychologischen Ebene bedeutet das: Ein Problem wird mit zu starken Mitteln zu schnell bearbeitet. Die Folge: sturzartige Lösungen.

Selbsthilfe und alternative Behandlungsmethoden

Wenn Sie auf Reisen sind, können Sie Darminfektionen durch verschiedene hygienische Maßnahmen vorbeugen: Trinken Sie nur in Flaschen abgefülltes Wasser oder frisch aufgebrühte Getränke. Essen Sie nur frisch Gebratenes oder Gedünstetes; nur wenn die Speisen auch innen gar sind, wurden während der Zubereitung alle Keime abgetötet. Verzichten Sie auf Eiswürfel und Speiseeis oder gar Leitungswasser. Machen Sie einen Bogen um Obst und Gemüse, das Sie nicht selbst geschält haben. Zu Hause reichen einfache hygienische Maßnahmen meistens aus, um Darminfektionen vorzubeugen. Dazu gehört das Abwaschen von Gemüse und Obst ebenso wie das Waschen der Hände und das Desinfizieren der Toilette etc.

Am sinnvollsten ist, das eigene Immunsystem zu stärken und sich so vor Infektionen zu schützen: Öfter mal heiß/kalt abduschen, regelmäßige Saunabesuche, viel Bewegung an der frischen Luft, regelmäßiger Freizeitsport. Wer dann noch darauf achtet, sich am Arbeits-

Jeder, der sich an die Schulzeit und bevorstehende Klassenarbeiten erinnert, weiß, welche Rolle z. B. die Prüfungsangst bei der Entstehung von Durchfall spielt.

155

platz oder im Haushalt nicht ständig zu überfordern, sondern sich auch ausreichende Ruhepausen gönnt, der wird topfit!

Mit der Kraft der Bilder

So gleichen Sie den Flüssigkeitsverlust bei Durchfall aus: 2,5 Gramm Speisesoda aus der Apotheke, 1,5 Gramm Kaliumchlorid, 3,5 Gramm Kochsalz, 20 Gramm Traubenzucker in einem Liter Wasser auflösen und mehrmals am Tag ein bis zwei Gläser trinken.

Nehmen Sie sich öfter in der Woche ein paar Minuten Zeit, setzen Sie sich in eine ruhige Ecke, und schließen Sie die Augen. Stellen Sie sich vor, wie Ihre Immunpolizei im Blut fremde Eindringlinge ganz einfach auffrißt und ausscheidet. Dabei sollten Sie vorstellungsmäßig an den Ort der Infektion gehen (in diesem Fall in den Darm). Das hat sofort eine höhere Durchblutung dieser Region zur Folge und damit eine höhere Bereitstellung von Antikörpern (Immunzellen). Versuchen Sie, nervöse Erregungszustände in den Griff zu bekommen.

Bei Durchfällen sollten Sie nichts Schwerverdauliches essen, dafür aber viel trinken. Gut eignen sich gesüßter Tee (aber nicht mit Süßstoff, da er abführend wirkt), Mineralwasser oder Cola, das Sie durch Schütteln kohlensäurefrei gemacht haben. Dazu gibt es Zwieback oder Salzletten. Früchte enthalten Kalzium und Zucker und fördern die Aufnahme von Mineralsalzen, die Sie bei schweren Durchfällen schnell verlieren. Und halten Sie sich warm.

Wann zum Arzt?

Denn Arzt müssen Sie nur aufsuchen, wenn der Durchfall längere Zeit (über drei Tage) anhält oder Sie Spuren von Blut, Schleim oder Fett in Ihrem Stuhl finden. Eine Ausnahme davon bilden Kinder. Sie brauchen sofort ärztliche Hilfe, vor allem wenn zusätzliche Symptome wie Erbrechen oder Fieber auftreten.

Hilfe durch die Schulmedizin

Die Behandlung mit Durchfallmitteln ist meistens nicht notwendig. Meist kann man auch auf Kohletabletten oder ähnliche Hausmittel wie Johannisbrotmehl verzichten, weil sie nur wenig helfen. Der Durchfall befördert ja auch die Krankheitskeime auf dem schnellsten Weg aus dem Körper, und das sollte man nicht behindern. Erst wenn der Durchfall längere Zeit dauert und der Flüssigkeitsverlust gefährliche Formen annimmt, kann man mit Medikamenten die Darmbewegungen herabsetzen. Antibiotika haben nur dann Sinn, wenn die Erreger nachgewiesen sind.

Chronische Dickdarmentzündung mit Geschwüren (Colitis ulcerosa)

Typische Beschwerden und Komplikationen

Die Colitis ulcerosa ist eine Entzündung der Schleimhäute des Dickdarms und verläuft meistens schubweise. Dabei unterscheidet man verschiedene Ausprägungen der Erkrankung, von akut über chronisch wiederkehrend bis chronisch kontinuierlich. Sie bereitet starke Schmerzen in der Darmgegend. Dabei können Appetitlosigkeit, Gewichtsverlust und Blutarmut auftreten. Ist der ganze Dickdarm befallen, verliert der Patient viel Blut. Meistens kommen Gelenkschmerzen, Hauterkrankungen und Augenentzündungen als Begleiterkrankungen hinzu. Leider sind die meisten Kolitispatienten nicht sofort bereit, sich in eine Psychotherapie zu begeben – obwohl die Psyche bei dieser Erkrankung eine große Rolle zu spielen scheint –, sondern wollen ausschließlich medikamentös behandelt werden. Das kann dazu führen, daß aus den akuten Schüben später eine chronische Erkrankung wird. Da die Patienten in ihrem Leben stark eingeschränkt sind, werden viele gereizt und unleidlich. Das Risiko, an Dickdarmkrebs zu erkranken, steigt an.

Die Colitis ulcerosa ist eine schwere, chronische Dickdarmerkrankung, die mit blutig-schleimigen Durchfällen verläuft.

Mögliche Ursachen

Die genauen Ursachen der Colitis ulcerosa sind noch nicht geklärt. Man nimmt aber an, daß sowohl erbliche Faktoren als auch Autoimmunreaktionen (Immunsystem greift den eigenen Körper an) beteiligt sind und daß die psychische Komponente eine große Rolle spielt. Ausgelöst wird die Erkrankung meistens in Lebensphasen, die als bedrohlich empfunden werden, wie z.B. Trennung vom Partner oder andere Konfliktsituationen.

Seelische Hintergründe

Bei der Kolitis wird ein Konflikt tief in die Schichten des Darms verlagert und auf der körperlichen Ebene ausgetragen. Welche Konflikte dahinterstecken, erfährt man, wenn man sich die Persönlichkeit des Patienten genau ansieht. Es sind in der Regel sehr freundliche und angepaßte Menschen, die jedem größeren Konflikt aus dem Weg gehen. Das bedeutet aber auch: Es sind Menschen, die sich nur wenig um ihre eigenen, tatsächlichen Bedürfnisse kümmern, sondern eher um die der anderen, z. B. der Freundin, des Freundes oder des Ehepartners. Das Signal der Kolitis heißt: Kümmere dich endlich um deine wirklichen Bedürfnisse!

Selbsthilfe und alternative Behandlungsmethoden

Vorbeugende Maßnahmen gibt es kaum. Die einzige Möglichkeit besteht darin, sich möglichst faser- und ballaststoffreich zu ernähren. Darüber hinaus kann eine konfliktbereite Lebensführung das Krankheitsrisiko verringern.

Wann zum Arzt?

Schon beim ersten Anzeichen oder Verdacht auf eine Dickdarmentzündung brauchen Sie ärztliche Hilfe. Wenn es der Arzt nicht sowieso tut, sprechen Sie selbst das Thema Psychotherapie an.

Welche Psychotherapie eignet sich?

Die seelische Ebene hat bei jedem Menschen unterschiedliche Ausprägungen; ebenso individuell verhält sich der Körper in seinen Reaktionen. Bei Magen-Darm-Problemen muß der Therapeut beides kombiniert betrachten.

Je länger ein Patient an solchen chronischen Darmerkrankungen leidet, desto größer wird seine Bereitschaft, nicht nur medikamentöse Behandlungen auszuprobieren. Dabei sollten psychotherapeutische Möglichkeiten im Vordergrund stehen. Zwar garantieren auch sie keine Beschwerdefreiheit, aber der Umgang mit der Krankheit und den Beschränkungen im Leben fällt leichter. Daß seelische Faktoren die Krankheit mit auslösen, erhöht den therapeutischen Nutzen einer psychologischen Behandlung.

Bei Magen- und Darmproblemen eignen sich aufhellende und handlungsorientierte Psychotherapien am besten.

Hilfe durch die Schulmedizin

Bei dramatischem Blut- und Gewichtsverlust ist meistens ein sehr großer Teil des Dickdarms befallen. In diesem Fall wird der betroffene Darmabschnitt entfernt. Nach einem solchen Eingriff bessern sich die Beschwerden rasch.

Bei akuten Krankheitsschüben verschreibt der Arzt oft Kortison oder Sulfasalazin. Obwohl diese Wirkstoffe die Ruhephasen zwischen den Schüben verlängern, können sie die Krankheit nicht heilen.

Chronische Entzündung der Darmschleimhaut und der Darmwand (Morbus Crohn)

Typische Beschwerden und Komplikationen

Morbus Crohn befällt meistens nur die letzte Darmschlinge, dort entzünden sich Darmwand und Darmschleimhaut chronisch. Nur in seltenen Fällen breitet sich die Erkrankung auf den ganzen Darmtrakt von der Speiseröhre bis zum After aus. Unabhängig davon, wo sich der Krankheitsherd lokalisiert, verliert der Patient Gewicht und wird immer wieder von Fieberschüben geschüttelt. Daneben können Gelenkschmerzen, Erkrankungen der Haut, Augenentzündungen und eine Blinddarmentzündung auftreten. Solche Erkrankungen zeigen oft den Beginn eines Morbus Crohn an. Typische Hinweise liefern aber auch Schleimhauteinrisse und Fisteln am After. Im Laufe der Zeit treten anfallsartig immer wieder heftige Bauchschmerzen auf, häufig verbunden mit blutigem Schleim und wäßrigen Durchfällen. In dieser Zeit fühlen sich die Betroffenen allgemein krank und schlapp.

Die häufigen Blutungen können zu einer Blutarmut (Anämie) führen. Im fortgeschrittenen Stadium können sich Fisteln bilden, deren Eitergänge sich in gesunde Darmteile entleeren und so weitere Komplikationen hervorrufen. Außerdem steigt das Risiko, an Krebs zu erkranken. Trotz medizinischer Behandlung leidet jeder dritte Betroffene an anhaltenden Beschwerden. Meist werden diese Menschen allerdings nur medikamentös, aber nicht psychotherapeutisch versorgt.

Eine Psychotherapie kann hier Abhilfe schaffen und es den Patienten trotz ihrer Erkrankung ermöglichen, ein halbwegs normales Leben zu führen.

Die klassische Diagnose von Morbus Crohn hat bei Versagen der medikamentösen Behandlung eine Operation zur Folge. Mit Hilfe der Psychotherapie wird der Leidensweg aber abgemildert.

Mögliche Ursachen

Beim Morbus Crohn, auch Crohn-Krankheit oder Enteritis regionalis genannt, ist es ähnlich wie bei anderen Magen-Darm-Erkrankungen: Man kann die genauen Ursachen (noch) nicht benennen. Man weiß aber, daß Morbus Crohn in einzelnen Familien gehäuft und in den letzten Jahren auch verstärkt auftritt.

Was die Krankheit fördert

Wissenschaftler vermuten, daß Morbus Crohn begünstigt wird durch:

- Das Erbgut
- Psychosozialen Streß
- Eine Veranlagung zu Allergien
- Eine sehr zuckerreiche Ernährung
- Eine Kombination mehrerer dieser Faktoren

Ballaststoffreiche Ernährung und eine ausgeglichene Lebensweise senken das Risiko, an Morbus Crohn oder Colitis ulcerosa zu erkranken, erheblich.

Möglicherweise sind auch Bakterien beteiligt. In diesem Fall würden die psychischen Beeinträchtigungen sogar eine noch größere Rolle spielen: Bei einem durch psychischen Streß geschwächten Immunsystem haben Bakterien natürlich leichtes Spiel, bei starken Abwehrkräften hätten sie dagegen kaum eine Chance!

Seelische Hintergründe

Wie die Colitis ulcerosa (Seite 157ff.), findet sich Morbus Crohn vor allem bei Menschen, die Konflikte nicht konsequent austragen, sondern auf die körperliche Ebene verlegen. Mit der physischen Entzündung zeigt der Körper an, daß er diese Art, mit den Problemen umzugehen, nicht länger mitmachen kann und will. Das Signal des Körpers bei Morbus Crohn lautet: Kümmere dich nicht so viel um andere, sondern um deine eigenen, um deine echten Bedürfnisse!
Darmkranke sind zwar nett zu ihrer Umwelt, aber meistens sehr unfreundlich zu sich selbst. Sie weichen Konflikten mit anderen um der lieben Harmonie willen aus – und müssen letztlich darunter leiden. Finden sie aber einen Zugang zu sich selbst und zu ihren eigenen Bedürfnissen – z.B. durch eine Psychotherapie –, werden sie zwar für ihre nähere Umgebung schwieriger, aber auch seelisch und körperlich gesünder. Die Krankheitsschübe verschwinden zwar meist nicht vollständig, aber sie treten weniger oft auf.

Selbsthilfe und alternative Behandlungsmethoden

Es gibt so gut wie keine Vorbeugung gegen diese Erkrankung, da sie zum großen Teil erblich bedingt ist.

Astronautenkost nicht nur im All

Eine außergewöhnliche Alternative, die aber nur selten zum Einsatz kommt, ist die Behandlung mit Astronautendiät. Diese Nährlösung wird vom Darm völlig aufgenommen und läßt Schmerzen und andere Symptome abnehmen oder ganz verschwinden. Die Behandlung kann auch selbst durchgeführt werden, allerdings nur unter Anleitung eines Arztes.

Wann zum Arzt?

Sobald Sie Veränderungen an sich feststellen, die sich auf den Darm und den Afterbereich beziehen und den oben beschriebenen Beschwerden ähneln, sollten Sie einen Arzt aufsuchen. In Kurzform: Wenn Sie krampfartige Bauchschmerzen mit Fieber, Durchfall und wechselweise Verstopfung haben, sollten Sie sich einer Darmspiegelung unterziehen. Je früher die Erkrankung entdeckt wird, desto größer sind die Behandlungschancen. Spätere Symptome für Morbus Crohn sind Ödeme (Wasseransammlungen), dann Fibrosen (Gewebeverhärtungen durch faserreiches Bindegewebe), Geschwüre und Darmverschluß.

Der Erfolg einer geänderten Lebensführung, trotz Morbus Crohn, hängt vom Einsatz des Psychotherapeuten ab.

Welche Psychotherapie eignet sich?

Aufhellende und handlungsorientierte Psychotherapien wie Psychoanalyse und Verhaltenstherapie können den belastenden Alltag mit der Erkrankung erträglicher gestalten und zu einer Verminderung der Symptome beitragen.

Hilfe durch die Schulmedizin

Verschiedene Medikamente – etwa Kortison oder Sulfasalazin – können die Schübe mildern, aber nicht verhindern. Da die Mittel meistens über einen längeren Zeitraum eingenommen werden müssen, kann es zu erheblichen Nebenwirkungen kommen.
Die konventionelle Medizin entscheidet sich dann oft für die operative Entfernung der betroffenen Darmregionen. Die Operationen beeinträchtigen die Lebensqualität allerdings sehr stark, so daß auch aus diesen Gründen eine Psychotherapie ins Auge gefaßt werden sollte.

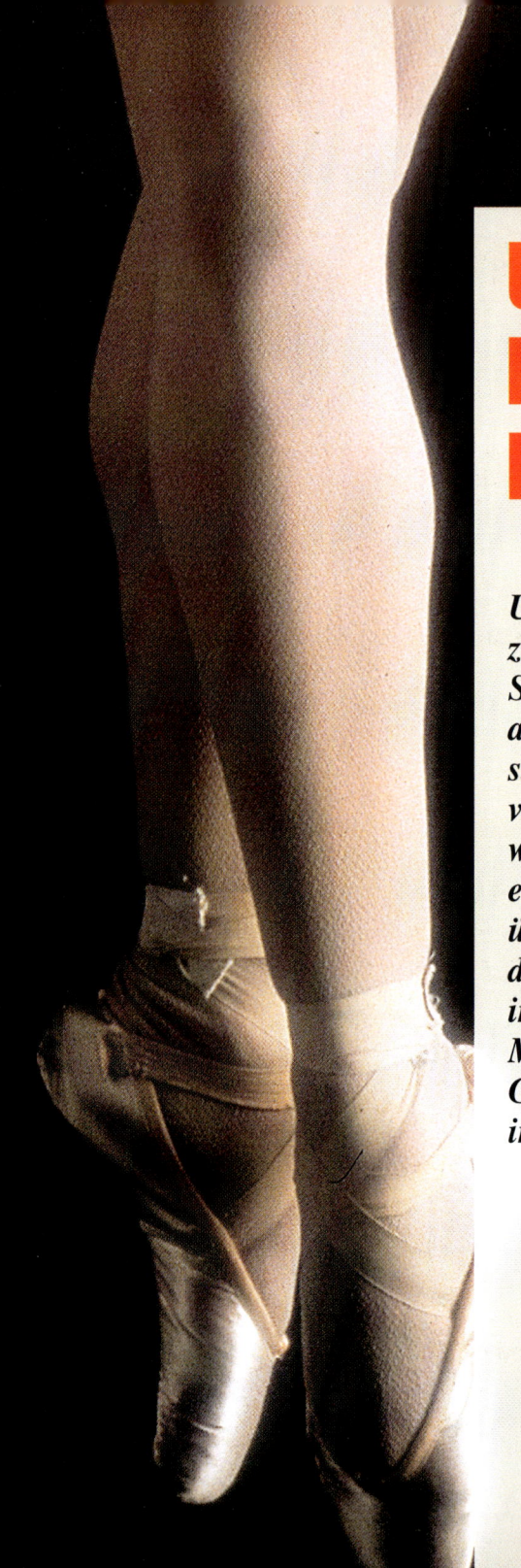

UNTER-FORDERTE BEINE

Unsere Beine sind eigentlich zum Laufen, Rennen, Schreiten und Tanzen da, aber heute sind sie häufig in steifer Haltung zum Stehen verurteilt oder baumeln bewegungslos stundenlang von einem Stuhl. Kurzfristiges, übermäßiges Nachholen dieses Bewegungsmangels in der Freizeit führt zu Muskelschmerzen und Gelenkproblemen, besonders in den Knien.

Trainierte Beine können mehr leisten

Die Beine tragen unseren Körper und sind gerade bei übergewichtigen Menschen oftmals stark belastet. Die Problemzonen: Muskeln, Gelenke, Sehnen und Bänder. Wer viel ißt, aber wenig Sport treibt, kann unter verschiedenen Störungen im Bereich der Hüfte und der Beine leiden.

Hier spielen psychosomatische Faktoren eine Rolle
- Muskelkater
- Gelenkprobleme
- Sehnen- und Bänderdehnungen

Muskelkater

Typische Beschwerden und Komplikationen

Muskelkater spüren Sie als Verspannung und Verhärtung der Muskulatur. Er äußert sich als Brennen in den betroffenen Muskeln und kann zuweilen so unangenehm sein, daß Sie sich kaum noch trauen, den betroffenen Muskel zu bewegen. In den meisten Fällen verschwindet der Muskelkater nach ein paar Tagen, ohne irgendwelche Folgen zu hinterlassen. Früher glaubte man, daß der Muskelkater rein auf eine Übersäuerung des Muskelgewebes zurückzuführen sei. Heute hat die Wissenschaft aber nachgewiesen, daß es durch die Überlastung der Muskeln dort zu mikroskopisch kleinen Muskelfibrillenrissen kommt. Sie führen zusammen mit den abgelagerten Milchsäurekristallen zu den typischen Schmerzen.

Ein Muskelkater in den Beinen verschwindet schneller, wenn man sich gleich wieder in Bewegung setzt, denn dabei wird auch die gestaute Milchsäure abgebaut und die Heilung beschleunigt.

Muskelkater ist Muskelschmerz

Die umgangssprachliche Bezeichnung Muskelkater bezeichnet einen Schmerz, der nach ungewohnter Beanspruchung im Muskelgewebe auftritt.

Mögliche Ursachen

Muskelkater tritt nur nach übermäßiger oder ungewohnter Belastung der Muskulatur auf. Zu große Beanspruchung der Muskeln veranlaßt den Stoffwechsel, mehr Abbauprodukte wie z.B. Milchsäure zu bilden. Da sie der Organismus nicht in dem Maße abführen bzw. abbauen kann, sammelt sich die Milchsäure in den Muskelfasern.

Seelische Hintergründe

Der Körper signalisiert: »Nicht so schnell, ich komme nicht mehr mit!« Möglicherweise überfordern Sie sich mit einem Tempo, das Sie nicht gewohnt sind. Das kann nun heißen: Langsamer! Aber auch: Öfter trainieren, denn Sie können Ihren Körper auch an schnellere Abbauraten der Stoffwechselprodukte gewöhnen.

Es ist keine Katastrophe, einen Muskelkater in den Beinen zu haben. Auch geübte Wanderer bekommen immer wieder einen, wenn sie vom Flachland ins Bergland gehen oder schlichtweg übertrieben haben.

Selbsthilfe und alternative Behandlungsmethoden

Wie bei allen Überforderungsphänomenen sollten Sie sich auch bei Muskelkater Gedanken machen, warum Sie sich selbst immer wieder solche Leistungen abverlangen. Was treibt Sie an?

Wenn Sie Muskelkater auf Dauer vermeiden und dabei noch topfit werden wollen, sollten Sie Ihre Muskulatur regelmäßig beanspruchen. Trainierte Muskeln sind besser durchblutet und können viel mehr leisten, ohne übermäßige Milchsäure zu produzieren.

Wann zum Arzt?

Bei Muskelkater braucht man keinen Arzt.

Sofortprogramm gegen Muskelkater

- Nehmen Sie ein warmes Vollbad direkt nach dem Sport und entspannen Sie Ihre schmerzenden Muskeln im warmen Wasser.
- Lockern Sie Ihre Muskeln mit Gymnastik unter der Dusche.
- Wechselbäder mit warmem und kaltem Wasser trainieren Ihre Muskeln und regen den Kreislauf an.
- Lockeres Laufen im Stand (vor dem eigentlichen Training) bringt die Durchblutung in Schwung.

Gelenkprobleme

Typische Beschwerden und Komplikationen

Schmerzen in den Gelenken können sehr unangenehm sein. Meist erinnern sie an die Schmerzen durch eine Stichverletzung. Gelenkschmerzen treten ganz plötzlich auf und verschwinden wieder. Manchmal hält der Schmerz auch lange an. Meist reagiert das Gelenk nur auf bestimmte Belastungen mit Schmerzen.

Ist das Gelenk verletzt, kann Blut ins umliegende Gewebe austreten. Kommt dies häufiger vor, droht eine Gelenkarthrose (Abnutzung).

»Der Mensch ist so jung wie seine Gelenke« hat sich zum Schlagwort entwickelt. Viele Menschen ziehen daher ein morgendliches Gelenktraining einem Muskeltraining vor.

Mögliche Ursachen

Meist schmerzen die Innenseiten der Gelenkkapseln, wenn die Gelenkschleimhaut (Synovialis) beschädigt oder aus einem anderen

Um Verletzungen und Schmerzen in den Gelenken vorzubeugen, sollten Sie sich vor jeder sportlichen Betätigung gründlich aufwärmen. Am besten dazu geeignet sind Stretchingübungen.

165

Von Zeit zu Zeit sollte man etwas zu sich nehmen, was die Gelenkschmiere nachfüllt. Nachdem Gelatine in Verruf geraten ist, versuchen Sie es doch einmal mit Agar-Agar, das aus Tang hergestellt wird.

Grund abgebaut wird. Allerdings kann sich auch die Gelenkflüssigkeit (Synovia) in ihrer Zusammensetzung verändern oder ihre Menge verringern. Die Gelenkflüssigkeit ist Schmiermittel, Gleitfilm und Stoßdämpfer der Gelenke in einem. Alle Schwankungen in der Blutzusammensetzung übertragen sich auch auf die Gelenkflüssigkeit und verändern sie.

Wer sich bisher nur wenig bewegt hat und nun mit einem Mal anfängt, Sport zu treiben, übertreibt es schnell und kann sich eine Vielzahl von Gelenkproblemen einhandeln. Vielleicht reicht die Menge der Gelenkflüssigkeit nicht aus, um das ungewohnt stark beanspruchte Gelenk ausreichend zu schmieren; vielleicht wird die Gelenkschleimhaut überansprucht oder gar geschädigt.

So laufen die Gelenke wie geschmiert

Bei regelmäßigem Training und mit der richtigen Ernährung bildet der Körper mehr Gelenkschmiermittel, und die Gelenke werden geschmeidiger!

Da auch ernsthafte Erkrankungen – wie Rheumatismus oder Gelenkarthrose – Schmerzen verursachen, sollte ein Arzt die Ursache der Gelenkschmerzen abklären. Auch Verletzungen bereiten oft Schmerzen. Nun erfordert eine einfache Verstauchung noch keinen Arztbesuch, aber auch hier gilt: Lieber einmal zuviel als einmal zuwenig zum Arzt gehen!

Vermeiden Sie ungewohnte Drehbewegungen der Gelenke und übermäßige Belastungen. Wenn ein Gelenk schmerzt, stellen Sie es ruhig. Fördern Sie die Durchblutung mit einer Sportlersalbe aus der Apotheke.

Seelische Hintergründe

Steife Gelenke signalisieren: Der Mensch rostet ein. Dann werden schon die normalen Bewegungsabläufe zur Tortur. Die Aufforderung lautet: Sorg' für ausreichend Bewegung und Sport! Wer sich allerdings selten oder nie richtig bewegt hat, kann nicht von einem Tag auf den anderen ein Gummimännchen werden.

Selbsthilfe und alternative Behandlungsmethoden

Sporteinsteiger oder Anfänger in einer neuen Sportart sollten sich behutsam an die ungewohnten Bewegungen herantasten. So lassen sich Überlastungen der Gelenke vermeiden.

Ein schmerzendes Gelenk braucht Pflege

- Wickeln Sie das schmerzende Gelenk warm ein.
- Wärmen Sie die betroffene Region mit einer Rotlichtlampe.
- Nach Verletzungen oder wenn das betroffene Gelenk angeschwollen ist, sollten Sie es mit einem Eisbeutel behandeln.
- Eine Elektrobehandlung mit Schwachstrom regt die Durchblutung an. Diese Maßnahme können Sie natürlich nicht selbst durchführen.

Das besonders empfindliche Kniegelenk kann im Winter mit wollenen Knieschützern warm gehalten werdem. Besonders beim Sitzen kühlt die Knieregion schnell aus.

Wann zum Arzt?

Wenn das Gelenk anschwillt, sollten Sie sofort zum Arzt.
Jeder Arzt wird Ihnen raten, das schmerzende Gelenk ruhigzustellen, sofern es sich nicht um eine ernsthafte Erkrankung mit einer anderen Ursache handelt. Um sicherzugehen, wird der Arzt meist ein Röntgenbild anfertigen. Wahrscheinlich gibt er Ihnen auch ein Mittel zum Einreiben mit.

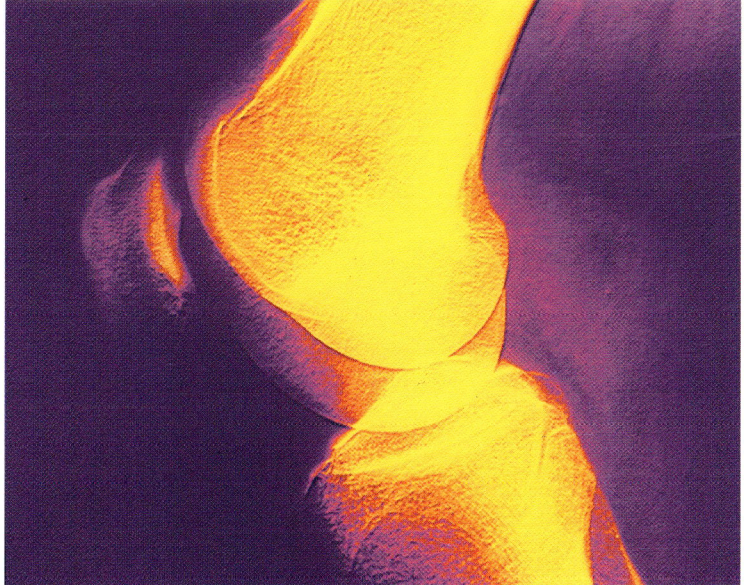

Das menschliche Kniegelenk wird am meisten von allen Gelenken belastet. Tagtäglich muß es das gesamte Körpergewicht tragen, Stöße abfangen, Drehungen und Beugungen unter großer Gewichtsbelastung aushalten. Kein Wunder also, daß es häufig Beschwerden macht.

SELBSTHILFE-METHODEN KURZ ERKLÄRT

Innerhalb der kurzen Zeit-spanne, die dem einzelnen zur gezielten Selbsthilfe zur Verfügung steht, können dennoch Verfahren praktiziert werden, die der Erholung dienen. Sich wiederherzu-stellen oder zu erneuern, ge-schieht auf der körperlichen und geistigen Ebene. Beides dient dem seelischen Wohlbefinden.

Ursachen erkennen und selbst behandeln

Das Beschwerdentagebuch

Wer kennt das nicht? Immer wieder wird man von bestimmten Beschwerden geplagt, die scheinbar zufällig auftreten und wieder verschwinden. Nach einer gewissen Zeit hat man den Eindruck, sie würden regelmäßig auftreten, aber Genaueres kann keiner sagen. Zurück bleibt lediglich ein diffuser Eindruck.

Das Führen eines Beschwerdentagebuchs über einen gewissen Zeitraum kann hier weiterhelfen. Ohne großen Aufwand vermittelt es Ihnen die wichtigsten Informationen über eventuelle Zusammenhänge zwischen Ihrer Lebensweise und den auftretenden Beschwerden.

Das Führen eines Beschwerdentagebuchs konzentriert Ihre Wahrnehmung auf die wichtigsten Aspekte Ihrer Störung oder Erkrankung!

Was Sie mit einem Beschwerdentagebuch erreichen

- Verschaffen Sie sich einen Überblick über die Beschwerden. Sie erhalten wichtige Informationen, die Sie zur Behandlung brauchen.
- Sie erfahren etwas über die Situationen, die Ihre Beschwerden (vermutlich) auslösen.
- Sie lernen, die Ursachen Ihrer Beschwerden zu analysieren.
- Schon das Aufzeichnen der Beschwerden reduziert in vielen Fällen die Symptome bzw. ihre Intensität.
- Sie können die Erfolge Ihrer Selbstbehandlung kontrollieren.

Beispiel für ein Beschwerdentagebuch

Datum/Zeit	Situation	Symptom	Stärke	Therapie	Stärke
5 Uhr	Frühstück	Ja	2	Entspannung	1
6 Uhr	Fahrt zur Arbeit	Nein	–	–	–
7 Uhr	Im Büro	Ja	3	Entspannung	1
8 Uhr	In der Pause	Nein	–	–	–

Was die einzelnen Spalten bedeuten

Datum und Zeit

Überfordern Sie sich nicht beim Eintragen, das nimmt die Lust am Aufschreiben.

Die erste Spalte legt die Zeitintervalle fest, in denen Sie Ihre Symptome aufzeichnen wollen. Diese Intervalle sollten so kurz oder so lang sein, daß sie dem Auftreten des Symptoms entsprechen. Tritt ein Symptom über den Tag verteilt ein paarmal auf, dann reicht ein Intervall von ein paar Stunden. Tritt es dagegen häufiger auf – z.B. mehrmals in einer Stunde –, müssen Sie die Beobachtungsintervalle verkürzen, etwa auf eine halbe Stunde.

Keine Übertreibungen

Entscheiden Sie sich für ein praktikables Intervall. Zu kleine Intervalle, z.B. von einigen Minuten, bringen keine zusätzlichen Informationen mehr und machen Ihre Aufzeichnungen unnötig unübersichtlich. Wenn Sie sich über 24 Stunden beobachten wollen, brauchen Sie mit Stundenintervallen immerhin 24 Zeilen, bei halbstündigen sind es schon 48, bei viertelstündigen 96 usw.

Der Zeitaufwand fürs Eintragen sollte sich in Grenzen halten. Bei stündlichen Intervallen beträgt er pro Tag etwa eine Viertelstunde.

Situation

Die Situationsspalte soll Ihnen Aufschlüsse über die Auslösesituationen Ihrer Beschwerden geben. Dafür reicht es aus, daß Sie abgekürzt ein Stichwort eintragen, z.B. für Frühstück das Kürzel Frühst. Noch kürzere Abkürzungen verwirren, denn wenn Sie nur noch ein F für Frühstück eintragen, würden Sie es mit dem F für Fernsehen verwechseln.

Symptom

Wenn Sie nur ein Symptom erfassen wollen, reicht es aus, dieses mit einem Buchstaben zu kennzeichnen oder einfach mit Ja oder Nein. Wenn Sie sich erst einmal mit dem Beschwerdentagebuch vertraut gemacht haben und es in seinen Grundzügen gut beherrschen, können Sie sich die Spalte Symptom sogar sparen und nur noch in der Spalte Stärke Ihre Eintragungen machen. Denn wenn Sie eine Stärke notieren, bedeutet das ja automatisch, daß das Symptom auch aufgetreten ist.

Stärke (Intensität)

In der Rubrik Stärke geht es um ein ungefähres Maß Ihrer Beschwerden. Hier bietet sich eine Skala an, die einen Bereich von 1 bis 5 abdeckt. Die Zahl 1 bedeutet leichte Beschwerden, die Zahl 5 steht für sehr starke usw. Natürlich können Sie auch eine Skala von 1 bis 10 wählen, dann können Sie die Stärke Ihrer Symptome noch feiner differenzieren.

Bei der Eintragung handelt es sich natürlich um eine subjektive Einschätzung. Aber das ist kein Problem, denn schließlich geht es hier nicht darum, genau und objektiv die Intensität der Beschwerden zu erfassen.

Der Sinn des Tagebuchs besteht darin, einen Einblick in Schwankungen Ihrer Befindlichkeit zu erhalten.

Therapie (Selbstbehandlung)

Mit Selbstbehandlung sind sämtliche Maßnahmen gemeint, mit denen Sie Ihre Beschwerden zum Verschwinden oder Abklingen bringen wollen. Wenn Sie also plötzlich Nackenschmerzen bekommen und gegen sie mit der im entsprechenden Kapitel vorgeschlagenen Selbstbehandlung vorgehen, dann schreiben Sie in die Spalte Therapie alles hinein, was Sie gegen die Beschwerden unternommen haben. Beispielsweise das Kürzel Entsp. für Entspannungsübungen oder Gym. für ein Gymnastikprogramm.

Stärke (Intensität)

Vielleicht verwundert es Sie, daß jetzt noch einmal eine Spalte für die Intensität auftaucht. Die Erklärung ist ganz einfach: Diese Spalte brauchen Sie noch nicht, wenn Sie nur aufzeichnen, in welchen Situationen und in welchem Ausmaß die Störung auftritt. Diese Spalte brauchen Sie erst dann, wenn Sie schon etwas gegen die Beschwerden unternehmen. Die zweite Intensitätsspalte zeigt nämlich über einen längeren Zeitraum auf, ob und vor allem wie Ihre Selbsthilfemaßnahmen wirken.

Notizen sind sehr wichtig für die erfolgreiche Therapie.

So erstellen Sie ein Beschwerdentagebuch

- Am besten zeichnen Sie ein Rohexemplar mit Kugelschreiber oder Bleistift auf ein Blatt Papier.
- Machen Sie sich von diesem Rohexemplar ein paar Fotokopien.
- Tragen Sie nun für jeden Tag das Datum ein, und beginnen Sie mit Ihren Aufzeichnungen.
- Am einfachsten nehmen Sie Eintragungen dreimal am Tag (morgens, mittags und abends) aus dem Gedächtnis vor.
- Gewöhnen Sie sich eine feste Uhrzeit an, zu der Sie Ihr Beschwerdentagebuch ausfüllen.
- Wenn Sie es noch genauer wissen wollen, machen Sie Ihre Eintragungen immer dann, wenn Sie gerade eine Schmerzattacke oder andere Beschwerden hatten.

So werten Sie Ihr Beschwerdentagebuch aus

Viele Menschen glauben schon vorher zu wissen, unter welchen Bedingungen ihre Beschwerden auftreten. Doch sobald sie genauer hinsehen, stellt sich dann doch etwas anderes heraus. Erst die genaue Analyse bringt die tatsächlichen Zusammenhänge an den Tag.

- Tragen Sie eine oder zwei Wochen lang Ihre Beschwerden penibel in das Beschwerdentagebuch ein.
- Danach werten Sie die Eintragungen aus, indem Sie sich zunächst einmal ansehen, wann die Beschwerden auftreten. Achten Sie vor allem darauf, ob es Übereinstimmungen zwischen Ihren Beschwerden und bestimmten Tageszeiten gibt.
- Nun prüfen Sie die Auslösebedingungen: Gibt es Situationen, in denen Ihre Beschwerden gehäuft auftreten? Stellen Sie einen Zusammenhang zu bestimmten Tätigkeiten fest?
- Gibt es auch Zusammenhänge, die das Wie betreffen? Z. B. Hektik?
- Tritt das Symptom oft in Zusammenhang mit bestimmten Personen auf? Um wen handelt es sich?
- Als letztes bemühen Sie sich darum, hinter diesen Vorgängen ein Muster zu entdecken. Es kann Ihnen helfen, mehr über sich und Ihre Reaktionen zu erfahren.

172

Selbst wenn Sie nicht in Selbsthilfe Ihre Symptome angehen wollen, sondern einen Arzt aufsuchen, kann es sinnvoll sein, ein Beschwerdentagebuch zu führen und es gemeinsam mit dem Arzt zu analysieren. Es wird ihm helfen, den eigentlichen Ursachen Ihres Leidens schneller auf die Spur zu kommen.

Günstige Notizen

Allgemein gilt, daß es sich als günstig erweist, wenn man sich regelmäßig etwas aufschreibt; es muß ja nicht jeden Tag sein. In der Rückschau auf Ihre alten Eintragungen werden Sie überrascht sein, wieviel Sie bereits vergessen haben und inwieweit sich vergangene Bewußtseinszustände in der Gegenwart verändert haben. Was gestern wichtig war, wirkt heute eventuell ganz unbedeutend.

Abgesehen davon haben Notizen einen positiven Effekt auf die Beobachtungs- und Gedächtnisleistung. In der Fachsprache heißen Verfahren zum Gedächnistraining Mnemotechnik.

Ein Fallbeispiel aus der Praxis

Eine 50jährige Frau, die als Köchin in einer Kaserne arbeitete, führte zwei Wochen lang Buch über ihre Migräneanfälle. Dabei fand sie zunächst heraus, daß die Anfälle meistens am Nachmittag (nach der Arbeit) auftraten. Auf den ersten Blick glaubte sie daher, die Anfälle hätten etwas mit ihrer Arbeit zu tun. Aber bei der weiteren Auswertung stellte sich heraus, daß die Patientin die Anfälle nur an den Tagen bekam, an denen ihr Mann zu Hause war und sie das wußte. War ihr Mann abwesend, blieben die Anfälle aus. Das war für sie ein erster Hinweis, daß die Anfälle etwas mit ihrer Partnerschaft bzw. mit ihrer Unzufriedenheit mit dieser Beziehung zu tun hatten. Mit ihrer Krankheit ging sie dem notwendigen Konflikt mit ihrem Ehemann aus dem Weg.

Durch die Auswertung des Beschwerdentagebuchs lernte sie, sich mit ihrem Mann auseinanderzusetzen und sich für ihre Bedürfnisse starkzumachen. Und siehe da, je besser ihr das gelang, desto seltener wurden die Migräneattacken!

Das Ziel besteht darin, die Beschwerden ganz verschwinden zu lassen. Aber auch ihr Nachlassen wird als Erfolg gewertet.

Drei sehr wirkungsvolle Entspannungsverfahren

Was Sie mit einer Entspannungstechnik erreichen

**Um im Halb-
schlaf dösen zu
können, dachten
sich die Kutscher
eine Haltung aus,
bei der sie ent-
spannen konn-
ten, ohne einzu-
schlafen.**

- Sie lernen, sich selbst auf Ihr eigenes Kommando hin erfolgreich zu entspannen.
- Das hilft Ihnen, nach einem langen und anstrengenden Arbeitstag aus eigener Kraft abzuschalten.
- Sie werden besser und tiefer schlafen. Einschlafprobleme bekommen Sie in den Griff.
- Tagsüber werden Sie sich besser konzentrieren können.
- Sie werden besser und effektiver arbeiten als bisher.
- Sie lernen, sich sogar in kurzen Pausen schnell zu entspannen. Ohne großen Aufwand sind Sie danach frisch und ausgeruht.
- Wenn Sie Ihre Entspannungsübungen regelmäßig durchführen, werden Sie zu einem gesunden Rhythmus zwischen Anspannung und Entspannung finden.
- Entspannung bringt gestörte Körperprozesse wieder ins Gleichgewicht. Aus diesem Grund empfehlen auch viele Ärzte solche Übungen.
- Entspannungsübungen steigern Ihre Leistungsfähigkeit und Ihre Lebensfreude.
- Streßsituationen haben bei Ihnen keine Chance mehr. Schließlich haben Sie gelernt, richtig damit umzugehen.

Die richtige Körperhaltung bei allen Entspannungsübungen

Für die folgenden Entspannungsübungen gelten ein paar einfache Voraussetzungen. Wenn Sie sie beachten, wird sich der Erfolg Ihrer Bemühungen schneller einstellen. Eine der wichtigsten Voraussetzungen ist das richtige Sitzen, denn für die Übungen gibt es eine optimale Körperhaltung, die sogenannte Kutscherhaltung. Dieser Begriff geht auf die auf Kundschaft wartenden Berliner Droschkenkutscher zurück. Die oftmals doch recht lange Wartezeit wollten sie nutzen, um ein kleines Nickerchen zu halten. Gleichzeitig wollten sie dabei so wach bleiben, daß sie keinen Kunden verschliefen. Im Klartext: Die Kutscher durften also auf keinen Fall richtig einschlafen.

So sieht die Kutscherhaltung aus

Setzen Sie sich auf einen Stuhl, ohne mit dem Rücken die Stuhllehne zu berühren. Der Rücken bzw. die Wirbelsäule soll den Körper selbst tragen, nicht der Stuhl. Der Oberkörper bildet mit den Oberschenkeln einen rechten Winkel, ebenso die Oberschenkel mit den Unterschenkeln und die Schienbeine mit den Füßen. Vereinfacht gesagt: Alles befindet sich im Lot! Will man nicht umfallen, würde jedes Verlassen der Senkrechten einen zusätzlichen Kraftaufwand erfordern. Der Kopf kann bei der Kutscherhaltung etwas vornüber gebeugt sein, aber nur wenig, denn auch er soll sich mehr oder weniger in der Senkrechten befinden. Die Hände liegen locker auf den Oberschenkeln. Am besten berühren sich die Fingerspitzen der beiden Hände leicht.

Ihr Körper muß sich erst einmal an die Übungen gewöhnen, seine schlechten Angewohnheiten ablegen und durch neue ersetzen.

Die richtige Sitzhaltung auf einen Blick

- Benutzen Sie die Rückenlehne Ihres Stuhls nicht.
- Halten Sie die Wirbelsäule aufrecht.
- Oberkörper/Oberschenkel, Oberschenkel/Unterschenkel und Unterschenkel/Füße stehen im rechten Winkel zueinander.

Bei dieser Art zu sitzen können Ihre Organe ohne Behinderung arbeiten. Jeder Körperbereich ist gut durchblutet. Ihr Körper kann sich entspannen, aber Sie bleiben dennoch wach.

Die richtige Einstellung zu Entspannungsübungen

Die richtige Körperhaltung ist eine wichtige Voraussetzung, um Entspannungsübungen erfolgreich durchzuführen. Sie allein führt fast schon zum gewünschten Erfolg. Der Erfolg läßt sich allerdings noch steigern, wenn Sie Ihre psychischen Voraussetzungen optimieren.

Entspannen und wach bleiben – entspannen und schlafen

Wenn Sie Entspannung suchen, sollten Sie darauf achten, nicht einzuschlafen. Wenn Sie sich z. B. in einer Pause erfrischen wollen, bietet sich die Kutscherhaltung an. Wer am Ende eines langen Arbeitstags besser einschlafen will, sollte entsprechende Übungen liegend im Bett durchführen.

Konzentrieren in optimaler Umgebung

Die besten Grundvoraussetzungen für optimale Entspannung: die richtige Sitzhaltung, geschlossene Augen, mentale Bereitschaft zur Entspannung, Ruhe, entspannte Atmosphäre, Licht und regelmäßiges Üben.

Sie werden sich besser entspannen können, wenn Sie sich auf die Übung konzentrieren. Am besten funktioniert das mit geschlossenen Augen. Dann sind Sie nicht mehr durch optische Außenreize abgelenkt und können sich ganz auf Ihren Körper und die Entspannungsgefühle einlassen.

Nach neuesten wissenschaftlichen Erkenntnissen spielt das Tageslicht eine große Rolle für unser Wohlbefinden. Es drosselt die Produktion eines Hormons (Melatonin), das auf die Stimmung drücken kann. Wer am Ende des Winters trübsinnig wird, weiß genau, wovon hier die Rede ist.

- Lassen Sie das Licht beim Üben an (besser ist jedoch Tageslicht).
- Sorgen Sie dafür, daß Sie beim Üben ungestört sind.
- Stellen Sie das Telefon ab, und gehen Sie in einen ruhigen Raum.
- Leise (klassische) Musik im Hintergrund kann die Entspannung vertiefen. Wählen Sie langsame Stücke mit einem Takt von etwa 60 bis 70 Schlägen pro Minute (Adagio).
- Wenn Sie es mögen, zünden Sie sich eine Räucher- oder Duftkerze an, oder füllen Sie eine Duftlampe mit Ihrem Lieblingsöl.

Das Geheimnis erfolgreicher Entspannung

Unser Körper paßt sich an unsere Lebensweise an, unabhängig davon, ob sie gesund oder schädlich ist. Wenn Sie ein paar Entspannungsübungen in Ihren ganz normalen Tagesablauf einbauen, spüren Sie schon nach kurzer Zeit, wie Ihr Leben sich verändert, erfüllter und vor allem ruhiger wird. Der Schlüssel zum Erfolg liegt im regelmäßigen Üben.

Suchen Sie sich die Entspannungstechnik, die zu Ihnen paßt

In diesem Kapitel finden Sie die Beschreibung von zwei unterschiedlichen Entspannungstechniken. Als erstes eine verkürzte Version des bewährten autogenen Trainings nach Schulz. Josef Kirchner brachte es in eine einfache Form, die Sie auch ohne Hilfe eines Experten selbst durchführen können. In diesem Buch wurde für Sie das autogene Training nochmals modifiziert, so daß Sie es ohne Vorkenntnisse in einer halben Stunde erlernen und danach selbständig anwenden können. Das zweite Entspannungsverfahren ist das sogenannte

Jacobson-Training oder die progressive Muskelrelaxation nach Jacobson. Auch hier wurde für Sie eine Version erarbeitet, die schnell zu erlernen und leicht durchzuführen ist. Wenn Sie die beiden Entspannungsverfahren optimal ausnutzen wollen, sollten Sie sie gründlich erlernen und immer wieder üben. Es handelt sich dabei um autosuggestive Übungen.

> ### Welches Verfahren eignet sich für wen?
>
> ● Am besten probieren Sie beide Verfahren aus und prüfen, ob Sie dabei Vorlieben für eine Technik entdecken.
> ● Als Faustregel kann gelten: Autogenes Training eignet sich besonders für körperlich tätige Menschen, während das Jacobson-Training eher zu Kopfarbeitern paßt.

Die erste Kurzentspannung: autogenes Training in Kurzform

Diese Entspannungstechnik arbeitet mit ein paar immer wiederkehrenden Sprachformeln in gleicher Reihenfolge. Sie können sie auf eine Kassette sprechen und bei Bedarf abspielen. Allerdings lernen Sie sie auch im Laufe der Zeit auswendig. Sprechen Sie diese Formeln laut oder leise, oder sprechen Sie sie wortlos in sich hinein. Probieren Sie aus, was Ihnen am meisten zusagt.

Die gelernten Übungen beschleunigen Sie mit einem regelmäßigen Training.

Der erste Schritt: »Ruhe kehrt ein!«
● Setzen Sie sich bequem hin (Kutscherhaltung), und pendeln Sie Ihren Körper ins Lot. Dann schließen Sie die Augen und lassen langsam innere Ruhe einkehren, indem Sie sich auf Ihren Atem konzentrieren. Begleiten Sie jeden Ihrer Atemzüge mit Ihrem Bewußtsein.
● Atmen Sie langsam ein und aus. Lassen Sie sich dabei so viel Zeit, bis Sie zu einem ruhigen Atemrhythmus gefunden haben.
● Zählen Sie nun Ihre Atemzüge. Achten Sie darauf, mindestens 20mal ein- und ausgeatmet zu haben.
● Denken Sie dabei die Worte: »Ruhe kehrt ein!«

Der zweite Schritt: ganz schwer, ganz warm, ganz ruhig

Wirksame Entspannung lernt man wie ein Gedicht, das man immer wiederholt.

Sobald Sie sich auf die oben beschriebene Art auf das autogene Training eingestimmt haben, können Sie mit dem zweiten Schritt beginnen.

● Denken Sie nur zwei Worte: »Ganz schwer!« Stellen Sie sich Ihren Körper vor, wie er immer schwerer wird und wie die Schwere Ihren ganzen Körper erfaßt. Denken Sie die Formel: »Ganz schwer!« sechsmal. Stören Sie sich nicht daran, daß Sie zu Beginn dieser Übungen sich immer wieder krampfhaft daran erinnern müssen, die Formel aufzusagen. Später werden Sie sich daran gewöhnen, die Formel eher zu spüren als sie aufzusagen. Zu Beginn reicht es aber, wenn Sie sie einfach wiederholen und sich vorstellen, wie Ihr Körper immer schwerer wird.

Neben autogenem Training und der progressiven Muskelentspannung nach Jacobson sind Yoga und Meditation weitere Methoden, um körperliche und geistige Entspannung zu erreichen.

- Denken Sie nun wieder nur zwei Worte: »Ganz warm!« Stellen Sie sich vor, wie Ihr Körper und seine einzelnen Teile ganz warm werden. Wiederholen Sie auch diese Formel. Sprechen Sie langsam sechsmal: »Ganz warm!« Konzentrieren Sie sich dabei auf die Wärme, die sich nun in Ihrem Körper ausbreitet. Stören Sie sich nicht daran, daß diese Worte fast zwanghaft wiederholt werden, sondern gewöhnen Sie sich langsam daran, sie mehr zu erfühlen als zu denken. Spüren Sie die Wärme!

- Denken Sie nun wieder nur zwei Worte: »Ganz ruhig!« Stellen Sie sich vor, wie Ihr Körper und seine einzelnen Teile ganz ruhig werden. Sprechen Sie langsam: »Ganz ruhig!«, wiederholen Sie auch diese Formel sechsmal. Konzentrieren Sie sich dabei auf die Ruhe, die sich nun in Ihrem Körper ausbreitet. Gewöhnen Sie sich langsam daran, auch diese Formel mehr zu erfühlen als zu denken.

Der dritte Schritt: Atmung und Herzschlag

Nachdem Sie sich nun langsam auf Ihren Körper eingelassen und es ihm erleichtert haben, sich besser zu entspannen, sollten Sie das Erreichte weiter vertiefen.

- Die Formel dazu lautet: »Der Atem geht ruhig und gleichmäßig!« Auch diesen Satz wiederholen Sie sechsmal. Achten Sie darauf, während der Wiederholung ruhig und gleichmäßig weiterzuatmen. Am besten gelingt das, wenn Sie nur beim Ausatmen die Formel aussprechen.

Auch hier sollte es Ihnen nichts ausmachen, wenn es zu Beginn etwas zwanghaft erscheint, diesen Satz sechsmal zu wiederholen. Je mehr Sie sich auf die Übung einlassen und je besser Sie sie im Laufe der Zeit beherrschen, um so intensiver können Sie die Formeln erspüren. Fühlen Sie einfach, wie Ihr Atem ruhig und gleichmäßig wird.

- Die nächste Formel lautet: »Das Herz schlägt ruhig und kräftig!« Auch diesen Satz wiederholen Sie sechsmal. Achten Sie darauf, während der Wiederholung ruhig und gleichmäßig weiterzuatmen. Am besten sprechen Sie die Formel nur während des Ausatmens.

Lassen Sie sich auch bei dieser Übung nicht entmutigen, wenn sich der gewünschte Erfolg nicht auf Anhieb einstellt. Je mehr Sie üben, um so überflüssiger wird das bewußte Nachsprechen und um so stärker wird Ihr Körper auf diese Übung reagieren.

Sie dürfen die Formel sogar leicht abwandeln: Sollte Ihnen das Wort »kräftig« Unbehagen verursachen, tauschen Sie es durch das Wort »gleichmäßig« aus.

179

Die meisten Menschen sind es nicht gewohnt, sich mit ihrer Atmung und ihrem Herzschlag zu beschäftigen. Möglicherweise löst das zu Beginn des Trainings eine leichte Unruhe aus. Es gibt zwei Möglichkeiten, damit umzugehen:

Im hektischen Alltag, wenn einem so mancher Ärger auf den Magen schlägt, verlangt gerade er nach Entspannung. Magen und Darm brauchen dringend Ruhe und Ausgeglichenheit.

- Verzichten Sie so lange auf die Herzübung, bis Sie durch das regelmäßige Trainieren ohnehin ruhiger geworden sind.
- Üben Sie einfach weiter und versuchen Sie, die Unruhe für den Zeitraum der Herzübung einfach zu ignorieren. Erfahrungsgemäß verschwindet nach einigen Übungen die Unruhe von selbst.

Der vierte Schritt: die Sonnengeflechtübung

Die letzten Übungen haben Kreislauf, Atmung und Herzschlag harmonisiert. Nun ist der Bauchraum mit den Eingeweiden dran.

So finden Sie das Sonnengeflecht

Konzentrieren Sie sich auf Ihren Körpermittelpunkt, der etwa zwischen Bauchnabel und der Stelle liegt, an der die Rippen sich treffen (Solarplexus).

- Die nächste Formel lautet deshalb: »Das Sonnengeflecht ist warm durchströmt!« Auch diesen Satz wiederholen Sie sechsmal. Dabei konzentrieren Sie sich auf die Stelle, wo Sie Ihren Körpermittelpunkt vermuten. Versuchen Sie auch hier, sich nach und nach den Satz eher vorzustellen als ihn bewußt zu sprechen. Fühlen Sie sich in die Stelle hinein, und genießen Sie die Wärme.

Der fünfte Schritt: die Stirn und das Gehirn

- Die nächste Formel lautet: »Die Stirn ist angenehm kühl!« Sechsmal wiederholen. Mit der Zeit sprechen Sie auch diesen Satz nicht mehr aus, sondern stellen sich ihn vor. Konzentrieren Sie sich dabei auf die Stirn, fühlen Sie sich hinein. Gegen Kopfschmerzen wirkt diese Übung übrigens oft Wunder.
- Jetzt folgt eine weitere Formel: »Das Gehirn ist gut durchblutet!« Auch diesen Satz wiederholen Sie sechsmal. Dabei konzentrieren Sie sich auf Ihren Kopf und hier vor allem auf das Gehirn.

Der sechste Schritt: die Konzentration zurücknehmen

Bisher haben Sie sich auf Ihren Körper und die Harmonisierung seiner Funktionen konzentriert und sind dabei aus der Welt, die Sie umgibt, herausgetreten. Der nächste Schritt dient dazu, diesen geistigen Bereich vorsichtig zu verlassen und in den Alltag zurückzukehren. Das sollte langsam und sanft geschehen, keinesfalls schlagartig.

● Sprechen Sie noch einmal langsam und sehr bewußt: »Ganz schwer, ganz warm, ganz ruhig!« Sprechen Sie die Formel in einem Stück, und wiederholen Sie sie sechsmal. Dann machen Sie eine kleine Pause, bevor Sie langsam von zehn bis null rückwärts zählen. Jetzt öffnen Sie die Augen, spannen ein paar Muskeln an und lockern sie wieder. Vielleicht ballen Sie auch einfach die Hände zur Faust und öffnen sie wieder. Danach fixieren Sie noch einen Moment lang mit Ihren Augen einen Punkt an der Wand. Lassen Sie Ihren Gedanken etwas Zeit, wieder in den Alltag zurückzufinden.

Die zweite Kurzentspannung: Jacobson in Kurzform

In der progressiven Muskelrelaxation nach Jacobson finden Sie ein relativ einfach zu erlernendes Verfahren, mit dem Sie sich schnell und wirkungsvoll entspannen können. Beim Üben gehen Sie die Hauptmuskelgruppen Ihres Körpers vom Kopf bis zu den Füßen durch. Regelmäßiges Üben versetzt Sie in einen Zustand der Entspannung, der auch nach Ende der Übung lange erhalten bleibt.

Acht Muskelgruppen werden bei dieser Technik angespannt: Arme, Schultern, Hals, Kopf, Brust, Bauch, Po und Beine.

Das Grundprinzip des Verfahrens

Die Muskelentspannung nach Jacobson basiert auf einem einfachen Schema: Sie spannen bestimmte Muskeln zunächst an und lassen sie dann wieder los. Sie lernen also, sich bewußt anzuspannen und bewußt wieder zu entspannen. Im Laufe der Zeit lernt Ihr Körper – vor allem das sogenannte vegetative Nervensystem –, sich auf Ihren Befehl hin zu entspannen! Voraussetzung dazu ist allerdings regelmäßiges Üben. Je mehr Sie üben, um so größer wird der Entspannungseffekt!

Wenn Sie zu Waden- oder Muskelkrämpfen neigen, achten Sie darauf, daß Sie diese Muskeln bei den Übungen nicht zu kräftig anspannen. Eventuell lassen Sie die betroffenen Partien einfach aus.

Sorgen Sie für ideale Voraussetzungen

- Richten Sie es ein, daß Sie eine halbe Stunde ungestört sind.
- Suchen Sie sich in der Wohnung einen schönen Platz zum Üben.
- Versuchen Sie, anfangs immer zur gleichen Zeit zu üben.
- Am besten trainieren Sie vor dem Essen.
- Nehmen Sie zum Üben einen Stuhl mit Sitzpolster.
- Die beste Haltung ist die Kutscherhaltung (siehe Seite 175).

Grundübung zur Muskelentspannung

Um später in noch kürzerer Zeit entspannen zu können, sollten Sie zunächst die etwas längere Version des Jacobson-Trainings erlernen. Sie dauert etwa 20 bis 30 Minuten. Am besten üben Sie ein paar Wochen lang etwa alle drei bis vier Tage, bis Sie die Übung richtig beherrschen. Dann können Sie sich der kurzen Version zuwenden. Sie ermöglicht Ihnen, sich in weniger als zehn Minuten völlig zu entspannen.

Lesen Sie zu Anfang die Übungen einmal durch, damit Sie wissen, welche Bewegungen auf Sie zukommen. Sprechen Sie sie auf einen Kassettenrekorder, dann müssen Sie beim Üben nicht blättern. Hinter jeder Übung stehen in Klammern Zeiten: Sie geben die Sprechpausen an. Sie müssen sie aber nicht sklavisch einhalten; wenn sie Ihnen zu kurz oder zu lang erscheinen, können Sie sie nach Ihren persönlichen Bedürfnissen verändern.

Bei einem Komma machen Sie etwa eine bis zwei Sekunden Pause, bei einem Punkt ruhig etwas länger. Probieren Sie es aus, bringen Sie das Training in Ihre persönliche Form! Passen Sie es Ihren Bedürfnissen an!

Nach ein paar Tagen beherrschen Sie die Übungsfolge auswendig, und Sie können nach und nach auf die Tonkassette verzichten. Ein kleiner Tip: Achten Sie beim Sprechen darauf, möglichst langsam und mit Sprechpausen zu sprechen. Jedes Satzzeichen bedeutet: Pause!

Wenn Ihnen bestimmte Formulierungen nicht zusagen, können Sie sie durch eigene ersetzen. Wichtig dabei ist lediglich, daß Sie die einmal gewählte Satzform in jeder Einzelübung und in jedem Übungsteil beibehalten. Denn nur durch die regelmäßige Wiederholung lernen Sie die Übungbefehle auswendig, und nur dann lernt Ihr Körper, sich auf Ihr Kommando hin zu entspannen. Das funktioniert auch dann, wenn Sie sehr angespannt sind.

Muskelentspannung nach Jacobson

Rutschen Sie ruhig auf dem Stuhl hin und her, bis Sie wirklich bequem sitzen. Mit dem Oberkörper pendeln Sie so lange hin und her, bis er im Lot steht und sich die Wirbelsäule selbst trägt. Es schadet aber auch nichts, wenn Sie sich leicht nach vorne beugen! Der Kopf kann ebenfalls leicht nach vorne fallen.

Diese Schritte führen zum Erfolg

1. Schritt: Setzen Sie sich auf einen Stuhl, und suchen Sie die beste Sitzposition. Der Rücken sollte nicht an der Lehne anliegen. Der Oberkörper sollte mit den Oberschenkeln einen Winkel von 90 Grad bilden. Auch Unterschenkel und Oberschenkel sollten in etwa rechtwinklig zueinander stehen. Legen Sie Ihre Hände auf die Oberschenkel, jede für sich allein. Die Finger sollten sich möglichst nicht berühren.

Ein kleiner Tip: Ziehen Sie beim Üben Ihre Schuhe aus, die Füße werden dann besser durchblutet.

2. Schritt: Wir beginnen mit den Händen. Ballen Sie beide Hände zu einer Faust. Jetzt! Spüren Sie das Gefühl der Anspannung in Ihren Fäusten (etwa vier bis sechs Sekunden lang).

3. Schritt: Lassen Sie nun wieder los. Jetzt! Spüren Sie nun das Gefühl der Entspannung in Ihren Händen. Spüren Sie, wie es tiefer und tiefer wird und sich in Ihren Händen ausbreitet (sechs bis zehn Sekunden lang).

4. Schritt: Nun winkeln Sie die Arme an, so daß die Hände fast die Schultern berühren. Jetzt! Spüren Sie das Gefühl der Anspannung in Ihren Oberarmmuskeln, im Bizeps (vier bis sechs Sekunden lang).

5. Schritt: Lassen Sie nun wieder los. Jetzt! Legen Sie die Arme auf die Oberschenkel zurück. Spüren Sie nun das Gefühl der Entspannung in Ihren Oberarmmuskeln, wie es tiefer und tiefer wird und sich ausbreitet (sechs bis zehn Sekunden lang).

Muskelentspannung nach Jacobson

Sie sollten jetzt bereits spüren, wie sich das Gefühl der Entspannung ausbreitet.

6. Schritt: Nun ziehen Sie Ihre Schultern hoch und den Kopf ein. Jetzt! Spüren Sie das Gefühl der Anspannung in Ihren Schultern (vier bis sechs Sekunden lang).

7. Schritt: Lassen Sie nun wieder los. Jetzt! Spüren Sie nun das Gefühl der Entspannung in Ihren Schultern. Spüren Sie, wie es tiefer und tiefer wird und sich in Ihren Schultern ausbreitet (sechs bis zehn Sekunden lang).

8. Schritt: Nun drehen Sie Ihren Kopf leicht nach rechts, bis Sie die Anspannung in Ihren Halsmuskeln spüren. Jetzt! Spüren Sie das Gefühl auf der rechten Halsmuskelseite (vier bis sechs Sekunden lang).

9. Schritt: Drehen Sie Ihren Kopf wieder in die Ausgangsstellung zurück. Jetzt! Spüren Sie nun das Gefühl der Entspannung in Ihrer rechten Halsseite. Spüren Sie, wie es tiefer und tiefer wird und sich in Ihrer rechten Halsseite ausbreitet (sechs bis zehn Sekunden lang).

10. Schritt: Nun drehen Sie Ihren Kopf nach links. Jetzt! Spüren Sie das Gefühl der Anspannung in Ihrer linken Halsseite (vier bis sechs Sekunden lang).

11. Schritt: Drehen Sie Ihren Kopf wieder in die Ausgangsstellung zurück. Jetzt! Spüren Sie nun das Gefühl der Entspannung in Ihrer linken Halsseite. Spüren Sie, wie es tiefer und tiefer wird und sich in Ihrer ganzen Halsmuskulatur ausbreitet (sechs bis zehn Sekunden lang).

12. Schritt: Nun beißen Sie Ihre Zähne fest zusammen. Jetzt! Spüren Sie das Gefühl der Anspannung in Ihrer Kiefermuskulatur (vier bis sechs Sekunden lang).

Muskelentspannung nach Jacobson

13. Schritt: Lassen Sie nun wieder los. Jetzt! Spüren Sie das Gefühl der Entspannung in Ihren Kiefermuskeln. Spüren Sie, wie es tiefer und tiefer wird und sich in Ihren Kiefermuskeln ausbreitet (sechs bis zehn Sekunden lang).

14. Schritt: Legen Sie Ihre Stirn in Falten, indem Sie die Augenbrauen hochziehen. Jetzt! Spüren Sie das Gefühl der Anspannung in Ihrer gesamten Stirnmuskulatur (vier bis sechs Sekunden lang).

15. Schritt: Lassen Sie nun wieder los. Jetzt! Spüren Sie das Gefühl der Entspannung in Ihrer Stirn. Spüren Sie, wie es tiefer und tiefer wird und sich in Ihrer Stirn ausbreitet (sechs bis zehn Sekunden lang).

Die Entspannung dringt vom Gesicht über die Brust in den Bauch vor.

16. Schritt: Nun atmen Sie tief ein und halten die Luft für einige Sekunden an. Jetzt! Spüren Sie das Gefühl der Anspannung in Ihrer Brust (vier bis sechs Sekunden lang).

17. Schritt: Atmen Sie nun wieder aus. Jetzt! Spüren Sie das Gefühl der Entspannung in Ihrer Brustmuskulatur. Spüren Sie, wie es tiefer und tiefer wird und sich in Ihrer Brust ausbreitet (sechs bis zehn Sekunden lang).

18. Schritt: Nun atmen Sie tief aus und halten dann die Luft an. Jetzt! Spüren Sie das Gefühl der Anspannung in Ihrer Brust (vier bis sechs Sekunden lang).

19. Schritt: Holen Sie nun tief Luft. Jetzt! Spüren Sie, während Sie ruhig und gleichmäßig weiteratmen, das Gefühl der Entspannung in Ihrer Brust und in Ihrem Bauch. Spüren Sie, wie es tiefer und tiefer wird und sich in Ihrer Brust und in Ihrem Bauch ausbreitet (sechs bis zehn Sekunden lang).

Muskelentspannung nach Jacobson

20. Schritt: Atmen Sie nun tief in Ihren Bauch ein, so daß er sich nach außen wölbt, und halten Sie die Luft an. Jetzt! Spüren Sie das Gefühl der Anspannung in Ihrem Bauch (vier bis sechs Sekunden lang).

21. Schritt: Atmen Sie nun wieder aus und regelmäßig weiter. Jetzt! Spüren Sie das Gefühl der Entspannung in Ihrem Bauch. Spüren Sie, wie es tiefer und tiefer wird und sich in Ihrem Bauch ausbreitet (sechs bis zehn Sekunden lang).

Schließlich ist die Entspannung bis in die Zehen vorgedrungen.

22. Schritt: Spannen Sie nun Ihre Pomuskulatur kräftig an. Jetzt! Spüren Sie das Gefühl der Anspannung in Ihrem Po (etwa vier bis sechs Sekunden lang).

23. Schritt: Lassen Sie nun wieder los. Jetzt! Spüren Sie das Gefühl der Entspannung in Ihrem Po. Spüren Sie, wie es tiefer und tiefer wird und sich in Ihrer Pomuskulatur ausbreitet (sechs bis zehn Sekunden lang).

24. Schritt: Drücken Sie nun Ihre Füße fest auf den Boden, so daß sich Ihre Oberschenkelmuskulatur anspannt. Jetzt! Spüren Sie das Gefühl der Anspannung in Ihrer Oberschenkelmuskulatur (vier bis sechs Sekunden lang).

25. Schritt: Lassen Sie nun wieder los. Jetzt! Spüren Sie das Gefühl der Entspannung in Ihren Oberschenkeln. Spüren Sie, wie es tiefer und tiefer wird und sich in Ihrer Oberschenkelmuskulatur ausbreitet (sechs bis zehn Sekunden lang).

26. Schritt: Nun heben Sie Ihre Fußspitzen an, die Fersen bleiben dabei auf dem Boden. Jetzt! Spüren Sie das Gefühl der Anspannung in Ihrer Wadenmuskulatur (vier bis sechs Sekunden lang).

Muskelentspannung nach Jacobson

27. Schritt: Senken Sie die Fußspitzen wieder auf den Boden. Jetzt! Spüren Sie nun das Gefühl der Entspannung in Ihren Waden. Spüren Sie, wie es tiefer und tiefer wird und sich in Ihren Unterschenkeln ausbreitet (sechs bis zehn Sekunden lang).

28. Schritt: Krallen Sie nun Ihre Zehen zusammen. Jetzt! Spüren Sie das Gefühl der Anspannung in Ihren Zehen (vier bis sechs Sekunden lang).

29. Schritt: Lassen Sie nun wieder los. Jetzt! Spüren Sie das Gefühl der Entspannung in Ihren Füßen. Spüren Sie, wie es tiefer und tiefer wird und sich in Ihren Füßen ausbreitet (sechs bis zehn Sekunden lang).

30. Schritt: Gehen Sie nun noch einmal in Gedanken in jede Muskelgruppe. Spüren Sie, wie diese Muskelpartien sich entspannt haben. Fangen Sie bei den Füßen an, gehen Sie nochmal in die Waden. Danach in die Oberschenkel, den Po, den Bauch, die Brust, die Schultern, den Hals und den Kopf. Zum Schluß gehen Sie in die Arme und die Hände. Spüren Sie, wie Ihr ganzer Körper und all seine Muskeln sich entspannt haben.

31. Schritt: Nun zählen Sie langsam von fünf an rückwärts bis null, dann spannen Sie noch einmal die Hände zur Faust und öffnen die Augen.

32. Schritt: Bleiben Sie noch einen kleinen Moment sitzen, nehmen Sie wieder Kontakt mit Ihrer Umwelt auf. Recken Sie sich noch ein wenig, wenn Sie Lust haben, um sich wieder auf den Alltag einzustellen. Sie werden sehen, wie wunderbar erholt und entspannt Sie sich nach dieser Muskelrelaxationsübung nach Jacobson fühlen. Und vergessen Sie nicht: Übung macht den Meister!

Sie spüren es in den Füßen und Zehen; dann gehen Sie den Weg der entspannten Muskelgruppen noch einmal zurück und wenden sich wieder der Umwelt zu.

Kurzentspannung auf die Schnelle

Wem eine halbe Stunde üben zu lang ist, der kann die kürzeste Variante der Übungen nach Jacobson verwenden und damit in drei Minuten voll entspannen. Das schaffen Sie allerdings nur, wenn Sie vorher die längere Version richtig erlernt haben. Ganz Eilige und Fortgeschrittene finden nebenstehend auch noch eine Sekundenentspannung, die zur gewünschten Entspannung führt – natürlich nur, wenn Sie die längeren Versionen richtig beherrschen.

Der kleine Jacobson

Die Sekundenentspannung: Dazu machen Sie eine Faust. Jetzt! Spüren Sie einen Sekundenbruchteil lang die Anspannung in Ihrer Hand, lassen Sie wieder locker. Spüren Sie, wie die Entspannung sich in Ihrem Körper ausbreitet und immer tiefer wird.

- Nehmen Sie auf einem Stuhl in der Kutscherhaltung Platz. Rutschen Sie hin und her, bis Sie die für Sie bequemste Position gefunden haben.
- Schließen Sie die Augen. Konzentrieren Sie sich auf Ihre Arme und Hände. Winkeln Sie die Arme an, ballen Sie die Hände dabei zur Faust. Jetzt! Spüren Sie das Gefühl der Anspannung in Ihren Armen und Händen (vier bis sechs Sekunden lang).
- Lassen Sie nun wieder los. Jetzt! Spüren Sie das Gefühl der Entspannung in Ihren Armen und Händen. Spüren Sie, wie es tiefer und tiefer wird und sich in Ihren Armen und Händen ausbreitet (sechs bis zehn Sekunden lang).
- Drücken Sie nun die Beine fest mit den Fersen auf den Boden, heben Sie die Fußspitzen dabei an. Jetzt! Spüren Sie das Gefühl der Anspannung in Ihren Beinen und Füßen (vier bis sechs Sekunden lang).
- Lassen Sie nun wieder los. Jetzt! Spüren Sie das Gefühl der Entspannung in Ihren Beinen und Füßen. Spüren Sie, wie es tiefer und tiefer wird und sich in Ihren Beinen und Füßen ausbreitet (sechs bis zehn Sekunden lang).
- Gehen Sie in Gedanken in Ihre Hände, Arme, Beine und Füße. Spüren Sie, wie diese Muskelpartien sich entspannen, wie die Entspannung sich auf Ihren ganzen Körper ausbreitet und wie sie tiefer und tiefer wird.
- Zählen Sie langsam rückwärts von drei bis null, und spannen Sie noch einmal die Hände zur Faust; dann öffnen Sie die Augen. Sie fühlen sich nun erfrischt und entspannt.

Die dritte Kurzentspannung: Atemübung

Wer angespannt ist, atmet flach; das Gehirn erhält zu wenig Sauersto ff. Dadurch entstehen Ängste, die nun ihrerseits die Sauerstoffversorgung der Organe behindern. Wer die folgende Atemübung durchführt, wird sich danach besser fühlen und sich entspannter auf neue Situationen einstellen können.

Die Atemübung läßt sich überall durchführen. Mit ihr können Sie sich in jeder Situation schnell entspannen und vor allem erfrischen. Alles, was Sie dazu brauchen, sind ein paar Minuten Zeit und die Bereitschaft, sich auf Ihre Atmung zu konzentrieren.

Diese Übung verbessert die Sauerstoffversorgung von beiden Hirnhälften. Sie fühlen sich erfrischt und geistig reger. Schließlich haben Sie beide Hirnhälften aktiviert.

- Setzen Sie sich bequem auf einen Stuhl, und nehmen Sie die Kutscherhaltung (siehe Seite 175) ein. Achten Sie darauf, nicht mit dem Rücken die Stuhllehne zu berühren. Sie sollen Ihren Körper selbst tragen. Die Wirbelsäule kann dabei leicht vorgebeugt sein. Die richtige Krümmung erreichen Sie, indem Sie Ihren Bauch etwas nach vorne schieben.
- Konzentrieren Sie sich auf Ihren Atem, und holen Sie tief Luft. Dann atmen Sie mit leicht zusammenpreßten, etwas gespitzten Lippen langsam aus, so daß ein zischendes Geräusch entsteht.
- Versuchen Sie nun, in gleichbleibendem Rhythmus zu atmen. Nehmen Sie sich zum Einatmen vier Sekunden Zeit, halten Sie sechs Sekunden lang die Luft an, und atmen Sie acht Sekunden lang aus.
- Wiederholen Sie diese kleine Übung etwa sechsmal!

Der Muntermacher

- Setzen Sie sich bequem auf einen Stuhl, und nehmen Sie die Kutscherhaltung (siehe Seite 175) ein.
- Halten Sie sich mit dem Zeigefinger der rechten Hand ein Nasenloch zu.
- Atmen Sie nun durch das offengebliebene Nasenloch tief und langsam ein.
- Halten Sie sich nun das andere Nasenloch zu, und atmen Sie wieder aus.
- Jetzt atmen Sie durch dieses Nasenloch wieder ein.

Der richtige Umgang mit Gefühlen

Beim Ausmaß an seelischer Erregung und der Intensität, wie Gefühle erlebt werden, bestehen gewaltige persönliche Unterschiede.

Oberflächlich weiß jeder, was Gefühle sind, schließlich kennt er sie aus eigener Erfahrung. Doch kaum einer macht sich Gedanken darüber, was Gefühle genau sind, wie sie entstehen und vor allem, was sie bewirken können. Neueste wissenschaftliche Erkenntnisse zeigen, daß Gefühle bzw. die Art, wie wir sie äußern, entscheidend dazu beitragen, ob wir gesund bleiben oder krank werden. Dieser Sachverhalt hängt eng damit zusammen, welche Rolle Gefühle in unserem Leben spielen.

Gefühle sind Reaktionen unseres Körpers auf bestimmte Situationen. Ob Sie sich ängstlich oder entspannt fühlen, ob Sie unglücklich oder zufrieden sind, darüber entscheidet Ihr Gehirn. Es prüft alles, was um Sie herum und in Ihnen geschieht, und löst bestimmte körperliche Folgeprozesse aus.

Das Beispiel Angst

Wenn Sie in eine Gefahrensituation geraten, wird in Ihrem Körper eine ganze Reihe von Prozessen ausgelöst. Der Körper versetzt sich so in einen Zustand, der entweder die Flucht aus der Situation oder den Kampf ermöglicht.

So reagiert der Körper auf Angst

- Bemerkt wird die Gefahr über die Sinnesorgane.
- Das Zwischenhirn erregt den Sympathikus (Teil des Nervensystems, der viele Körperfunktionen ankurbelt).
- Der Sympathikus aktiviert die Nieren.
- Die Nebennieren schütten die Streßhormone Adrenalin und Noradrenalin aus.
- Diese Hormone beschleunigen Herz und Kreislauf.
- Zucker und Fettreserven werden als Supertreibstoff zur Verfügung gestellt.
- Die Nebennieren schütten das Hormon Hydrokortison aus.
- Im Augenblick überflüssige Körperprozesse wie Verdauung und Sexualität werden gedrosselt.

Gefühle sind notwendig, um mit Mitmenschen in Verbindung zu treten. Die Kommunikation wird von Gefühlen gesteuert. Das Zusammenspiel der komplexen körperlich-seelischen Reaktionen, das wir als Gefühle erleben, wird durch einen Mechanismus reguliert, der wahrscheinlich so alt ist wie die Menschheit selbst. In grauer Vorzeit, noch bevor die Menschen sprechen konnten, haben sie sich wahrscheinlich über Gefühlsäußerungen miteinander verständigt. Diese Kommunikation dient auch dazu, mit sich selbst in Kontakt zu kommen und eine Rückmeldung über den eigenen Zustand zu erhalten. Gefühle wie Freude, Furcht, Ekel, Wut, Überraschung und Trauer sind sogenannte Basisemotionen, die genetisch verankert sind. Sie wurden in allen Kulturen nachgewiesen, unabhängig von der Zeitepoche und den kulturellen Gepflogenheiten. Die Basisemotionen sind universell.

Die meisten Gefühle passen nicht in unsere Zeit

Die wichtigste Erkenntnis der Emotionsforschung der letzten Jahre lautet: Viele Gefühle und Gefühlsäußerungen, die genetisch programmiert sind und quasi automatisch in uns ablaufen, passen nicht mehr in unsere Zeit. In vielen Situationen schaden sie sogar.

Der Grund für dieses Dilemma: Die Evolution hat dafür gesorgt, daß gewisse Anpassungsmerkmale, die sich Menschen in der Auseinandersetzung mit ihrer Umwelt angeeignet haben, in das Erbgut übernommen wurden. Dieser Vorgang dauerte etliche tausend Jahre. Das bedeutet: Ein Merkmal mußte sich erst einmal Tausende von Jahren bewähren, bevor es in unser Erbgut als überlebensnotwendig aufgenommen wurde.

Unsere Umwelt verändert sich inzwischen so schnell, daß für die Evolution keine Zeit bleibt, Verhaltensweisen genetisch zu verankern.

Relikt aus alter Zeit

Wenn Sie heute im Straßenverkehr in eine Gefahrensituation geraten, reagiert Ihr Organismus nicht anders als vor 30000 Jahren, als unsere Vorfahren sich noch mit Säbelzahntigern auseinandersetzen mußten. Auf unsere moderne Umwelt reagieren wir immer noch mit der Gefühlsausstattung eines Steinzeitmenschen. Genetisch hinken wir unserer Zeit hinterher.

**Die Wahr-
nehmung der
Gefühle und der
Umgang mit
ihnen – was wir
zulassen und
verbieten –, ist
ein wichtiger
Ansatz der
Psychotherapie.**

Doch heutzutage können Sie mit den überschäumenden Gefühlen meistens gar nichts anfangen, weil das moderne Leben ganz andere Fertigkeiten erfordert. Schließlich sollen Sie den anderen Autofahrer nicht erschlagen – und Sie sollen auch nicht weglaufen. Die überschießenden Angstreaktionen versetzen Herz und Kreislauf in Alarmzustand, ohne daß Sie sich körperlich abregen können. Dieses Mißverhältnis schädigt letztlich auch die Seele.

Während der Steinzeitmensch sich im Kampf mit dem Rivalen in der Horde abreagieren konnte, bleibt dem modernen Menschen jede tätliche Auseinandersetzung verwehrt. Sie wäre in der Lage, die Alarmhormone in unserem Körper abzubauen und den Normalzustand wiederherzustellen. Doch in unserer Kultur hat der körperliche Kampf keinen Platz mehr. Außerdem reagieren wir oft auf Situationen, die keine tatsächliche Gefahr darstellen. Man denke nur an die entsprechenden Filme im Fernsehen. Die mobilisierte Energie findet kein Ventil und verbleibt im Körper. Auch die Gefühle, die diese Reaktionen begleiten, können nicht ausgelebt werden. Und genau dieser Umgang mit den Gefühlen schadet.

Wer hat nicht Angst vor solch einer Situation? Auch wenn sie glücklich überstanden ist, muß sich der Körper einen Weg suchen, auf dem er die durch diesen Streß hervorgerufenen Gefühle wieder abreagieren kann.

Die Zivilisation fordert ihren Preis

Aufgestaute Alarmhormone, gefesselte Energien und unterdrückte Gefühle schaden letztlich Körper und Seele. Mit der Zeit wird ein so »geladener« Mensch krank.

Wer immer wieder seine Ängste, seine Wut und seinen Ärger in sich hineinfrißt, schädigt sich. Die körpereigenen Substanzen greifen Organe an und stressen das Immunsystem. Der Körper und die Seele müssen erhebliche Energien aufwenden, um dieses aus dem Gleichgewicht geratene Zusammenspiel wieder zu normalisieren.

Natürlich kann die Lösung nicht darin liegen, daß in Zukunft jeder seinen Gefühlen freien Lauf läßt. Das wäre unweigerlich die Rückkehr zum alten Faustrecht; Gewalt, Mord und Totschlag würden die Welt regieren. Auch mit Weglaufen lassen sich keine Probleme lösen – nur im richtigen Umgang mit den eigenen Emotionen.

Von den primären Gefühlen wie Freude oder Trauer lassen sich differenziertere Emotionen unterscheiden, z.B. Eifersucht oder Verdruß.

Vom gesunden Umgang mit den eigenen Gefühlen

Prüfen Sie, welche Gefühle Sie ausleben und welche Sie unterdrücken

Meistens leben wir nur bestimmte Gefühle aus und unterdrücken diejenigen, vor denen wir uns aus irgendwelchen Gründen fürchten. Das führt im Laufe der Zeit dazu, daß wir einseitig bestimmte Gefühle aus unserem Leben verbannen.

Wer ständig Angst verspürt, wird andere Gefühle wie Freude, Hoffnung und Zuversicht nur selten zum Ausdruck bringen. Seine seelische Verfassung wird von Angst bestimmt. Wer ständig gut gelaunt ist, wird andere Gefühle wie Ängste und Wut eher unterdrücken.

Das sind die Basisemotionen

- Freude
- Ekel
- Überraschung
- Furcht
- Wut
- Trauer

Erforschen Sie Ihre Vorliebe für bestimmte Gefühle

Auch in höchster Wut sollten Sie Ihr Gegenüber nicht zähnefletschend herabwürdigen. Ein Quentchen von Anstandsregeln muß auch in hitziger Auseinandersetzung gewahrt bleiben.

• Ziehen Sie eine Lebensbilanz. Fragen Sie sich, was Sie in Ihrem Leben alles erlebt und wie Sie es verarbeitet haben. Was hat Sie so werden lassen, wie Sie sind?

• Versuchen Sie herauszufinden, warum Sie bestimmte Gefühle bevorzugt äußern und andere unterdrücken.

• Überlegen Sie sich, wie Sie bislang unterdrückte Gefühle in Ihr Leben integrieren können.

Entdecken Sie Ihre unterdrückten Gefühle wieder

Wer sich ständig über seinen Chef oder andere Menschen ärgert und diesen Ärger herunterschluckt, sich nach außen hin angepaßt und brav verhält, wird über kurz oder lang Bauchschmerzen bekommen oder eine Reihe von Verdauungsstörungen. Dies läßt sich verhindern, indem man nach einem Weg sucht, den Ärger angemessen auszuleben.

Lassen Sie es nicht zum Stau kommen

Erst angestauter Ärger führt zu Explosionen und vergiftet die Atmosphäre. Wenn Sie sich ärgern, äußern Sie Ihren Ärger möglichst umgehend. Achten Sie darauf, daß Ihr Gegenüber Sie auch verstehen kann. Vermeiden Sie aber ungerechte Äußerungen.

Ärger ausleben ohne Kriegserklärung

Greifen Sie Ihren Widersacher nicht an, sondern bleiben Sie ruhig. Sagen Sie nicht: »Sie haben mich geärgert!«, sondern »Ich habe mich geärgert!« Alle Ich-Äußerungen sind für Ärger und andere Gefühlsäußerungen angemessen, alle Du-Äußerungen (oder Sie-Äußerungen) werden leicht als Angriff aufgefaßt und sorgen nur für weitere Probleme.

Bringen Sie Ihre Gefühle so vor, daß Sie nicht aggressiv wirken, sondern etwas lauter und bestimmter als sonst Ihre Bedürfnisse äußern.

Am besten koppeln Sie Forderungen mit dem laut geäußerten Wunsch: »Ich möchte, daß ich so und so behandelt werde!«

Hilfreiche Fragen zur Selbsterkenntnis

- Welche Gefühle äußern Sie bevorzugt?
- Welche Gefühle unterdrücken Sie?
- Welche Gefühle würden Sie gerne öfter äußern?
- Was hindert Sie daran, diese Gefühle auszuleben? Wovor fürchten Sie sich?

Bringen Sie Ihre Gefühle wieder ins Gleichgewicht

In unserer Gesellschaft verhalten sich Menschen rollengemäß. Dabei bevorzugen Frauen oftmals Gefühle, die Zuneigung ausdrücken und Beziehungen herstellen, und Männer solche, die auf Durchsetzung von Interessen ausgerichtet sind. Mit der Zeit reduzieren sowohl Frauen als auch Männer das breite Spektrum ihrer möglichen Gefühlsäußerungen auf einen kleinen Ausschnitt; alle darüber hinausgehenden Gefühle unterdrücken sie. Die Folgen sind Typisierungen: »Das ist typisch männlich!«, »Das ist typisch weiblich!« Dieser Umgang erklärt, warum viele psychosomatischen Krankheiten geschlechtspezifisch auftreten: Männer erleiden häufiger einen Herzinfarkt, Frauen bekommen eher Kopfschmerzen oder Magengeschwüre.

Heilen Sie sich durch gezeigte Gefühle

Die beste Krankheitsvorbeugung und auch Heilung besteht im Ausleben der bislang unterdrückten Gefühle. Männer sollten wieder lernen, auch ihre weichen Seiten zu zeigen, Frauen sich durchaus zu Ehrgeiz bekennen und Durchsetzungsvermögen entwickeln. Erst die Ausgeglichenheit der Emotionen führt zu seelischer Gesundheit. Nur wer den ganzen Reichtum seiner Emotionen auch lebt, wird zufrieden, glücklich, ausgeglichen und vor allem gesund werden.

Analysieren Sie die Gefühle, die bisher Ihr Leben bestimmt haben. So schaffen Sie Platz für Ihre unterdrückten Emotionen.

Schreiben Sie ein Gefühlstagebuch

Wenn Sie nicht genau wissen, welche Gefühle bei Ihnen unterrepräsentiert sind, führen Sie ein Gefühlstagebuch. Vielleicht notieren Sie eine oder zwei Wochen lang Ihre Gefühle mit Hilfe des Beschwerdentagebuchs (siehe Seite 169 ff.) und verschaffen sich so einen ersten Überblick. Helfen kann das folgende Problemlösungstraining.

Das Problemlösungstraining

Alle Schwierigkeiten, die auf einen Sachverhalten bezogen sind, lassen sich nicht auf einmal erfassen. Meist merkt man erst, nachdem Teillösungen akzeptiert wurden, welche Alternative die bessere war.

Wir leben heute in einer Gesellschaft der Scheinlösungen. Ein Blick in die Politik zeigt auf, was damit gemeint ist: In Zeiten knapper Haushalte soll gespart werden, und eine vorschnelle Lösung ist auch gleich parat, ohne daß man sich genauer über die Konsequenzen Gedanken macht. Etats werden zusammengekürzt, Gelder scheinbar eingespart. Die Konsequenzen: Menschen werden arbeitslos, erhalten vom Arbeitsamt Arbeitslosengeld oder von den Gemeinden Sozialhilfe. In Wirklichkeit handelt es sich nur um eine Umverteilung! Ähnlich verhalten wir uns auch im Privatbereich: Da hat jemand Eheschwierigkeiten und versucht, diese mit einem neuen Partner zu lösen. Kurzfristig fühlt er sich besser, langfristig handelt er sich nur noch mehr Probleme ein. Außerdem wurden weder die alten Fehler abgestellt noch ihre Ursachen ergründet. Die langfristige Folge: Die alten Probleme tauchen in der neuen Partnerschaft wieder auf!

Wenn alte Fehler mitgeschleppt werden

Oder jemand kündigt, weil er mit seinem Chef nicht klarkommt. Doch am neuen Arbeitsplatz tauchen die gleichen Probleme wieder auf. Warum? Weil es nicht am Chef lag, sondern an der Art und Weise, mit den eigenen Problemen umzugehen. Vielleicht ersetzten Scheinlösungen jeden Versuch, die Probleme zu erkennen und zu lösen. Anderes Beispiel: Jemand geht zum Arzt, weil er unter bestimmten Schmerzen leidet. Aber er schämt sich, die wahre Ursache seiner Schmerzen ehrlich zu schildern. Kein Wunder, wenn der Arzt das Problem nicht richtig erkennt und den Patienten falsch behandelt. Das passiert jeden Tag, wenn z.B. ein Alkoholiker mit Magenbeschwerden Tabletten gegen seine Schmerzen erhält.

So entlarven Sie Scheinlösungen

Scheinlösungen sind leicht zu erkennen. Sie lösen das eigentliche Problem nicht, sondern führen zu neuen (verschobenen) Problemen. Dabei weisen sie eine Besonderheit auf: den Wiederholungszwang. Immer wieder versucht der Betroffene, mit untauglichen Mitteln das gleiche Problem zu lösen. Der Wiederholungszwang ist ein deutliches Zeichen dafür, daß etwas falsch gemacht wird!

Fünf Schritte zur Problemlösung

- Finden Sie eine ehrliche Einstellung zu Ihren Problemen.
- Definieren Sie Ihr Problem richtig.
- Suchen Sie nach Lösungsalternativen.
- Entscheiden Sie sich für eine Lösung, und machen Sie sich konsequent an die Arbeit.
- Überprüfen Sie Ihre Erfahrungen. Falls Sie nicht weiterkommen, müssen Sie einen anderen Lösungsweg einschlagen.

Der erste Schritt: Überprüfen Sie Ihre Einstellung zu Problemen

Mal ganz ehrlich: Sind Sie jemand, der Problemen eher aus dem Weg geht? Oder ziehen Sie Schwierigkeiten regelrecht an? Stehen Sie Problemen eher positiv gegenüber, weil Sie sie als eine Entwicklungsmöglichkeit für Ihre Persönlichkeit ansehen? Sind Probleme für Sie eine Herausforderung?

Bevor Sie sich an die Lösung Ihrer Probleme machen, sollten Sie Ihre Einstellung erforschen. Denn ganz unbewußt steuert diese Einstellung Ihre Versuche der Problemlösung. Wenn Sie Schwierigkeiten eher aus dem Weg gehen, werden Sie diesen Umgang beibehalten, solange er Ihnen nicht bewußt ist.

Sobald Sie sich aber selbst auf die Schliche kommen und sich um Veränderung bemühen, werden Sie Fortschritte erzielen. Das Erkennen einer bislang verborgenen Einstellung kann schon der erste Schritt zu einer Verbesserung sein!

Lassen Sie sich dabei ruhig Zeit. Sie zahlt sich später aus. Je besser Sie über sich selbst und Ihre Einstellungen Bescheid wissen, um so schneller kommen Sie ans Ziel.

Der Prozeß, ein Problem zu lösen, bringt einen oft in ein Entscheidungsdilemma. Es ist aber besser, sich rasch zu entscheiden und zu handeln, als endlos zu zaudern und nie in Aktion zu treten.

Der zweite Schritt: Entdecken Sie Ihre wirklichen Probleme

Definieren Sie Ihr Problem so ausführlich und genau wie möglich. Je besser Sie es benennen, um so besser können Sie es lösen. Viele Menschen glauben vorschnell, über ihre Schwierigkeiten Bescheid zu wissen. Sie sind sich nicht im klaren, welch weitreichende Konsequenzen schon eine geringfügige Verschiebung des Problems nach sich ziehen kann.

197

Nehmen Sie an, Sie hätten Rückenprobleme. Etwas im Bereich Ihrer Brustwirbelsäule (siehe auch »BWS-Syndrom«, Seite 71ff.) schmerzt immer wieder. Zunächst glauben Sie, es läge daran, daß Sie letzte Nacht nicht richtig gelegen hätten. Sie erwägen, eine bessere Matratze zu kaufen. Möglicherweise eine teure Entscheidung. Kurz nachdem Sie sich zu diesem Schritt entschlossen haben, sagt eine Arbeitskollegin zu Ihnen: »Ist Dir eigentlich schon mal aufgefallen, wie schief Du an der Schreibmaschine sitzt?« Ihre Haltung ist ungesund, nicht die Matratze. Aber auch die schlechte Haltung muß nicht unbedingt die Ursache der Schmerzen sein; vielleicht ist sie der körperliche Ausdruck eines Problems. Um solche vorschnellen Problemdefinitionen zu vermeiden und damit auch die entsprechenden Fehlentscheidungen, sollten Sie sich ein paar Fragen stellen.

Hilfreiche Fragen zur Selbsterkenntnis

- Was ist wirklich das Problem?
- Bin ich der Ursache bereits auf den Grund gekommen?
- Läßt sich mein Problem noch zu weiteren Problemen zurückverfolgen?
- Gibt es für das, was ich für die Ursache halte, noch eine weitere Ursache?

Der dritte Schritt: Suchen Sie nach alternativen Lösungswegen

Am besten fassen Sie von Anfang an mehrere Lösungswege ins Auge. Zwei- oder mehrspurig zu fahren Sie besser als eingleisig. Die Wahrscheinlichkeit der Bewältigung wächst mit der Wegmenge.

Wenn Sie das Problem auf diese Weise näher eingekreist und es bis auf den eigentlichen Grund zurückgeführt haben, sollten Sie zunächst nach einigen Lösungsalternativen suchen. Am besten nehmen Sie sich Bleistift und Papier und schreiben einige Lösungen auf. Gehen Sie nun Ihre Alternativen in Gedanken durch. So können Sie die Lösungsmöglichkeiten schon im Vorfeld auf ihre Brauchbarkeit hin überprüfen und untaugliche ausmustern. Der Vorteil dieser Gedankenspiele besteht darin, daß Sie nicht vorschnell möglicherweise falsche Veränderungen in die Wege leiten. Bleiben Sie realistisch; Sie müssen damit rechnen, daß der von Ihnen eingeschlagene Lösungsweg eventuell nicht funktioniert. Fragen Sie sich jetzt schon, wie Sie in einem solchen Fall reagieren wollen.

Kleine Schritte verbessern Erfolgschancen

Bei größeren Problemen tun Sie gut daran, es in mehrere kleine Teile zu zerlegen und diese jeweils wie ein gesondertes Problem anzugehen. Damit erhöhen Sie Ihre Chancen auf Erfolg, weil Sie sich nicht übernehmen. Es gibt im Grunde kein Problem, das zu groß ist, sondern nur zu große Lösungseinheiten.

Der vierte Schritt: Bemühen Sie sich um die gewählte Lösung

Viele Menschen bereiten sich intensiv auf Problemsituationen vor, leisten sich dann aber einen entscheidenden Fehler: Sie führen ihre Planungen nicht praktisch durch. Bei der gedanklichen Bearbeitung tauchen Zweifel auf, und manchen verläßt dann der Mut, so nach dem Motto: »Hat ja sowieso keinen Zweck!« Sie sollten sich klarmachen, daß die nur theoretische Bearbeitung der Probleme kein Risiko birgt. An einem gewissen Punkt müssen Sie sich jedoch durchringen und Ihre Vorstellungen praktisch werden lassen. Dafür müssen Sie sich für einen oder für mehrere Lösungwege entscheiden. Legen Sie sich fest!

Der fünfte Schritt: Überprüfen Sie Ihre Erfahrungen mit dieser Lösung

Der letzte Schritt eines Problemlösungstrainings besteht immer in der Überprüfung der Erfahrungen. Denn hier zeigt sich, wer die Kunst der Problemlösung wirklich erlernt hat: Wer mit einem Lösungsversuch scheitert und die Gründe nicht überprüft, wird aus seinem Mißerfolg auch nichts lernen. Wer aber seine einzelnen Lösungsschritte kontrolliert, wird mit der Zeit schlauer. Er ist in der Lage, neue Lösungsalternativen zu entwickeln und an das Problem anzupassen. Wer sich immer wieder kritisch überprüft, hat gute Chancen, seine Schwierigkeiten endgültig in den Griff zu bekommen.

Gerade im Bereich der Selbsthilfebehandlung von psychosomatischen Störungen und Erkrankungen kommt es darauf an, sämtliche Hilfsmöglichkeiten auch voll auszuschöpfen. Wenn etwas mal nicht so klappt, wie Sie es sich vorgestellt haben, lassen Sie sich nicht gleich entmutigen, sondern gehen Sie erfolgs- und lösungsorientiert

Beim Betrachten eines Problems kann man die größte zu erwartende Mißlichkeit im voraus betrachten und bereits versuchen, die Folgen des Mißerfolgs abzumildern. Meistens kommt es dann besser als erwartet.

Ihre Schwierigkeiten an, dann werden Sie es schaffen! Eine Hilfe kann dabei auch das positive Denken darstellen. Wissenschaftler haben es längst als eines der wichtigsten Erfolgsprinzipien im Bereich der Selbstbehandlung von psychosomatischen Erkrankungen gekennzeichnet. Neue Erkenntnisse aus der Psychoneuroimmunologie (PNI) belegen, daß die mentale Einstellung den Erfolg der Selbstbehandlung positiv beeinflußt. Wie sie Ihre Gedanken für die Heilung einsetzen können, lesen Sie im nächsten Kapitel.

Die Kraft des positiven Denkens

Ob Sie erfolgreich waren oder nicht: Überdenken Sie, warum ein Lösungsversuch dieses oder jenes Ergebnis hatte, damit Sie auf die Erfahrung aufbauen können.

Die Art, wie wir denken und mit einer Sache oder Situation umgehen, bestimmt in hohem Maße unser Handeln. Unsere Gedanken beeinflussen aber auch unsere Gefühlswelt. Denken und Fühlen sind zwei wichtige Funktionen unseres Lebens und gehören zusammen. Sie sind eng miteinander verwoben und beeinflussen sich gegenseitig. Jemand, der sich schlecht fühlt, wird nicht so aktiv wie jemand, dem es gutgeht. Eine Binsenweisheit – oder steckt mehr dahinter?

Wie Gefühle die Gesundheit beeinflussen

Stellen Sie sich einmal vor, Sie müßten wegen Ihrer Magenbeschwerden zum Arzt gehen. Nach eingehender Untersuchung verkündet er den Verdacht auf Magenkrebs. Um eine sichere Aussage treffen zu können, müßten allerdings noch ein paar Untersuchungen gemacht werden. So mancher wird nach dieser Äußerung in Panik verfallen und mit einem erhöhten Angstpegel nach Hause gehen. Andere werden sich dadurch nicht aus der Ruhe bringen lassen, sondern glauben, der Arzt habe sich geirrt. Was, glauben Sie, fördert die Ausbreitung eines eventuellen Krebsgeschwürs mehr? Wird der Krebs eher durch Ängste gebremst oder eher durch Zuversicht?

Hoffnungslosigkeit kann krank machen, Hoffnung gesund

Ein amerikanischer Krebsspezialist, Dr. Carl O. Simonton, fand heraus, daß die Art und Weise, mit der Krebskranke mit der schrecklichen Diagnose umgehen, in hohem Maße den weiteren Krankheitsverlauf beeinflußt. Patienten, die in Hoffnungslosigkeit versanken und glaubten, gegen diese Krankheit machtlos zu sein, wurden schnell von ihr dahingerafft. Patienten hingegen, die ihre Hoffnungslosigkeit überwinden konnten und trotz aller Schwierigkeiten zuversichtlich waren, konnten den weiteren Verlauf ihrer Krankheit entweder abmildern und verlangsamen oder in vielen Fällen sogar zum Stillstand bringen! Diese Tatsache machte sich Dr. Simonton zunutze, als er ein Programm entwickelte, mit dem seine Patienten lernen konnten, wieder Hoffnung und Lebensfreude zu entwickeln. Er brachte ihnen bei, durch positives Denken ihren Krankheitsverlauf günstig zu beeinflussen.

So wirkt positives Denken

Wie schnell Ihre Gedanken auf Ihren Körper wirken, können Sie selbst leicht nachvollziehen: Stellen Sie sich vor, Sie würden sich an Ihrem Lieblingsurlaubsort befinden, irgendwo in den Bergen, an der See oder auf einer Insel. Je länger und intensiver Sie sich auf diese Vorstellung einlassen, um so entspannter werden Sie. Ebensogut können Sie sich mit einem sehr attraktiven Mann oder einer sehr attraktiven Frau vorstellen. Je genauer Sie sich solche Situationen ausmalen, desto eher reagiert Ihr Körper auf die Signale Ihres Denkens. Erinnern Sie sich an einen heißen Tag und wie Sie Ihren Riesendurst mit Ihrem Lieblingsgetränk stillten. Allein die Vorstellung sorgt dafür, daß Ihnen die Spucke im Mund regelrecht zusammenläuft.

Positives Denken soll Sie in eine günstige Erwartungshaltung befördern. Im Üben von Zuversicht entwickeln sich Dinge vorteilhafter.

Die Macht der Gedanken

- Gedanken produzieren Bilder im Gehirn
- Diese aktivieren das vegetative Nervensystem
- Der Körper schüttet vermehrt Hormone aus
- Diese beeinflussen Ihren Gefühlszustand
- Ihre Gefühle beeinflussen Ihr Handeln
- Das Handeln beeinflußt Ihre Gedanken

Bei der Kraft der Gedanken handelt es sich also um einen komplexen Vorgang, den Sie allerdings beeinflussen können – denn was Sie in welcher Situation denken, haben Sie selbst in der Hand.

So wird aus Unvermögen ein gesundes Selbstbewußtsein

**Als gesundheits-
förderliche
Richtlinie kann
Ihnen positives
Denken die
Macht über Ihre
Gesundheit
zeigen.**

Natürlich hängt Ihr Denken und Fühlen stark von Ihren bisherigen Erfahrungen ab. Wer schon in der Kindheit von seinen Eltern seine Unfähigkeit vorgehalten bekam – »Das kannst du nicht!« –, neigt später im Erwachsenenleben dazu, aus diesem elterlichen Standpunkt seinen eigenen Leitsatz zu formulieren: »Ich kann das nicht!« Im Laufe der Zeit kommen viele Lebenserfahrungen hinzu, die diesen Satz mehr oder weniger bestätigen. Je mehr schlechte Erfahrungen diesen Satz unterstreichen, um so fester wird man an ihn glauben. Solche Kindheitserfahrungen können zwar sehr prägend sein, müssen aber nicht Ihr Leben bestimmen. Sie können diese endlose Kette unterbrechen!

*»Think positive!«
Das ist das Motto,
das Ihnen zu mehr
Kraft, Lebens-
freude und zu
einem gesunden
Selbstbewußtsein
verhelfen kann.*

Sich selbst erfahren und motivieren

In jedem Leben kommt einmal der Zeitpunkt, an dem man sich von den Eltern verabschiedet und selbständig wird. Tag für Tag muß man nun selbst entscheiden, was man wie macht, um mit dem Leben klarzukommen. Dabei kann ein solches Erbe, wie oben beschrieben, große Probleme bereiten. Doch dem müssen Sie sich nicht hilflos fügen! Sie können sich selbst beweisen, daß dieser Satz nicht stimmt. Wenn Sie seine Aussage schon sehr verinnerlicht haben, brauchen Sie dafür allerings etwas Zeit. Die einfachste Methode, die eigene Unfähigkeit zu widerlegen, besteht darin, neue und vor allem andere Erfahrungen mit sich selbst zu machen. In dem gleichen Maße, in dem Sie nun erfolgreich sind und diesen Satz Lügen strafen, wird er in den Hintergrund treten und Sie nicht mehr beeinflussen.

Machen Sie Ihren Frieden mit negativen Kindheitserlebnissen, und finden Sie heraus, wer Sie wirklich sind und was Sie leisten können.

Es gibt sehr viele Dinge, die Sie können!

Jeden Tag aufs neue können Sie sich selbst beweisen, daß Sie nicht unfähig sind. Bei jeder Kleinigkeit, die Sie erfolgreich bewältigen, sprechen Sie innerlich Ihren neuen Leitsatz: »Ich kann das, ich schaffe das!«

Sie werden sehen, mit jedem Tag, mit jeder erfolgreich bewältigten Situation wird die alte Stimme Ihrer Eltern in Ihrem Inneren leiser werden, um schließlich ganz zu verstummen. Der Satz »Das kannst du nicht!« wird durch Ihre eigenen neuen und erfolgsorientierten Sätze ersetzt.

Ein paar hilfreiche Tricks

- Sprechen Sie sich, wenn Sie allein sind, laut Mut zu.
- Wiederholen Sie das mehrmals täglich.
- Nehmen Sie sich ein Blatt Papier, und notieren Sie (in Schönschrift, das stärkt die Konzentration) öfter mal den Satz: »Ich schaffe das!«
- Wiederholen Sie das mehrmals täglich.
- Lesen Sie erfolgsorientierte Selbsthilfeliteratur.
- Belohnen Sie sich für jeden Ihrer Lernschritte, und loben Sie sich ausführlich.

Das Geheimnis liegt in der Wiederholung

Wenn Sie sich selbst mit positiven Gedanken erfüllen, durchbrechen Sie Mauern, die Fixierungen festhalten.

Ihre wichtigste Aufgabe besteht darin, Ihrem Gedächtnis neue, positive Erfahren anzubieten, immer und immer wieder. Bis sie die alten, eingefahrenen Spuren überlagern und verändern. Zu den neuen Gleisen verhelfen Ihnen die Wiederholungen. Erst wenn die neuen Spuren tiefer sind als die alten, kann der Wagen mit Ihren Gedanken aus der eingegrabenen Spur ausbrechen. Dieses Phänomen gilt für alle Gedanken. Wenn Sie z. B. meinen, Sie hätten keine Lust auf eine neue Art der Problembewältigung, das Ganze sei Ihnen zu anstrengend, dann handelt es sich dabei um eine alte Erfahrung, die zu Ihrer heutigen und vielleicht schädlichen Einstellung geführt hat. Diese soll nun geändert werden. Daß dabei Widerstände zu überwinden sind, liegt auf der Hand.

Wenn Sie Ihr Leben ändern, wenn Sie positiver als bisher an die Dinge herangehen wollen, dann sollten Sie an das Pompeji-Syndrom denken oder an tiefe Spurrillen auf der Autobahn. Nehmen Sie Ihr Lenkrad fest in die Hand, zwingen Sie Ihren Wagen, auszubrechen und dorthin zu fahren, wo Sie fahren wollen. Nehmen Sie das Steuer Ihres Lebens wieder selbst in die Hand, und lassen sich nicht mehr von alten Meinungen und Einstellungen leiten! Nicht von Ihren eigenen und nicht von denen Ihrer Eltern!

Achten Sie auf Ihre geistige Nahrung

Wer sich Abend für Abend die Nachrichten ansieht und das Leid der ganzen Welt in sein Wohnzimmer holt, der darf sich nicht wundern, wenn er danach depressiv wird. Wer Morgen für Morgen die Nachrichten in den Zeitungen liest und sich darüber erregt, wieviel Schreckliches überall um uns herum passiert, dem ergeht es ähnlich. Wer sich dazu noch Filme ansieht, die von Gewalt, Mord und Totschlag geprägt sind, der wird irgendwann glauben, in einer solchen Welt zu leben und sich nicht mehr trauen, vor die Tür zu gehen. Wir dürfen nicht alles, was Medien senden, zu uns hineinlassen.

Unser Gehirn, unser Bewußtsein werden nicht nur von dem geprägt, was wir in frühester Kindheit und Jugend erfahren haben, sondern auch durch die geistige Nahrung, die wir Tag für Tag durch die Medien aufnehmen.

Man könnte es auch so formulieren: »Sage mir, was du im Fernsehen siehst und in der Zeitung regelmäßig liest, und ich sage dir, wie du dich fühlst und wie du denkst!«

Die durchschlagende Wirkung der Technomusik

Aber nicht nur Zeitungen und Filme prägen unser Bewußtsein, sondern auch die Musik. Wer ständig knallharte Technorhythmen auf sich einprasseln läßt, dem wird dieser Rhythmus auch in sein Leben eingehämmert, und manch einer läßt sich im Alltag davon bestimmen. Wissenschaftler haben herausgefunden, daß aggressive Musik beim Autofahren aggressiv macht und zu einer risikoreicheren Fahrweise führt.

Überprüfen Sie Ihre geistige Nahrung

Vielleicht stellen Sie bei der Durchsicht der von Ihnen aufgenommenen Informationen fest, daß das eine oder andere Sie nur aufregt und in Sorge versetzt.

Suchen Sie nach neuen Anregungen, lassen Sie einfach die eine oder andere Angewohnheit weg, ersetzen Sie sie durch eine neue. Schlechte Nachrichten am Abend, bevor Sie ins Bett gehen, und ebenso schlechte Nachrichten am Morgen, bevor Sie den Tag beginnen – muß das wirklich sein?

Die Welt wird nicht dadurch besser, daß Sie sich durch sie ängstigen lassen. Aber Ihr Leben kann ruhiger werden, wenn Sie sich diese Welt nicht ständig in Ihr Bewußtsein holen.

Vielleicht suchen Sie einen Buchladen auf und schauen ein wenig nach Literatur, die sich besser als Morde und Kriege dazu eignet, Sie am Abend und Morgen zu begleiten. Das können Sinnsprüche ebenso sein wie kleine philosophische Abhandlungen.

Suchen Sie die Nähe von Menschen – wirklichen Freunden –, die Ihnen Mut machen, die Sie zu Ihrem neuen Leben ermuntern. Freunde, die Ihnen bei Ihren Veränderungsbemühungen im Weg stehen, sind keine guten Freunde.

Musik aus der Konserve geht ganz anders ins Ohr als Livemusik, Vergleichen Sie einmal den sterilen Klang einer CD mit den Schwingungen, die Ihnen ein Orchester im Konzert übermittelt.

Bildnachweis

AKG, Berlin: 48; Alfred Pasieka, Hilden: 167; Archiv Kraxenberger, München: Titelbild (Fond); Bilderberg, Hamburg: 64 (Till Leeser), 103 (Wolfgang Kunz); Dominik Parzinger, München: 202; IFA, Taufkirchen: 1, 8 (Photex), 12 (TPL), 18 (Nacivet), 25 (Diaf), 63 (Lancry), 108 (BCI), 136 (Welsh), 178 (Vision), 192 (Comnet); Image Bank, München: Titelbild (Einklinker) (Michael Grosbee), 32 (N.N.), 58 (Sonia Bullaty), 75 (Gary Cralle), 92 (Gordon), 119 (Michael Pasdzior), 124 (Michael Melford), 162 (Gary S. Chapman), 165 (Per Eriksson); Tony Stone, München: 148 (Christel Rosenfeld); Transglobe, Hamburg: 52 (Pascal Broze), 78 (TWFS), 168 (Susanne Ambuschowa)

Hinweis

Das vorliegende Buch ist sorgfältig erarbeitet worden. Dennoch erfolgen alle Angaben ohne Gewähr. Weder Autor noch Verlag können für eventuelle Nachteile oder Schäden, die aus den im Buch gegebenen praktischen Hinweisen resultieren, eine Haftung übernehmen.

Impressum

© 1996 Südwest Verlag GmbH & Co. KG, München

Redaktion: Dorothea Karol
Medizinische Fachberatung: Dr. med. Christiane Lentz
Redaktionsleitung: Josef K. Pöllath
Bildredaktion: Bettina Huber
Produktion: Manfred Metzger
Umschlag und Layout: Heinz Kraxenberger, München
DTP/Satz: AVAK Publikationsdesign, München
Druck und Bindung: Legoprint, Trento
Printed in Italy

Gedruckt auf chlor- und säurearmem Papier

ISBN 3-517-01855-4

Register